D1734585

Bücher aus verwandten Sachgebieten

Pflegepraxis

Abraham/Bottrell/Fulmer/Mezey
(Hrsg.)
**Pflegestandards für die Versorgung
alter Menschen**
2001. ISBN 3-456-83424-1

Bischofberger
«Das kann ja heiter werden»
Humor und Lachen in der Pflege
2002. ISBN 3-456-83831-X

Buchholz/Schürenberg (Hrsg.)
Lebensbegleitung alter Menschen
Basale Stimulation in der Pflege
2003. ISBN 3-456-83296-6

Carr/Mann
Schmerz und Schmerzmanagement
2002. ISBN 3-456-83680-5

Chellel
Reanimation
2002. ISBN 3-456-83681-3

Davy/Ellis
Palliativ pflegen
2003. ISBN 3-456-83682-1

Domenig (Hrsg.)
**Professionelle Transkulturelle
Pflege**
2001. ISBN 3-456-83525-6

Duxbury
**Umgang mit «schwierigen»
Klienten – leicht gemacht**
2002. ISBN 3-456-83595-7

Fitzgerald Miller
**Coping fördern –
Machtlosigkeit überwinden**
Hilfen zur Bewältigung
chronischen Krankseins
2003. ISBN 3-456-83522-1

Hafner/Meier
Geriatrische Krankheitslehre
Teil I: Psychiatrische und
neurologische Syndrome
3., vollst. überarb. u. erw. Auflage
1998. ISBN 3-456-83000-9

Hafner/Meier
Geriatrische Krankheitslehre
Teil II: Allgemeine Krankheitslehre
und somatogene Syndrome
2., vollst. überarb. u. erw. Auflage
2000. ISBN 3-456-83167-6

Houldin
**Pflegekonzepte in der
onkologischen Pflege**
2003. ISBN 3-456-83693-7

Käppeli/Mäder/Zeller-Forster
(Hrsg.)
Pflegekonzepte 1
1998. ISBN 3-456-82963-9

Käppeli (Hrsg.)
Pflegekonzepte 2
1999. ISBN 3-456-83050-5

Käppeli (Hrsg.)
Pflegekonzepte 3
2000. ISBN 3-456-83352-0

Kasper/Kraut
Atmung und Atemtherapie
2000. ISBN 3-456-83426-8

Landolt
**Rechtskunde für Gesundheits-
und Pflegeberufe**
2003. ISBN 3-456-84042-X

Layer (Hrsg.)
**Praxishandbuch rhyrhmische
Einreibungen nach Wegman/
Hauschka**
2003. ISBN 3-456-83591-4

MOSBY/Schnabel/Krämer (Hrsg.)
**Pflegedokumentation – leicht
gemacht**
2003. ISBN 3-456-83838-7

Offermann
**Selbst- und Qualitätsmanagement
für Pflegeberufe**
2002. ISBN 3-456-83679-1

Reinhardt (Hrsg.)
Schreiben
2002. ISBN 3-456-83683-X

Morgan/Closs
**Schlaf – Schlafstörungen –
Schlafförderung**
2000. ISBN 3-456-83405-5

Morof Lubkin
Chronisch Kranksein
Implikationen und Interventionen
für Pflege- und Gesundheitsberufe
2002. ISBN 3-456-83349-0

Muijsers
«Wir verstehen uns ... oder?»
Gesprächskultur für Gesundheits
berufe
2001. ISBN 3-456-83653-8

Soyka
**Rückengerechter Patiententransfer
in der Kranken- und Altenpflege**
2000. ISBN 3-456-83329-6

Tideiksaar
Stürze und Sturzprävention
2000. ISBN 3-456-83269-9

Walsh/Ford
Pflegerituale
2., überarb. u. erw. Auflage
2000. ISBN 3-456-83332-6

Pflegeprozess

Brobst et al.
Der Pflegeprozess in der Praxis
2., vollst. überarb. u. erw. Auflage
2003. ISBN 3-456-83553-1

Doenges/Moorhouse/Geissler-Murr
Pflegediagnosen und Maßnahmen
3., vollst. überarb. und erw. Auflage
2002. ISBN 3-456-82960-4

Townsend
**Pflegediagnosen und Maßnahmen
für die psychiatrische Pflege**
2. Auflage
2000. ISBN 3-456-83411-X

Intensiv-, Anästhesiepflege

Baumann/Frey/Kurmann/Pasch
(Hrsg.)
**Anästhesiologie und
Intensivmedizin**
Band 2: Intensivbehandlung
2., vollst. überarb. Auflage
1999. ISBN 3-456-82956-6

Frey/Baumann/Kurmann/Pasch
(Hrsg.)
**Anästhesiologie und
Intensivmedizin**
Band 1: Grundlagen
4., vollst. überarb. Auflage
1998. ISBN 3-456-82848-9

Lobnig/Hambücker
Beatmung
Praxishandbuch für Pflegende
2003. ISBN 3-456-83317-2

Millar/Burnard
**Intensivpflege –
High-touch und High-tech**
2002. ISBN 3-456-83265-6

Weitere Informationen über unsere Neuerscheinungen finden Sie im Internet unter:
http://verlag.hanshuber.com oder per E-Mail an: verlag@hanshuber.com

Christine Rudolph

Going Swiss

Leben, Arbeiten und Pflegen in der Schweiz

Verlag Hans Huber
Bern · Göttingen · Toronto · Seattle

Christine Rudolph. Krankenschwester, Fachkrankenschwester für Intensivmedizin und Anästhesie, zur Zeit tätig als freie Medizinjournalistin
E-Mail: christinerudolph@t-online.de

Lektorat: Jürgen Georg, Gaby Burgermeister, Elke Steudter
Bearbeitung: Gaby Burgermeister
Herstellung: Daniel Berger
Illustration: Originalcartoons – Elmar Frink, D-Waldbrunn-Fussingen; Fotos – Christine Rudolph
Titelillustration: pinx. Winterwerb und Partner, Design-Büro, Wiesbaden
Satz: sos-buch, Mainz
Druck und buchbinderische Verarbeitung: AZ Druck und Datentechnik GmbH, Kempten
Printed in Germany

Bibliografische Information der Deutschen Bibliothek
Die Deutsche Bibliothek verzeichnet diese Publikation in der Deutschen Nationalbibliografie; detaillierte bibliografische Daten sind im Internet unter ‹http://dnb.ddb.de› abrufbar.

Anregungen und Zuschriften bitte an:
Verlag Hans Huber
Lektorat: Pflege
Länggass-Strasse 76
CH-3000 Bern 9
Tel: 0041 (0)31 300 4500
Fax: 0041 (0)31 300 4593
E-Mail: juergen.georg@hanshuber.com
Internet: http://verlag.hanshuber.com

1. Auflage 2003. Verlag Hans Huber, Bern
© 2003 by Verlag Hans Huber, Bern
ISBN 3-456-83694-5

Inhaltsverzeichnis

Teil 4: Pflege und Medizin

Für meinen Sohn
Robin Tom Gabriel

Danksagung

Mein ausdrücklicher Dank geht an Herrn Jürgen Georg (Lektor Hans Huber Verlag), der es mir durch sein Interesse an meinem Fachartikel über die Schweiz ermöglicht hat, dieses Buch zu verfassen. Ebenso gilt mein Dank seiner Assistentin, Frau Elisabeth Uhländer-Masiak, die mich in der Entstehungsphase dieses Buches mitbegleitet hat. Kapitel 13, Anerkennung und Registrierung, ist unter der Mitwirkung des Schweizerischen Roten Kreuzes, Departement Berufsbildung, Abteilung Anerkennung, entstanden; für diese wertvolle Unterstützung bedanken sich Autorin und Verlag herzlich.

Herrn Dieter Sperl (Pflegedirektor des Landeskrankenhauses Bregenz und Fachbuchautor) möchte ich für die Durchsicht und Korrektur meines Manuskriptes ganz besonderen Dank aussprechen, ebenso Frau Gaby Burgermeister für die kritische Überarbeitung.

In der Schweiz konnte ich meine beruflichen Kenntnisse auf der Intensivstation des Herz- und Neurozentrums Bodensee in Kreuzlingen und in der Klinik St. Anna in Luzern erweitern. Dem Pflegepersonal und den Ärzten beider Kliniken möchte ich für die gemeinsam erlebte Zeit danken, im Besonderen Vera Marjanovic für die große Unterstützung während meiner Tätigkeit in der Herzchirurgie.

Für die liebevolle Betreuung meines Sohnes während der Stunden am Computer möchte ich meinen Eltern ein herzliches «Dankeschön» aussprechen.

Vorwort

Perfektionismus und Präzision – diese Schlagworte werden häufig mit der Schweiz verbunden. Dies gilt nicht nur für Uhren, sondern auch für Menschen, wie Henri Dunant und Liliane Juchli, die wesentlich dazu beigetragen haben, dass die Gesundheits- und Krankenpflege in der Schweiz einen vorbildlichen Ruf erlangte.

Das Gesundheitswesen ist nach wie vor einer der expansivsten Wirtschaftszweige im Land. Mit zahlreichen Stellengesuchen ist die Schweiz vor allem im deutschsprachigen Ausland in den Fachzeitschriften der Gesundheitsberufe vertreten.

Trotzdem lässt sich die eidgenössische Insel im Herzen Europas nicht im Sturm erobern. Die sechsundzwanzig voneinander unabhängigen Kantone haben jeweils nur eine bestimmte Anzahl und Art von Aufenthaltsbewilligungen für arbeitsuchende Ausländer[1] zu vergeben.

Das Arbeitszeit- und Mutterschutzgesetz, das Sozialversicherungssystem, die Einkommensteuergesetzgebung, das Bankwesen und die örtlichen Gegebenheiten unterscheiden sich in vielen Dingen von den Gesetzen und Richtlinien im eigenen Land. Auch in den meisten Spitälern und medizinischen Einrichtungen pflegt und therapiert man mit einer besonderen Philosophie, die zum Kennenlernen einlädt.

Dieses Buch wendet sich an alle, die sich für eine Tätigkeit im Schweizer Gesundheitswesen als Grenzgänger oder Jahresaufenthalter entschieden haben, und versteht sich als Orientierungshilfe für den beruflichen Auslandsaufenthalt.

Luzern, Juni 2002   Christine Rudolph

---

1 Mit Rücksicht auf die Lesbarkeit wird die männliche Form verwendet. Selbstverständlich sind immer beide Geschlechter gemeint.

Teil 1

Die Entscheidung für die Schweiz

1 Wie finde ich den geeigneten Arbeitsplatz in der Schweiz?

Die vielsprachige Schweiz mit ihrer heterogenen Bevölkerungsstruktur ist besonders für Arbeitsuchende aus den Nachbarländern Deutschland, Österreich, Italien und Frankreich interessant. Sie lockt nicht nur mit der stabilen Währung des Schweizer Frankens (CHF), sondern auch mit einer abwechslungsreichen Landschaft. Gedanken an Johanna Spyris Kinderbuch «Heidi», an paradiesisch schmeckende Schokolade und an herzhaften Käse kommen auf.

Doch wer es nicht nur beim Träumen belassen will, sondern einen längeren Arbeitsaufenthalt in der Schweiz in Erwägung zieht, den möchten die folgenden Kapitel ganz gezielt über die Möglichkeiten, Rechte und Pflichten ausländischer Arbeitnehmer in der Schweiz, aber auch über einige Besonderheiten von Land Leuten informieren und einstimmen.

Abbildung 1-1: «Going Swiss.» © Elmar Frink

1.1 Medien – Fachzeitschriften und Internet

Bei der Menge und Verbreitung der heutigen Medien bleibt kaum ein Stellenangebot unbemerkt. So kann man sein persönliches berufliches Profil optimal bei der Stellensuche einsetzen, und auch die Anbieter im Arbeitsmarkt «Gesundheitswesen» können ergebnisorientiert arbeiten.

In den Fachzeitschriften der einzelnen Berufsgruppen im Bereich Pflege und Medizin, inserieren kantonale und private Schweizer Spitäler und Heime, um Mitarbeiter für ihre Institution zu gewinnen. Die Anzahl der Fachzeitschriften ist in den letzten Jahrzehnten stetig gestiegen. Viele traditionsreiche Zeitschriften haben ihren Namen und ihr Layout der modernen Zeit angepasst. Was die Titel betrifft, so musste vor allem im Bereich der Pflege dem Umstand Rechnung getragen werden, dass immer mehr männliche Berufstätige sich diesen Arbeitsmarkt erobern. Aus «Die Schwester», wurde 1975 «Die Schwester/Der Pfleger». Auch die «Österreichische Schwesternzeitung», verwandelte sich schon 1969 in die beide Geschlechter ansprechende «Österreichische Krankenpflegezeitschrift». Manche Haupttitel verschwanden ganz und wurden modernisiert, wie zum Beispiel die «Deutsche Krankenpflegezeitschrift», aus der 1994 die «Pflegezeitschrift» wurde. Die bekanntesten Schweizer Pflege-Fachzeitschriften sind «Krankenpflege/Soins infirmiers», «NOVA», «PR-InterNet», «Pflege» (genaue Angaben s. Anhang, S. 204).

Doch auch die lokale Presse des jeweiligen Kantons, in dem man Arbeit sucht, ist mit Inseraten vertreten. Wenn man sich nicht die Mühe machen will, diese Zeitungen persönlich zu erwerben, kann man über das Internet die Tagesanzeiger und die Jobbörsen der lokalen Presse unter «www.jobwinner.ch» sowie «www.jobclick.ch» aufrufen. Unter der Rubrik «Die bekanntesten Jobbörsen der Schweiz» finden sich ferner bei «www.jobwindow.ch» mehrere Links mit aussagekräftigen Stellenangeboten für das Gesundheitswesen:

- Stellen.ch
- Jobpilot.ch
- Jobscout.ch
- Jobs.ch

Während es für die Berufe in der Kranken- und Altenpflege nicht an Stellenangeboten mangelt, ist es für Ärzte im Praktikum (AiP) und fertig ausgebildete Ärzte nicht ganz einfach, eine entsprechende Anstellung zu finden. Es sind nur wenige Stellen für ausländische Bewerber zu ergattern.

Famulanten, die sich für eine Stelle als so genannter «Unterassistent» bewerben, haben hierbei schon mehr Chancen; sie sollten sich ein bis zwei Jahre vor dem gewünschten Zeitpunkt um eine entsprechende Stelle bewerben. Die Verbindung der Schweizer Ärztinnen und Ärzte (FMH) und der Verband Schweizer Assistenz- und Oberärztinnen und -ärzte (VSAO), deren Adressen sich im Anhang (S. 206) befinden, geben Auskunft über entsprechende Stellenangebote.

1.2 Personalvermittlungsagenturen

Ebenfalls in den Fachzeitschriften und im Internet vertreten sind so genannte Personalconsultingfirmen, welche die Bewerber für das Gesundheitswesen in der Schweiz kostenlos beraten und über die einzelnen Spitäler, Altenheime und Rehabilitationseinrichtungen Auskunft geben. Diese Art der Stellensuche ist eine feine Sache, da man sehr individuell beraten wird. Es sind nicht nur die zahlreichen Prospekte der medizinischen Einrichtungen, die beeindrucken, sondern auch die Beratung unter Berücksichtigung der familiären Situation. Das heißt, dass man einer Familie mit Kindern vielleicht eher dazu rät, sich nicht im Großstadtbereich niederzulassen, sondern auf den freien Stellenmarkt in einer kinderfreundlicheren Umgebung hinweist. Die Stellenvermittlungsagenturen werden beim Zustandekommen eines Arbeitsvertrages von den Spitälern oder anderen medizinischen Einrichtungen für ihre Dienstleistung bezahlt.

Worauf man im Arbeitsvertrag beim entsprechenden Arbeitgeber achten muss, ist die entsprechende Klausel über die Kostenrückerstattung beim vorzeitigen Ausscheiden aus dem Arbeitsverhältnis innerhalb der ersten zwölf Monate. Da der Arbeitgeber für eine erfolgreiche Vermittlung eines qualifizierten Arbeitnehmers manchmal mehrere tausend Franken bezahlt, ist es nachzuvollziehen, dass bei vorzeitiger Kündigung Kosten für den Beschäftigten entstehen können. Dies ist jedoch bei jeder Institution individuell geregelt.

Adressen von Stellenvermittlungsagenturen finden Sie im Anhang, S. 203.

1.3 Französisch- und italienischsprachige Schweiz

Wer Interesse hat, in den schon etwas südländisch anmutenden Regionen der Schweiz zu arbeiten, sollte sich darüber im Klaren sein, dass man in der Schweiz nicht nur deutsch spricht, und er oder sie sollte gute Kenntnisse der dort jeweils geltenden Landessprache (deutsch, französisch oder italienisch) mitbringen.

Optimal für Arbeitnehmer mit nur einfachen Kenntnissen der Landessprache sind Städte in der französischen Schweiz, die «bilingue» (frz.: *zweisprachig*) sind. Hier steht alles zweisprachig geschrieben, und man wird zum zwanglosen Sprechen motiviert. Die Paradebeispiele sind Biel/Bienne und Freiburg/Fribourg.

Oben am St. Gotthardpass beginnt das italienischsprachige Tessin (Ticino). Hinter den Bergen des Gotthardmassivs, im südlichsten Kanton der Schweiz, spricht man fast ausschließlich ein mundartlich gefärbtes Italienisch.

In der vierten Sprachregion, die im Südosten des Landes liegt und den größten Teil des Kantons Graubünden umfasst, wird rätoromanisch gesprochen. Diese aus dem Vulgärlatein entstandene Sprache besteht aus fünf Dialekten (Surselvisch, Sutselvisch, Sumeirisch, Putér und Vallader). Gerade 0,6 Prozent der Schweizer Bevölkerung sprechen und verstehen eines oder mehrere dieser regionalen Idiome (Stand: 1990), es handelt sich also um eine deutliche Sprachminderheit. 1982 entwickelte Professor H. Schmid daraus die allgemeine Schrift- und Amtssprache «Rumantsch Grischun» (Baedeker, 1998, S. 31).

Die größte Sprachregion ist die deutschsprachige Schweiz (Deutschschweiz): 63,7 Prozent der Schweizer Bevölkerung sprechen Schweizerdeutsch. (vgl. dazu Kapitel 7.1, S. 51)

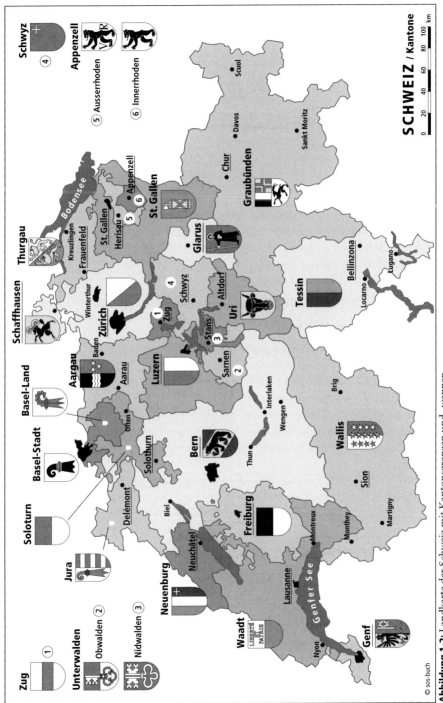

Abbildung 1-2: Landkarte der Schweiz mit Kantonsgrenzen und -wappen

© sos-buch

2 Das Vorstellungsgespräch

Wenn Sie sich für einen oder mehrere in Frage kommende Arbeitgeber entschieden haben, gilt es, sich erfolgreich zu bewerben.

An dieser Stelle möchte ich auf ein im Marketing bekanntes Stufenkonzept hinweisen, das sich «AIDA» nennt. Nicht nur Verdi hatte damit Erfolg (Heineck, 1994, S. 16)!

- to gain **A**ttention (Aufmerksamkeit gewinnen)
- to maintain **I**nterest (Interesse aufrecht erhalten)
- to create **D**esire (Wünsche erzeugen)
- to get **A**ction (Handlung [Vertrag] erhalten)

2.1 Eingehende Begutachtung der Zeugnisse und Qualifikationen

Nirgendwo sonst im Gesundheitswesen des deutschsprachigen Raumes werden Bewerbungsunterlagen und Zeugnisse so genau unter die Lupe genommen, wie in der Schweiz. Es lohnt sich daher, Lebenslauf und Bewerbung professionell zu gestalten und darauf zu achten, dass Sie alle vorhandenen Zeugnisunterlagen und Ihre erworbenen Diplome in Kopien beilegen. Wer es aus seinem Heimatland auf Grund der personellen Mangelsituation gewohnt war, dass Zeugnisse eher überflogen als gelesen werden, wird nun erstaunt sein, auf welche Details Schritt für Schritt eingegangen wird.

Wenn Sie zu einem Vorstellungsgespräch eingeladen werden, ist es von Vorteil, sich gedanklich gut darauf vorzubereiten, um bei Schwachstellen in Ihrem Lebenslauf oder bei Zeugnissen entsprechend Rede und Antwort stehen zu können.

2.2 Zeitintensives Erstgespräch

Für das Vorstellungsgespräch in Schweizer medizinischen Einrichtungen sollten Sie viel Zeit mitbringen. Es kann bis zu zwei Stunden dauern.

Hier findet noch ein richtiger Dialog zwischen Vorgesetztem und Bewerber statt, der sich von den sonst gewohnten monologischen Kurzgesprächen im eigenen Land angenehm unterscheidet.

Nach dem «warm up» zum Einstieg – «Hatten Sie eine angenehme Anreise?», «Haben Sie unsere Klinik gut gefunden?» und «Waren Sie schon einmal hier in der Schweiz?», erwarten Sie dann folgende Fragenkomplexe (siehe **Tab. 2-1**):

Tabelle 2-1: Fragenkomplexe beim Erstgespräch

fachliche Kompetenzen	soziale Kompetenzen	methodische Kompetenzen	mentale Kompetenzen

• Schulbildung
• Examen
  und Fachexamen
• bevorzugte
  Fachdisziplinen
• Weiterbildungen
• Interessengebiete
• Fähigkeiten
	• Teamarbeit
	  (Erwartungen)
	• Anpassungsfähigkeit
	• Kontaktfähigkeit
	• Mut zur
	  Stellungnahme
	• Arbeitsengagement
	• Konfliktfähigkeit
		• Leistungsbereitschaft
		• Selbstständigkeit
		• Fertigkeit
		• Gründlichkeit
			• Einstellung zur Arbeit
			• Einstellung
			  zu sich selbst
			• Einstellung
			  zu anderen
			• Einsatzbereitschaft
			• Leistungsehrgeiz
			• Hypothetische
			  Fallsituationen
			  kommentieren

2.3 Der Schnuppertag

Bevor ein Schweizer Arbeitgeber eine Stellenzusage macht, ist es üblich, einen Probearbeitstag (eine Arbeitsschicht, in der Regel 8,4 Stunden) zu absolvieren in dem Bereich, in dem man arbeiten möchte. Man hat so die Gelegenheit, das Team und die gewohnten Arbeitsabläufe ein wenig kennen zu lernen und erste Eindrücke auf sich wirken zu lassen.

3 Der Arbeitsvertrag

Bevor der von beiden Seiten bereits unterschriebene Vertrag Gültigkeit erlangt, ist die fremdenpolizeiliche Aufenthaltsbewilligung erforderlich. Um diese Formalitäten kümmert sich der Arbeitgeber.

Zur Aufenthaltsbewilligung s. insbesondere Kapitel 4, S. 32.

3.1 Bewertung der ausländischen Examina

Mit dem Inkrafttreten der bilateralen Verträge zwischen der Schweiz und der EU werden sich in Zukunft die Rahmenbedingungen auf dem Schweizer Arbeitsmarkt verändern. In einigen Jahren erfolgt die gegenseitige Anerkennung von Ausbildungsabschlüssen.

Für die Anerkennung ausländischer Diplome von Krankenschwestern und -pflegern sowie Hebammen in der Schweiz ist das Schweizerische Rote Kreuz (SRK) im Auftrag der Schweizerischen Sanitätsdirektoren Konferenz (SDK) zuständig.

Wer im Besitz eines Registrierungsausweises des SRK ist, kann sich in der Regel auch auf eine höhere Gehaltseinstufung freuen. Aufgrund der Nichtanerkennung mancher Fachweiterbildungen (z.B. wegen eines erweiterten Kompetenzbereichs von Schweizer Intensivpflegenden) kann es zu unterschiedlichen Gehaltseinstufungen gegenüber Schweizer Kollegen kommen. In diesem Fall sollten Sie Möglichkeiten der Nachqualifikation mit dem Arbeitgeber diskutieren. Durch die Nichtanerkennung mancher Fachweiterbildungen ist demzufolge auch keine gleichwertige Gehaltseinstufung gegenüber den Schweizer Kollegen zu erwarten. Näheres dazu siehe Kapitel 13, S. 92.

3.2 Wochenarbeitszeit

Für viele Arbeitnehmer aus den EU-Ländern ist die Tatsache etwas gewöhnungsbedürftig, dass in der Schweiz 42 Stunden in der Woche gearbeitet wird. Das bedeutet für den einzelnen Arbeitstag eine Schichtdauer von jeweils 8,4 Stunden. Da im Nachtdienst nicht länger gearbeitet wird als im Tagdienst, fällt das so genannte längere «Nachtwachenfrei» weg. Oft sind es nur zwei freie Tage, die sich an eine längere Nachtdienstkette anreihen.

3.3 Anzahl der Urlaubs- und Feiertage

In der Regel werden in der Schweiz nur 20 Urlaubstage gewährt. Manche medizinische Einrichtungen vergeben 25 Tage. Oftmals gewährt ein Arbeitgeber Mitarbeitern in den Funktionsbereichen die höhere Anzahl der Urlaubstage mit der Begründung, dass in diesen Tätigkeitsbereichen eine höhere physische und psychische Belastung für den Einzelnen gegeben ist.

Feiertage gibt es in der Schweiz weitaus weniger als in den benachbarten Ländern. Unterschiede finden sich dabei in den protestantischen und römisch-katholischen Kantonen. Im ganzen Land sind die folgenden Tage gesetzliche Feiertage:

- Neujahr
- Karfreitag
- Ostermontag
- Christi Himmelfahrt (Auffahrt)
- Pfingstmontag
- Bundesfeier
- Weihnachten
- Stephanstag.

Die Arbeitgeber in den einzelnen Kantonen geben am Jahresanfang oder in ihren Reglements die individuelle Feiertagsregelung bekannt.

 Tipp! Eine «Streckung» der Urlaubsdauer lässt sich erreichen, indem man gezielt Feiertage und die «Brückentage» davor und danach in die persönliche Urlaubsplanung mit einbezieht.

3.4 Der Lohn

3.4.1 Die Gehaltsabrechnung

«Wie sich der Lohn zusammensetzt, muss in der *schriftlichen* Abrechnung stehen, die der Arbeitgeber regelmäßig auszuhändigen hat […].» (Bräunlich Keller 2000, S. 96). Neben dem Positionslohn (Monats- oder Stundenlohn = Grundgehalt), dem Leistungslohn, sowie allfälligen Nacht- und Wochenendentschädigungen sind zum Beispiel Familienzulagen Bestandteile des Lohns. Wie sich der Lohn im Einzelfall zusammensetzt, sollte Gegenstand der Anstellungs- resp. Arbeitsvertragsverhandlungen sein. Außerdem sind auch die Abzüge Bestandteile des Lohns, da eine spätere Altersrente (vgl. auch Kapitel 10.1, S. 72), Arbeitslosentagegelder oder eine Rente der Invalidenversicherung vom Einkommen abhängig sind.

Um diese Sozialleistungen finanzieren zu können, werden Sozialversicherungsprämien vom Lohn abgezogen. Diese sind auf der Lohnabrechnung ausgewiesen:

Abbildung 3-1: «Bundesfeier.» © Elmar Frink

- AHV/IV/EO Alters-, Hinterbliebenen- und Invalidenversicherung und Erwerbsersatzordnung (zu den einzelnen Sozialversicherungen vgl. Kapitel 10, S. 72): Abzug 5,05 Prozent auf dem gesamten Gehalt; der Arbeitgeber bezahlt seinerseits 5,05 Prozent.
- ALV Arbeitslosenversicherung: zurzeit 2 Prozent (Art. 4 Bundesgesetz über die obligatorische Arbeitslosenversicherung und die Insolvenzentschädigung, Stand 7. Mai 2002). Arbeitgeber und Arbeitnehmer tragen den Beitrag je zur Hälfte.
- UVG Unfallversicherung: Der Beitrag für Betriebsunfall wird vom Arbeitgeber bezahlt und richtet sich nach dem Betriebsrisiko. Der Beitrag für Nicht-Betriebsunfälle kann dem Arbeitnehmer belastet werden (1,47 bis 2 Prozent, abhängig von der Berufsgattung). (Quelle: Bräunlich Keller 2000, S. 103)
- BVG Berufliche Vorsorge (Pensionskasse/2. Säule):
  «Der Arbeitgeber ist verpflichtet, seinen Angestellten umfassende Auskünfte über die jeweilige Pensionskasse zu geben. Der Versicherte [der Arbeitnehmer; Anm. der Bearbeiterin] hat Anspruch auf ein Reglement der Personalvorsorgeeinrichtung sowie auf einen jährlichen Versicherungsausweis.» (Bräunlich Keller 2000, S. 210)
  Die Höhe der Pensionskassenbeiträge ist nicht gesetzlich vorgeschrieben, sie richtet sich nach dem Betrieb beziehungsweise dessen Vorsorgeeinrichtung und dem

Alter des Mitarbeiters: Je älter der Arbeitnehmer, desto höher der Abzug. Das hat zur Folge, dass ältere Mitarbeiter resp. Stellensuchende auf dem Arbeitsmarkt benachteiligt sind, denn auch der Arbeitgeber leistet einen Beitrag an diese Sozialversicherung. Der Arbeitgeber muss «gesamthaft mindestens die Hälfte aller Beiträge» tragen, und die einzelnen Pensionskassen müssen sie so festlegen, «dass sie ausreichen, die gemäß BVG vorgeschriebenen minimalen Leistungen zu erbringen» (Bräunlich Keller 2000, S. 210). Wie viel von Ihrem monatlichen Lohn für die zweite Säule abgezogen wird, geht einerseits aus Ihrem persönlichen Versicherungsausweis und andererseits aus der Lohnabrechnung hervor.

Die zweite Säule ist kompliziert und für die Arbeitnehmer kaum zu durchschauen. Für nähere Auskünfte sind sie allein auf das Reglement der Pensionskasse des betreffenden Arbeitgebers gestellt.

- Krankentagegeld (vgl. auch Kapitel 3.4.3, Lohnfortzahlung im Krankheitsfall, S. 30): Mit dieser Kollektiv-Versicherung wird die Lohnfortzahlungspflicht im Krankheitsfall abgedeckt. Der Versicherungsbeitrag wird meist von Arbeitgeber und Arbeitnehmer je zur Hälfte bezahlt. In manchen Fällen übernimmt der Arbeitgeber sogar den ganzen Betrag. Es handelt sich allerdings um eine fakultative Versicherung – viele Betriebe verzichten darauf, ihre Mitarbeiter gegen Lohnausfall abzusichern. Sie überlassen es dem einzelnen Mitarbeiter, seinen Lohn für den Fall von Krankheit zu versichern. (Meierhofer 1998, S. 88 f.)

- Quellensteuer: Ausländischen Arbeitnehmern ohne Niederlassungsbewilligung (vgl. dazu Kapitel 4, Die Arbeits- und Aufenthaltsbewilligung, S. 31) zieht der Arbeitgeber den fälligen Quellensteuerbetrag vom Gehalt ab und überweist diesen der zuständigen Steuerverwaltung.

3.4.2 Lohngefälle zwischen privaten und kantonalen medizinischen Einrichtungen

Unter den einzelnen Spitälern, Rehabilitationseinrichtungen und Pflegeheimen trifft der Bewerber auf unterschiedliche Lohnstrukturen.

Ganz klar liegen hier die privaten medizinischen Einrichtungen vorne, da sie häufig ein höheres Budget zur Verfügung haben. Während in den kantonalen Häusern am Grundlohn kaum zu rütteln ist, ist das Gehalt in privaten Institutionen «Verhandlungssache».

Trotzdem gilt es zu überlegen, ob eine medizinische Einrichtung, die einem nicht so gut gefallen hat, nur wegen des höheren Grundlohnes einer Klinik vorgezogen werden soll, die den eigenen Erwartungen entsprechen würde.

Tipp! Berechnen Sie anhand der deutschen Gehaltstabelle (VERDI) Ihr zu erwartendes Monats- und Jahresgehalt. Versuchen Sie, im Vorfeld Informationen über die Gehaltshöhe in Erfahrung zu bringen. Die *Registrierung* (vgl. Kapitel 13, S. 92) kann sich positiv auf das Gehalt auswirken.

3.4.3 Lohnfortzahlung im Krankheitsfall

Im Falle einer Krankheit sind die Arbeitnehmer bei den Arbeitgebern im Gesundheitswesen optimal versichert. Die meisten medizinischen Einrichtungen gewähren nach Ablauf der Probezeit eine 80- bis 100-prozentige Lohnfortzahlung im Krankheitsfall während 720 Tagen. Dies wird durch eine Kollektiv-Krankentagegeldversicherung ermöglicht (vgl. auch Kapitel 3.4.1, Die Gehaltsabrechnung, S.27), die viele Arbeitgeber, vor allem in Branchen mit Gesamtarbeitsverträgen, abschließen. Die Beiträge für die Versicherung werden dem Arbeitnehmer vom Gehalt abgezogen. Erkundigen Sie sich beim Lohn-/Arbeitsvertragsgespräch danach, wie die Institution, bei der Sie sich beworben haben, es mit der Lohnfortzahlung im Krankheitsfall hält: Besteht eine Lohnfortzahlung? Wie lange? Wie wird sie finanziert? Ist der Abschluss einer Tagegeldversicherung freiwillig oder obligatorisch? Welche Konsequenzen hat ein etwaiger Verzicht auf den Abschluss einer Krankentagegeldversicherung?

4 Die Arbeits- und Aufenthaltsbewilligung

Etwa 20 bis 25 Prozent aller Erwerbstätigen in der Schweiz sind Ausländer. Um in der Schweiz arbeiten zu können, benötigt jeder ausländische Arbeitnehmer noch vor dem Stellenantritt die Zusicherung einer Arbeitsbewilligung, die im Regelfall der Arbeitgeber bei der zuständigen kantonalen Behörde (Fremdenpolizei) einholt.

Als Tourist oder nicht Beschäftigter kann man sich mit einem gültigen Reisedokument bis zu drei Monaten ohne Aufenthaltbewilligung in der Schweiz aufhalten.

4.1 Bilaterale Verträge

Diese Abkommen, die am 1. Juni 2002 in Kraft getreten sind, erleichtern unter anderem den freien Personenverkehr zwischen der Schweiz und der EU. Damit öffnet die Schweiz ihren Arbeitsmarkt schrittweise für ausländische Arbeitskräfte aus dem EU-Raum (siehe **Tab. 4-1**).

Tabelle 4-1: Die schrittweise Öffnung des Schweizer Arbeitsmarktes für Arbeitskräfte aus EU-Ländern (nach: Integrationsbüro EDA/EVD et al., 2002, S. 6)

zweijährige Übergangsfrist ab Mitte 2002	zwei Jahre nach Inkrafttreten (2004)	fünf Jahre nach Inkrafttreten (2007)	sieben Jahre nach Inkrafttreten (2009)	zwölf Jahre nach Inkrafttreten (2014)
Bisher geltende Zulassungsbeschränkungen werden aufrecht erhalten: • Inländervorrang • Kontrolle der Lohn- und Arbeitsbedingungen • Arbeitsbewilligungen kontingentiert (15 000 neue erstmalige Daueraufenthaltsbewilligungen, 115 500 neue Kurzaufenthaltsbewilligungen)	• Inländervorrang wird aufgehoben • keine Kontrolle der Lohn- und Arbeitsbedingungen mehr • flankierende Maßnahmen zum Schutz vor Lohn- und Sozialdumping treten in Kraft	• Kontingente für EU-Bürger werden aufgehoben • probeweise Einführung des freien Personenverkehrs • bei übermäßiger Zunahme der Einwanderung: einseitige Schutzklausel (erneute Kontingentierung) • Abschaffung der Grenzzonen für Grenzgänger	CH und EU entscheiden über Weiterführung des Abkommens (in der Schweiz: fakultatives Referendum)	volle Freizügigkeit (sofern nach Ablauf des 7. Jahres das Abkommen verlängert wird)

Sieben Jahre nach dem Inkrafttreten können sich beide Partner entscheiden, ob sie das Abkommen verlängern wollen. In der Schweiz werden Bundesrat und Parlament aufgrund der gemachten Erfahrungen über eine Verlängerung entscheiden; diese Entscheidung ist dem fakultativen Referendum unterstellt, d. h. falls das Referendum ergriffen wird und zustande kommt, hat das Schweizer Volk das letzte Wort. Für Bürgerinnen und Bürger von EU-Ländern erstreckt sich der Übergang zum freien Personenverkehr über zwölf Jahre. Das Freizügigkeitsrecht wird durch die gegenseitige Anerkennung von Berufsdiplomen und die Koordination der Sozialversicherungen ergänzt. Der schweizerische Bundesrat und das Parlament haben eine Reihe von begleitenden Maßnahmen zum Schutz der schweizerischen Arbeitnehmer vor Lohndumping vorgesehen, um Missbräuchen der Personenfreizügigkeit vorzubeugen.

Auch nach dem Inkrafttreten der bilateralen Abkommen müssen EU-Bürger entweder einen Arbeitsvertrag besitzen oder den Nachweis erbringen können, dass sie einer selbständigen Erwerbstätigkeit nachgehen. Nichterwerbstätige Personen (zum Beispiel Rentner) haben nur dann ein Recht auf Wohnsitznahme in der Schweiz, wenn sie keine Sozialhilfeleistungen in Anspruch nehmen und einen Krankenversicherungsschutz nachweisen können.

4.2 Die Arbeitsbewilligung

[Die folgenden Ausrührungen stützen sich im Wesentlichen auf im Internet abrufbare Informationen des Bundesamtes für Ausländerfragen. Da bei Redaktionsschluss des Buches erst wenige Wochen seit dem In-Kraft-Treten der bilateralen Abkommen verstrichen sind, ist es unmöglich, auf praktische Erfahrungen zurückzugreifen. Es kann deshalb nicht ausgeschlossen werden, dass bis zum Erscheinen dieses Buches vorliegende praktische Erfahrungen sich auf einzelne Punkte in Form von pragmatischen Anpassungen auswirken. Mit andern Worten: Wir müssen uns hier auf rein theoretische Angaben beschränken; wie diese sich in der praktischen Umsetzung auswirken und bewähren, wird die Zukunft zeigen. Anm. des Verlags]

Während der ersten beiden Jahre nach Inkrafttreten des bilateralen Abkommens über die Personenfreizügigkeit gelten weiterhin:

- *Zulassungsbeschränkung* (Kontingentierung): Vorzugsquoten für EU-Bürger (15 000 neue erstmalige Aufenthaltsgenehmigungen für Daueraufenthalter und 115 500 neue für Kurzaufenthalter) innerhalb der Kontingente. Der Arbeitgeber reicht bei der kantonalen Behörde ein Gesuch ein. Die Bewilligung muss vor Ihrem Stellenantritt vorliegen!
- *Inländervorrang:* Schweizer Arbeitnehmer haben weiterhin den Vortritt bei der Stellenbesetzung. Der Arbeitgeber hat – wie bis anhin – darzulegen, dass er in der Schweiz niemanden gefunden hat, der die für die zu besetzende Stelle erforderlichen Qualifikationen erfüllt, wenn er einen Stellenbewerber aus dem EU-Raum statt eines Schweizer Bewerbers berücksichtigen will.

- *Kontrolle der Lohn- und Arbeitsbedingungen:* um Dumpinglöhne und eine Ausbeutung der Arbeitnehmer zu verhindern.

Diese Bestimmungen gelten auch zwischen dem zweiten und fünften Jahr der Übergangsfrist. Neu ist jedoch, dass dann für Ihre Arbeitsbewilligung nicht mehr der Arbeitgeber zuständig ist, sondern Sie können diese selbst bei der Wohngemeinde oder der kantonalen Fremdenpolizei beantragen; sie wird Ihnen erteilt, wenn das Kontingent noch nicht ausgeschöpft ist.

> **Tipp!** Wenn Sie während dieser Übergangsfrist von fünf Jahren schon vor der Einreise in die Schweiz sicher sein wollen, eine Aufenthaltsbewilligung zu erhalten, können Sie eine entsprechende Zusicherung von den Schweizer Behörden schon im Voraus verlangen.

Während die Zulassungsbeschränkung zwischen dem zweiten und fünften Jahr weiter besteht, werden der Inländervorrang und die Kontrolle der Lohn- und Arbeitsbedingungen in diesem Zeitraum aufgehoben.

Die Kontingente für EU-Bürger in der Schweiz werden erst *nach fünf Jahren* (ab Inkrafttreten der bilateralen Abkommen) aufgehoben. Sobald Sie als EU-Bürger über einen Arbeitsvertrag mit einem Schweizer Arbeitgeber verfügen, wird Ihnen dann die Aufenthaltsbewilligung – und damit auch das Recht, in der Schweiz zu arbeiten – automatisch erteilt. Im Falle eines Zuzuges von Arbeitskräften aus dem EU-Raum um mehr als zehn Prozent des Durchschnitts der drei vorangegangenen Jahre verhindert eine Schutzklausel, dass die Schweizer aus ihrem einheimischen Arbeitsmarkt gedrängt werden: Bis zum zwölften Jahr kann die Schweiz während jeweils eines Jahres wieder Kontingente einführen.

4.3 Die verschiedenen Arten von Erstaufenthaltsbewilligungen

4.3.1 Kurzaufenthaltsbewilligung L-EG

Arbeitsverhältnis bis zu drei Monaten

Eine Arbeits-/Aufenthaltsbewilligung ist auch während der ersten fünf Jahre nach Inkrafttreten des Personenfreizügigkeitsabkommens notwendig. Arbeitstätigkeiten von weniger als vier Monaten sind aber von der Kontingentierung ausgenommen. Wenn sie nach Ablauf der fünfjährigen Übergangsfrist in der Schweiz ein Arbeitsverhältnis von höchstens drei Monaten eingehen wollen, benötigen Sie keine Arbeits-/Aufenthaltsbewilligung mehr, müssen sich aber bei der kantonalen Fremdenpolizei anmelden.

Arbeitsverhältnis von mehr als drei Monaten aber weniger als einem Jahr

Wenn Sie einen gültigen Arbeitsvertrag vorweisen können, erhalten Sie eine Kurzaufenthaltsbewilligung, die weder an einen Arbeitgeber noch an eine bestimmte Tätigkeit gebunden und in der ganzen Schweiz gültig ist. Die Gültigkeitsdauer entspricht der Dauer des Arbeitsvertrages.

Solange Sie einen Arbeitsvertrag vorlegen können, können Sie Ihre Kurzaufenthaltsbewilligung jederzeit erneuern lassen. Mit einem Arbeitsvertrag von mehr als einem Jahr haben Sie Anspruch auf eine →Daueraufenthaltsbewilligung.

Sie müssen also die Schweiz zwischen zwei Arbeitsverhältnissen nicht mehr wie bisher verlassen. (In den ersten fünf Jahren nach Inkrafttreten des Abkommens gelten Übergangsbestimmungen.)

4.3.2 Daueraufenthaltsbewilligung B-EG

Wer einen Arbeitsvertrag über ein Jahr oder länger vorweisen kann, erhält eine Aufenthaltsbewilligung B-EG mit einer Gültigkeitsdauer von fünf Jahren. Auch damit ist Ihre berufliche und geografische Mobilität gewährleistet, d. h. Sie können die Stelle und den Wohnort wechseln. Solange Sie einen Arbeitsvertrag vorweisen können, wird Ihre B-Bewilligung jeweils um weitere fünf Jahre verlängert. (Wenn Sie während mehr als zwölf Monaten in Folge unfreiwillig arbeitslos waren, kann die Gültigkeitsdauer Ihrer Aufenthaltsbewilligung bei der ersten Verlängerung auf ein Jahr beschränkt werden.)

4.3.3 Die Grenzgängerbewilligung G-EG

Angehörige aller Staaten der EU können als Grenzgänger arbeiten – nicht mehr wie bisher nur Angehörige der unmittelbaren Nachbarstaaten, und zwar ohne dass Sie – wie bisher – zuerst sechs Monate in einer Grenzregion gewohnt haben müssen. Anstatt täglich an den Wohnort zurückkehren zu müssen, genügt es, wenn Sie dies einmal wöchentlich tun.

Auch für die Grenzgängerbewilligung gelten Übergangsbestimmungen in den ersten zwei resp. fünf Jahren nach Inkrafttreten des Abkommens: In den ersten beiden Jahren gelten sowohl der Inländervorrang als auch die Kontrolle der Lohn- und Arbeitsplatzbedingungen; Grenzgängerbewilligungen sind jedoch nicht kontingentiert. Zunächst haben Grenzgänger das Recht auf uneingeschränkte berufliche und geographische Mobilität innerhalb der Grenzzonen; nach Ablauf der Übergangszeit von fünf Jahren werden die Grenzzonen aufgehoben, das Recht auf berufliche und geographische Mobilität gilt also auf dem ganzen Staatsgebiet.

Ist der Arbeitsvertrag weniger als zwölf Monate gültig, so ist auch die Grenzgängerbewilligung auf die Dauer des Arbeitsverhältnisses beschränkt. Dauert das Arbeitsverhältnis zwölf Monate oder länger, oder ist es unbefristet, so bleibt die Grenzgängerbewilligung fünf Jahre gültig und kann jeweils um weitere fünf Jahre verlängert werden, solange Sie einen Arbeitsvertrag vorlegen können.

Neu erhalten Grenzgänger das Recht, auch eine selbständige Tätigkeit auszuüben sowie im Rahmen ihrer Tätigkeit in der Schweiz eine Zweitwohnung (jedoch nicht eine Ferienwohnung) sowie Geschäftsräume zu erwerben.

4.4 Die Niederlassungsbewilligung: Ausländerausweis C-EG

EU-Bürger erhalten nach fünfjährigem, ununterbrochenem Aufenthalt in der Schweiz die Niederlassungsbewilligung. Diese Bewilligung ist nicht Gegenstand des Abkommens über die Personenfreizügigkeit zwischen der Schweiz und der EU, sondern wird wie bisher aufgrund von Gegenrechtserwägungen oder von Niederlassungsvereinbarungen mit dem Herkunftsstaat erteilt.

Die C-Bewilligung wird bis auf Widerruf erteilt. Die Inhaber dieses Ausweises sind, bis auf das Stimm- und Wahlrecht, politisch den Schweizer Bürgern praktisch gleichgestellt und können den Arbeitsplatz frei wählen.

Die Einkommenssteuer wird nun, wie bei den Schweizer Bürgern auch, einmal im Jahr berechnet und nicht monatlich einbehalten. In den meisten Kantonen wird sie zum Ende der ersten Jahreshälfte für das vorhergehende Kalenderjahr fällig. Es ist daher ratsam, monatlich einen bestimmten Betrag zurückzulegen. Die Höhe des Betrages ist abhängig vom Steuersatz des Kantons resp. der Gemeinde (vgl. Kapitel 9, Steuern, S. 69).

4.5 Die Einbürgerung

Wer sich nach ein paar Jahren Auslandaufenthalt in der Schweiz dazu entscheidet, Schweizer oder Schweizerin zu werden, der hat einen langen Weg vor sich. Auch für EU-Bürger ist dieser Schritt, die «ordentliche Einbürgerung» erst nach zwölfjähriger Wohnsitzdauer in der Schweiz möglich. Doch es gibt kantonale Unterschiede! Im Kanton Bern beträgt die Wohnsitzdauer beispielsweise nur zwei Jahre, im Kanton Uri zehn Jahre. Zieht nun ein Ausländer in den Kanton Uri, nachdem er zehn Jahre im Kanton Bern gewohnt hat, muss er nochmals zehn Jahre im Kanton Uri wohnen, ehe er ein Einbürgerungsgesuch einreichen kann!

Man unterscheidet in der Schweiz drei Ebenen: Bund, Kantone und Gemeinden. Der Bund erlässt dabei gemäß Bundesverfassung (Art. 38 Abs. 2) Mindestvorschriften über die Einbürgerung durch die Kantone und erteilt die Einbürgerungsbewilligung.

4.5.1 Voraussetzungen für eine eidgenössische Einbürgerungsbewilligung

- Der Bewerber muss zwölf Jahre in der Schweiz gewohnt haben (die zwischen dem 10. und dem 20. Lebensjahr in der Schweiz verbrachten Jahre zählen doppelt).
- soziale Integration: Er muss in die schweizerischen Verhältnisse eingegliedert sein.
- kulturelle Integration, insbesondere Sprachkenntnisse: Er muss vertraut sein mit den schweizerischen Lebensgewohnheiten, Sitten und Gebräuchen.
- Er muss die schweizerische Rechtsordnung beachten.
- Er darf die innere und äußere Sicherheit der Schweiz nicht gefährden.

(Bürgerrechtsgesetz BüG, Art. 14; zit. nach Bundesamt für Ausländerfragen, 2001)

Wenn diese Voraussetzungen erfüllt sind, erteilt das Bundesamt für Ausländerfragen eine eidgenössische Einbürgerungsbewilligung und damit grünes Licht für den Erwerb des Schweizer Bürgerrechts durch den Bund. Auf Gemeinde- und Kantonsebene müssen eigene, zusätzliche Einbürgerungsvoraussetzungen erfüllt sein.

4.5.2 Einbürgerungskriterien der Kantone

- Dauer des Wohnsitzes im Kanton (sehr unterschiedlich: mindestens zwei, höchstens zwölf Jahre)
- Kenntnis der Sprache, die im Kanton gesprochen wird
- Einbürgerungstaxen, die sehr unterschiedlich sind und vielfach zirka einen Monatslohn betragen.

4.5.3 Einbürgerungskriterien der Gemeinden

In den meisten Gemeinden ist die Legislative für die Einbürgerung zuständig. Die Entscheidung über die Einbürgerung können drei Gruppen fällen:

- das Stimmvolk (Gemeindeversammlung oder Abstimmung an der Urne)
- Volksvertreter (Parlament oder Gemeinderegierung)
- Einbürgerungskommission.

Der Entscheid kann ein bis drei Jahre auf sich warten lassen. Die Kosten für die Einbürgerung sind je nach Gebiet, in dem man die Einbürgerung beantragt, verschieden hoch. Berücksichtigt wird auch die eigene Einkommenssituation. Der Preis schwankt zwischen mehreren hundert und mehreren tausend Schweizer Franken.

Erleichterte Einbürgerungsverfahren gelten für Ausländerinnen und Ausländer, welche mit einer Schweizerin oder einem Schweizer verheiratet sind (erleichterte Einbürgerung), und für ehemalige Schweizer Bürger, die sich wieder einbürgern lassen wollen (Wiedereinbürgerung). (Bundesamt für Ausländerfragen, 2001)

Sofern Sie über einen Internet-Zugang verfügen, können Sie sich über die Einzelheiten der bilateralen Abkommen auf der Website des *Integrationsbüros Schweiz-Europa*, www.europa.admin.ch, informieren. Zusammen mit dem Bundesamt für

Ausländerfragen (BFA) und der Direktion für Arbeit des Staatssekretariats für Wirtschaft (seco) hat das Integrationsbüro auch eine ausgezeichnete Informationsschrift herausgegeben, der auch das vorliegende Buch ganz wesentliche Inhalte verdankt: «EU-Bürgerinnen und -Bürger in der Schweiz. Was ändert sich mit dem bilateralen Abkommen zur Personenfreizügigkeit?» (s. Literatur, S. 219).

5 Die Wohnungssuche

Bei der Wohnungssuche in der Schweiz gibt es einige entscheidende Unterschiede zum eigenen Land.

5.1 Mobilität

Sowohl als Kurz- als auch als Daueraufenthalter können Sie neu (mit Inkrafttreten der bilateralen Abkommen) den Aufenthalts- und den Arbeitsort in der Schweiz wechseln; Sie müssen sich jedoch bei der alten Wohngemeinde ab- und bei der neuen anmelden.

Während der Übergangsfrist von fünf Jahren können sich Kurzaufenthalter nur beruflich selbständig machen, wenn das Daueraufenthaltskontingent dies zulässt. Das heißt, wenn bereits so viele Daueraufenthaltsbewilligungen für das laufende Jahr erteilt wurden, dass das Kontingent erschöpft ist, ist es nicht möglich, sich in diesem Jahr beruflich selbständig zu machen.

5.2 Steuerunterschiede der einzelnen Kantone und Gemeinden

Ein Deutscher, ein Österreicher und ein Schweizer diskutieren darüber, wo die kleinen Kinder herkommen.

«Bei uns bringt der Storch die Kinder», erklärt der Deutsche.

«Und bei uns findet man die kleinen Kinder unter einem Busch», sagt der Österreicher.

Der Schweizer überlegt eine Weile und sagt schließlich: «Also bei uns ist das von Kanton zu Kanton verschieden.»

In der Schweiz gibt es 26 verschiedene Steuergesetze – in jedem Kanton ein eigenes. Es würde den Rahmen dieses Buches sprengen, detailliert auf die einzelnen Bestimmungen einzugehen. Die zuständige kantonale Steuerverwaltung (Adressen s. Anhang, S. 214) hält die kantonalen Steuertarife, entsprechende Merkblätter sowie alle erforderlichen Auskünfte bereit, insbesondere auch über Einschränkungen, die sich aufgrund der Doppelbesteuerungsabkommen ergeben.

Ausländische Arbeitnehmer, die an der Quelle besteuert werden (vgl. Kapitel 9, Steuern, S. 69), können immerhin davon ausgehen, dass es keine «teuren» und «billigen» Gemeinden gibt: Die Tarife, die für die Quellensteuer angewendet werden, «stellen immer eine Art gewogenes Mittel der kommunalen Steuerbelastung dar». (Informationsstelle für Steuerfragen, 2000)

5.3 Das Wohnungsinserat

Beim Studieren der Wohnungsinserate stößt man häufig auf einen sehr speziellen Wortschatz, der bei deutschsprachigen Ausländern mitunter etwas Ratlosigkeit hervorrufen kann (siehe **Abb. 5-1**).

Tabelle 5-1 gibt Aufschluss über die wichtigsten Wörter und ihre Bedeutung.

Tabelle 5-1: Schweizer Begriffe rund um die Wohnung

Helvetismen im Wohnbereich	Bedeutung
Abwart	Hausmeister
Cheminée	offener Kamin
Entrée	Korridor/Hausflur
Estrich	Dachboden
Gartensitzplatz (bei → Parterrewohnungen)	Terrasse
Lavabo	Waschbecken
NK	Nebenkosten
exkl. NK	Nebenkostenanteil nicht eingeschlossen
inkl. NK	Nebenkostenanteil eingeschlossen
+ NK	zuzüglich Nebenkosten
Parterre	Erdgeschoss
Réduit	Abstellkammer
Umschwung	Garten

Die Wohnungsgröße wird nur bei 25 Prozent der Inserate in Quadratmetern (m^2) angegeben, so dass man meist den Bezeichnungen «groß» und «klein» vertrauen muss. Einen «Mietspiegel» sucht man vergebens.

Die Mietpreise sind etwa eineinhalb bis zweimal so hoch wie in Deutschland oder Österreich. Die Wohnungen befinden sich jedoch dementsprechend in einem «Topzustand» und verfügen über eine ausgezeichnete Infrastruktur (vgl. auch Kapitel 5.5 Infrastruktur, S. 41).

5.4 Der Mietvertrag

5.4.1 Der Mietvertrag

Hat man ein geeignet scheinendes Mietobjekt entdeckt, vereinbart man einen Besichtigungstermin. Es ist üblich, dass Mietinteressenten ein Anmeldeformular des Eigentümers oder der Liegenschaftsverwaltung mit persönlichen Angaben ausfüllen

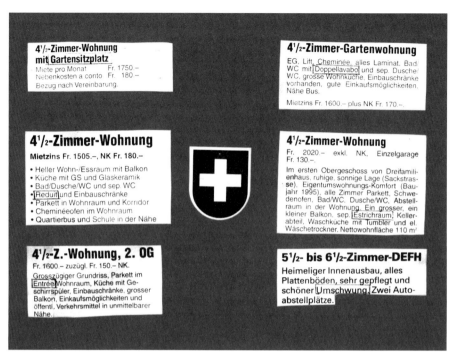

Abbildung 5-1: Landestypische Wohnungsinserate

müssen. Hier wird nach Lebensgewohnheiten, finanziellen Verhältnissen und nach der vorherigen Wohnsituation gefragt. Was sehr erstaunt, ist die Frage nach Namen und Adressen von Bezugspersonen (Referenzen). Sie sollten immer das Einverständnis der betreffenden Person einholen, ehe Sie diese als Referenz angeben. Manchmal kommt es vor, dass nach dem «Bürgerort» des Mieters gefragt wird. Damit ist der Ort gemeint, dessen Bürgerrecht man hat – in der Regel der Ort, an dem man geboren und/oder aufgewachsen und in dem man bekannt ist. Beantworten Sie diese beiden Fragen mit einer heiteren Leichtigkeit – sie entspringen dem in der Schweiz verbreiteten Bedürfnis nach Sicherheit beziehungsweise Absicherung.

Wenn sich beide Parteien einig sind und Ihnen ein Mietvertrag zur Unterzeichnung angeboten wird, lesen Sie den Vertrag in Ruhe durch – auch das «Kleingedruckte» – ehe Sie ihn unterschreiben. Denn manchmal kommt es vor, dass man die Dauer des Mietvertrages übersieht und in ein fünfjähriges Mietverhältnis einwilligt. Wird nichts anderes vereinbart, ist das Mietverhältnis in der Regel unbefristet.

Meistens ist eine Kaution (auch *Depot* genannt) von bis zu drei Monatsmieten zu hinterlegen; sie wird auf einem Bankkonto spesenfrei angelegt und verzinst, das sowohl vom Vermieter als auch vom Mieter eröffnet werden kann. Dieses Geld dient dem Vermieter als Sicherheit bei Zahlungsunfähigkeit des Mieters und wird diesem nach der Auflösung des Mieterverhältnisses in der Regel zurückerstattet.

5.4.2 Die Miete

Die Monatsmiete wird in der Schweiz häufig auch als Miete, Mietzins oder Zins bezeichnet. Häufig liest man in Anzeigen hinter dem Betrag «inkl. NK» oder «exkl. NK» (resp. «mit» oder «ohne NK», oder «+ NK»). Das bedeutet, dass die Pauschale für die Nebenkosten schon in diesem Betrag enthalten ist beziehungsweise eben nicht. Diese Pauschalen gelten als Akontozahlung für Heizungs- und Warmwasserkosten. Einmal jährlich muss Ihnen die Verwaltung oder der Vermieter eine genaue Abrechnung vorlegen. Je nachdem, ob die Gesamtkosten für Heizung und Warmwasserbezug im zurückliegenden Jahr unter- oder überschritten wurden (z. B. wenn es ein besonders langer und kalter Winter war, oder wenn Sie jeden Tag dreimal täglich duschen) erhalten Sie Geld zurück oder aber werden für den Restbetrag zur Kasse gebeten.

Die Höhe der monatlichen Miete ist von verschiedenen Faktoren abhängig. Eine Mietzinserhöhung muss deshalb nachvollziehbar sein. Meist wird sie mit der Erhöhung der Hypothekarzinsen, Renovierungskosten oder der allgemeinen Teuerung begründet. Leider ist es eine weit verbreitete Untugend der Vermieter, dass sie bei einer Erhöhung der Hypothekarzinsen zwar den Mietpreis entsprechend nach oben anpassen; sinkt jedoch der Hypothekarzins, geben sie diese Senkung nur selten an die Mieter weiter. In solchen Fällen können Sie sich beim örtlichen Mieterverband nach Ihren Rechten erkundigen.

5.5 Infrastruktur

Das wichtigste Kleinteil für Ausländer ist der *Steckeradapter* (siehe **Abb. 5-2**)! Ohne ihn geht gar nichts. Ob Bohrmaschine, Bügeleisen, Haarfön oder Kaffeemaschine – die ausländischen Stecker passen nicht in die zierlichen Dreilochsteckdosen.

Überall sind sehr gut ausgestattete Küchen vorhanden. Kochherd, Backofen und Spüle gehören zur Grundausstattung; Geschirrspüler und Mikrowelle sind vor allem in neueren Wohnungen oder neu renovierten Altbauwohnungen inbegriffen.

 Tipp! Es empfiehlt sich, bei der Wohnungssuche mehrere Angebote zu prüfen und zu vergleichen, um ein Gespür für die unterschiedlichen Ausbaustandards zu entwickeln. Im Vergleich zu manchen Angeboten auf dem Wohnungsmarkt im übrigen deutschsprachigen Raum werden Sie meist positiv überrascht sein.

Gewöhnungsbedürftig ist die Tatsache, dass es in den meisten Mietshäusern üblich ist, eine Gemeinschaftswaschmaschine zu benützen. Jedem Mieter ist ein individueller Waschtag zugeteilt, d. h. er kann nicht nach Belieben waschen. In manchen Mietshäusern können die Mieter sich auch selbst auf einem Plan eintragen; das hat den Vorteil, dass Sie flexibler waschen können; andererseits gibt Ihnen aber niemand eine Garantie, dass die Waschküche dann frei ist, wenn Sie waschen möchten

Abbildung 1-2: Der Steckeradapter – die Brücke zum Strom (Foto: C. Rudolph).

– oder müssen! Wer jedoch auf seine persönliche Waschmaschine nicht verzichten will, kann diese nach Rücksprache mit dem Vermieter oder der zuständigen Liegenschaftsverwaltung durch einen Fachmann in der Wohnung installieren lassen.

Viele Wohnungen sind großzügig mit Einbauschränken ausgestattet, was sehr angenehm ist für Mieter mit viel «Gepäck». Leere Koffer, die gerade nicht benötigte Saisongarderobe und anderer Kram, den man nicht täglich benötigt, lassen sich auch im Keller- oder *Estrichabteil* oder im *Reduit* verstauen (vgl. Tabelle 5-1).

Während Bad und WC zum Standard gehören, findet man auch immer häufiger Anzeigen für Wohnungen mit separatem WC und/oder separater Dusche.

Handwerklich Begabte können die Mietkosten um zirka 10 bis 15 Prozent reduzieren, indem sie die so genannte *Haus-* oder *Abwartstelle* (= Hausmeister) übernehmen. Auch dazu muss allerdings die Fremdenpolizei ihren amtlichen Segen geben. Die dabei zu erledigenden Aufgaben regelt ein vom Vermieter erstelltes «Pflichtenheft».

6 Die Einreise

Bei einem Umzug ins Ausland kommen unweigerlich Fragen auf:

- «Muss ich mein Umzugsgut verzollen?»
- «Wie teuer ist das Einführen meines Fahrzeugs?»
- «Was erwartet mich an der Grenze?»

Die Schweiz ist nicht Mitglied der EU und hat spezielle Einreisebedingungen, die jedoch für EU-Bürger relativ einfach zu erfüllen sind.

Abbildung 2-1: «Umzug.» © Elmar Frink

6.1 Einreise während des angefangenen Steuerjahres

Dieser Hinweis ist für alle von Bedeutung, die innerhalb eines angefangenen Jahres in die Schweiz einreisen wollen.

Der Lohnsteuerjahresausgleich für das Einreisejahr wird an Hand des Gesamtjahreseinkommens berechnet. Das heißt, dass das vergleichsmäßig niedrigere Einkommen im Herkunftsland zu dem wesentlich höheren Lohn im Gastland addiert und daraus die Einkommenssteuer berechnet wird. Daher kann es zu Steuernachforderungen kommen. Wer es unbürokratisch mag, sollte deshalb den 1. Januar als Einreisedatum wählen. (vgl. auch Kapitel 9, Steuern, S. 69)

6.2 Notwendige Papiere

Während des Packens der Umzugskisten muss der Inhalt jeder einzelnen Kiste auf einer Liste aufgeführt und mit Nummern versehen werden. Es wird nicht erwartet, dass Sie die Anzahl Ihrer Messer und Gabeln zählen, sondern dass Sie die Gegenstände in den Umzugskisten benennen und mehrere Kleinteile, wie Besteck, einfach grob schätzen. Die Grenzbeamten machen eventuell Stichproben. Hierbei sollten die Kistennummer und der angegebene Inhalt übereinstimmen!

Folgende Unterlagen sollten Sie oder Ihre Spedition laut Zollgesetz an der Grenze bereithalten:

- Abmeldeformular des Herkunftslandes
- Aufenthaltsbewilligungsbescheid
- Mietvertrag Ihres neuen Wohnobjektes
- Verzeichnis der einzuführenden Waren; Waren, auf welche die Abgabebefreiung nicht zutrifft, sind am Schluss als «zu verzollende Waren» aufzuführen.
- Umzugsgutformular der Zollbehörde
- Amtlicher Zulassungsschein Ihrer Fahrzeuge.

6.3 Die Zollbestimmungen

Artikel 13 (Übersiedlungsgut von Zuziehenden) der Verordnung zum schweizerischen Zollgesetz (ZV) enthält folgende Bestimmungen über die Zollbehandlung von Übersiedlungsgut:

1 Gebrauchtes, zur eigenen Weiterbenutzung bestimmtes Übersiedlungsgut von Zuziehenden ist zollfrei [...].

2 Als Zuziehende gelten natürliche Personen, die ihren Wohnsitz im Ausland aufgeben und ins Inland verlegen.

3 Als Übersiedlungsgut gelten Waren, die der Zuziehende persönlich oder zur eigenen Berufs- oder Gewerbsausübung während mindestens sechs Monaten im Ausland benutzt hat und im Inland selber weiterbenutzen wird, sowie Haushaltvorräte in üblicher Art und Menge, alko-

holische Getränke mit einem Alkoholgehalt von über 25 Prozent, jedoch höchstens 12 Liter. Für Automobile, Motorboote und Flugzeuge wird die Zollbefreiung nur gewährt, wenn sich der Zuziehende verpflichtet, sie nach der zollfreien Abfertigung noch mindestens ein Jahr lang in der bisherigen Art weiter zu benutzen. Für zollfrei zugelassene Fahrzeuge, die vor Ablauf der Frist veräussert werden, kann das Eidgenössische Finanzdepartement mit Rücksicht auf das Alter der Fahrzeuge eine Ermässigung des nachzuentrichtenden Zollbetreffnisses oder die Zollbefreiung vorsehen.

4 Übersiedlungsgut ist in unmittelbarem, zeitlichem Zusammenhang mit der Wohnsitzverlegung einzuführen. Weist der Zuziehende nach, dass der Einfuhr ein Hindernis entgegensteht, so kann ihm die Zollbefreiung nach Wegfall des Hindernisses, spätestens jedoch binnen drei Jahren seit der Wohnsitzverlegung gewährt werden. Für später eingeführtes Übersiedlungsgut kann bei Umständen, die die Verspätung als begreiflich erscheinen lassen, eine angemessene Zollermässigung gewährt werden.

5 Die Zollbefreiung ist bei der Einfuhr zu beantragen. Nachsendungen sind bei der ersten Einfuhr anzumelden.

6 Hausrat, persönliche Gebrauchsgegenstände und Haushaltvorräte von Personen, die sich ohne Aufgabe ihres inländischen Wohnsitzes mindestens ein Jahr lang im Ausland aufgehalten haben, werden wie Übersiedlungsgut behandelt.

7 Hausrat und persönliche Gebrauchsgegenstände von Personen mit Wohnsitz im Ausland, die im Inland zum ausschliesslichen Gebrauch ein Haus oder eine Wohnung erwerben oder mieten, werden wie Übersiedlungsgut behandelt, wenn sie vor dem Erwerb oder der Miete des Hauses oder der Wohnung mindestens sechs Monate im eigenen Haushalt im Ausland benutzt worden sind und die Einfuhr in unmittelbarem zeitlichem Zusammenhang mit dem Erwerb oder der Miete der Räumlichkeiten erfolgt.

(Verordnung zum Zollgesetz, zitiert nach www.admin.ch/ch/d/sr/631_01/index.html)

Wichtig:
Die Abfertigung von Übersiedlungsgut ist zeitlich beschränkt und wird nur an Werktagen während der für die Abfertigung von Handelswaren festgesetzten Zollstunden vorgenommen. Auskunft darüber erteilt das zuständige Zollamt.

6.4 Der Umzug

Beim Umzug in die Schweiz sind einige wichtige Punkte zu beachten:

6.4.1 Ämter

Anmeldung innerhalb der ersten Woche auf dem Einwohnermeldeamt (Fremden-polizei; Adressen s. Anhang, S. 196), mit der Abmeldebestätigung des Herkunftslan-des, der Aufenthaltsbewilligung und dem Mietvertrag

6.4.2 Auto

- Bei der Einführung des Fahrzeugs bekommen Sie eine Stammnummer an der Grenze, die Sie bei der Fahrzeugprüfung der kantonalen Motorfahrzeugkontrolle (MFK, analog zum deutschen TÜV) angeben müssen.
- Fahrzeug ummelden beim kantonalen Straßenverkehrsamt
- Führerschein ummelden
- Fahrzeugschein ummelden
- neue Kfz-Versicherung abschließen
- Die Benutzung der Autobahnen ist in der Schweiz gebührenpflichtig. Die Gebühr wird in Form einer *Autobahnvignette* (Klebemarke, die auf der Innenseite der Windschutzscheibe anzubringen ist) zum Preis von zur Zeit CHF 40.– pro Kalen-derjahr erhoben. Autobahnvignetten können bei der Einreise oder an Tankstel-len, auf Postämtern und an manchen Kiosken gekauft werden.
- Benzinpreise sind deutlich niedriger als in Deutschland oder Österreich.
- Anwohner können ihr Fahrzeug auf Parkplätzen der *Blauen Zone* im Wohnquar-tier ohne zeitliche Einschränkung abstellen; Voraussetzung ist, dass sie eine «An-wohnerparkkarte» haben, die bei der Motorfahrzeugkontrolle gegen Gebühr erhältlich ist. Die Benutzung klinikeigener Parkhäuser ist häufig ebenfalls gebüh-renpflichtig.
- Achten Sie bitte auf Fahrzeuge, die mit einem viereckigen blauen Magnetschild unterwegs sind, auf dem ein weißes L prangt. Hierbei handelt es sich um Fahr-schüler, die in Begleitung eines Fahrlehrers oder eines Fahrers üben, der seiner-seits seit mindestens drei Jahren im Besitz des Führerscheins ist.
- Die Schweizer Kennzeichen geben Aufschluss über die Herkunft des Fahrzeugs: Auf zwei Buchstaben, die den Kanton bezeichnen, in welchem das Fahrzeug re-gistriert ist, folgt eine – in der Regel siebenstellige – Zahlenkombination und das Kantonswappen. Das Hecknummernschild zieren zudem ein Schweizerkreuz (vor der Kantonsbezeichnung) und das entsprechende Kantonswappen (nach der Zahlenfolge).
- Übrigens: Das Landeskennzeichen «CH», das ebenfalls am Autoheck angebracht ist und dessen Buchstabenfolge sich so gar nicht mit dem Wort «Schweiz» in Verbindung bringen lässt, bedeutet *Confoederatio Helvetica* – Schweizerische Eid-genossenschaft.

6.4.3 Umzug

- Eventuell übernimmt Ihr neuer Arbeitgeber die Ihnen entstehenden Umzugskosten; diskutieren Sie das bei Ihren Arbeitsvertragsverhandlungen!
- Achten Sie darauf, dass der Umzugstransporter nicht überladen ist. Er wird auf einer Bodenwaage gewogen!

6.4.4 Versicherungen

- Alle in der Schweiz wohnhaften Personen, auch Ausländerinnen und Ausländer mit einer Aufenthaltsbewilligung von mindestens drei Monaten, müssen sich grundsätzlich in der Schweiz gegen Erkrankung versichern. Siehe auch Kapitel 3.4.3, S. 30! Vergleichsmöglichkeiten der einzelnen Versicherungen finden sich regelmäßig in den einschlägigen Verbraucher- (Konsumenten-) Magazinen («Der schweizerische Beobachter», «K-Tipp», etc.; Adressen s. Anhang, S. 218) und in der Konsumenten-Sendung «Espresso» auf Schweizer Radio DRS 1; Ratgeber-Bücher zum Thema finden Sie im Literaturverzeichnis am Ende dieses Buches.
- Ferner sollten Sie eine Privathaftpflichtversicherung abschließen, allein schon damit Ihre Haftungspflicht als Mieter eines Zimmers, einer Wohnung oder eines Hauses abgedeckt ist. Aber auch wenn Sie (kleine) Kinder haben, ist das Geld für diese Versicherungsprämie gut investiert! Für den Abschluss eines Mietvertrages ist eine *Mieterhaftpflicht*versicherung unerlässlich. Die kostengünstigste Möglichkeit für eine Mieterhaftpflichtversicherung bieten die örtlichen Mieterverbände (Adressenauswahl s. Anhang, S. 211) ihren Mitgliedern. Die Mitgliederbeiträge betragen 40 bis 60 Franken pro Jahr.
- Wenn Sie eine Privat-Haftpflichtversicherung bei einer Versicherungsgesellschaft abschließen, sind Schäden, für die Sie als Mieter haftbar gemacht werden können, ebenfalls eingeschlossen.
- Sachversicherungen kann man sowohl für bewegliches Hab und Gut als auch für Immobilien abschließen. Damit schützt man die in der Regel hohen Investitionen in diesem Bereich gegen Feuer- und Elementarschäden, Wasserschäden, Diebstahl und Glasbruch. Eine Hausratversicherung gehört zu den sinnvollen Versicherungen, ist jedoch nicht obligatorisch für den Abschluss eines Mietvertrages.
- Versicherung gegen Arbeitsunfähigkeit s. Kapitel 10, S. 75.

Für alle Versicherungen gilt: Informieren Sie sich über die Anbieter in Ihrer Region sowie über deren Angebote; Prämienhöhe und Deckungsumfang können sich von Gesellschaft zu Gesellschaft erheblich unterscheiden! Holen Sie vor Vertragsabschluss unbedingt mehrere Offerten ein und lesen Sie auch das «Kleingedruckte» in den Allgemeinen Versicherungsbedingungen genau durch. (Literatur zum Thema vgl. S. 210, 219ff.)

Teil 2

Leben und Arbeiten
in der Schweiz

7 Die Schweiz – erste Eindrücke

Viel ist es nicht, was Deutsche und Schweizer voneinander wissen. Zu ähnlich scheint die Kultur, um allzu große Unterschiede vermuten zu lassen. Woher sollte man sich auch gut kennen? Wohl kaum ein Schweizer verirrt sich im Urlaub in deutsche Gefilde – verständlich bei der Schönheit des eigenen Landes. Umgekehrt ist für die Deutschen die Schweiz in der Regel kaum mehr als ein Transitland zum Süden.

7.1 Schweizerdeutsch – Mundart als Landessprache

7.1.1 Allgemeines

Schweizerdeutsch ist eigentlich keine Sprache, sondern ein Begriff! Gemeint ist damit die Gesamtheit aller deutsch-sprachigen Dialekte, die in der Schweiz vertreten sind. Die einzige überregionale Sprache ist das (Schweizer) Hochdeutsch, das von vielen Deutschen bereits als Fremdsprache empfunden wird. Schweizer erzeugen häufig ein Schmunzeln, selbst wenn sie sich bemühen, Hochdeutsch zu sprechen, denn sie behalten ihre typische alemannische Satzmelodie bei. Oft ist ihre Alltagssprache auch mehr oder weniger von ihren Dialekten geprägt, und ihre Vokabeln unterscheiden sich sehr häufig vom deutschen Sprachgebrauch. (Werbetext auf der Homepage des Reise Know-How-Verlages Peter Rump GmbH, Bielefeld)

Spätestens wenn wir die Landesgrenze zur Schweiz überquert haben, wird uns bewusst, dass es vielleicht doch mehr und größere Unterschiede zwischen Deutschland und der Schweiz gibt, als wir bisher angenommen haben. Das fängt bei den Dialekten der Deutschschweiz an, die wir nicht sofort verstehen. «*Verschtönd Sy my, oder söll y hochdütsch rede?*» Nein, natürlich wollen wir das nicht. Dies ist unsere Art von Höflichkeit am Anfang – nichts zu verstehen und intuitiv zu kommunizieren.

Vor der Einreise kann man sich via Internet über die einzelnen Dialektregionen zum Beispiel unter «www.dialekt.ch» informieren. Auf einer Landkarte der Schweiz tippt man einfach die Gegend an, in der man künftig leben und arbeiten will, und erhält eine mundartliche Kostprobe.

Für ungeübte Ohren aus den deutschsprachigen Nachbarländern klingt die Sprache der Deutschschweiz am Anfang einheitlich – Schweizerdeutsch eben. Erst mit der Zeit lernt man das «Züridütsch» vom «Bärndütsch» zu unterscheiden, kann einen Innerschweizer von einem St. Galler und die niederalemannische «Basler Mundart» vom «Bündner Dialekt» unterscheiden – zahlreiche Dialektvarianten der einzelnen Täler und Regionen noch nicht mitgerechnet.

Im Standardwerk der Schweizer Mundartforschung, dem «Sprachatlas der deutschen Schweiz» (SDS), kann man sich genau informieren, «wie man wo sagt». Dieses acht Bände umfassende Kartenwerk stellt eine minutiöse Bestandsaufnahme der Schweizer Dialekte dar (vgl. Literaturangaben im Anhang, S. 219).

Beeindruckt ist man als Leser von der Tatsache, dass auf relativ engem Raum eine große Dialektvielfalt anzutreffen ist. Allein am oberen Zürichsee gibt es neun unterschiedliche Wörter für den «Hahn»: *Guggel, Güggel, Gügel, Güli, Guli, Hane, Güggeri* (Hotzenköcherle, 1993). Scherzhaft spricht man etwa auch vom *Hüenermuni* (Hotzenköcherle, 1993) oder vom *Mischtkrazerli* (Imhof, 2001).

Grundsätzlich gilt: Je gebirgiger eine Region, desto ausgeprägter, und damit desto unverständlicher für Flachländer aus dem Norden, ist ihre Mundart. Die Sprachstände der isolierten Bergkantone konnten sich gegenüber fremden Einflüssen aus der «Außerschweiz», dem Unterland, behaupten, weil sie verkehrstechnisch erst vergleichsweise spät erschlossen worden sind.

Man hört einem Schweizer also zunächst seine geografische Herkunft an und erst in zweiter Linie seine soziale; denn soziale Unterscheidungsmerkmale innerhalb der Dialekte gibt es durchaus auch. Die Standardsprache (bisweilen auch *Hochdeutsch* oder *Schriftdeutsch* genannt) ist jedoch für schriftliche Äußerungen, öffentliche Auftritte und die Kommunikation mit Anderssprachigen reserviert.

Viele Schweizer reden nicht gern Schriftdeutsch, da es nicht ihre Alltagssprache ist. Es fällt ihnen schwer, weil sie nicht so sprechen können, wie «ihnen der Schnabel gewachsen ist». Im Alltag untereinander sprechen alle einen Schweizer Dialekt – die Bäuerin ebenso wie die Fabrikarbeiterin und die Sekretärin, der Postbote genauso wie die Präsidentin des Verwaltungsrates, die Blumenverkäuferin so gut wie die Bundesrätin, der Student und die Professorin.

Unter der Überschrift «Können wir überhaupt deutsch?» stellt Walter Haas ein paar interessante Betrachtungen an, die die Vorbehalte der Deutschschweizer gegenüber der mündlichen Verwendung der deutschen Standardsprache erhellen mögen:

> Selbst jene Schweizer, die alle Register der geschriebenen Sprache beherrschen, haben Mühe, ganz alltägliche mündliche Situationen angemessen zu bewältigen – etwas überspitzt gesagt: Viele Schweizer sind zwar fähig, gelehrte Vorträge in gutem Standarddeutsch zu schreiben, aber sie finden den richtigen Ton nicht, wenn sie in der gleichen Sprache eine Anekdote erzählen oder ein Bier bestellen sollen. [...] Unser Standarddeutsch bleibt, was die Stilvielfalt anbelangt, notgedrungen eine ärmere Sprache als das Binnendeutsche, es bleibt «Schriftsprache».

> Es fehlen uns die mündlichen Satzbaupläne [...]; überdies [...] neigen wir zu einer buchstabengetreuen Aussprache. Dies alles, besonders aber der trotz des Mundarteinflusses allzu «unmündliche» Satzbau, macht unsere gesprochene Rede [...] ganz einfach «papieren», d. h. stilistisch unangebracht und [...] mit dem provinziellen Akzent irgendwie unbeholfen [...]. Dieses «Schweizerdeutsch» mag dem Deutschen Anlass zu wohlwollender oder hämischer Belustigung sein – in beiden Fällen wird das sprachliche Wohlbefinden des Schweizer Sprechers durch das Bewusstsein, sich auffällig auszudrücken, erheblich gestört. [...]

Dazu kommt ein Unterschied zwischen dem Sprachverhalten der Deutschen und der Schweizer, der schwer zu fassen und fast unerforscht ist. Es gibt Anzeichen dafür, dass die Schweizer im Unterschied zu den Deutschen einen Diskussionsstil bevorzugen, der Konflikte zu vermeiden sucht. Falls die Vermutung zutreffen sollte, könnte diese Differenz im Sprachverhalten viele schweizerisch-deutsche Missverständnisse erklären helfen. (Haas, in: Bickel & Schläpfer 2000, S. 106 f.)

Bis zum Schuleintritt sprechen die Kinder in der deutschen Schweiz ausschließlich Dialekt. Die Standardsprache ist geschriebene Sprache, Unterrichtssprache und – etwas überspitzt formuliert – die erste Fremdsprache, die ein Schweizer lernen muss. Die meisten Kinder lernen schon im Vorschulalter lesen und schreiben; sie hören standardsprachliche Sendungen im Rundfunk oder im Fernsehen, noch ehe sie eingeschult werden – aber sprechen lernen sie die Standardsprache erst mit dem Schuleintritt.

Nachrichten, Hintergrundbeiträge, Diskussionen zu politischen, gesellschaftlichen und kulturellen Themen des staatlichen Radios der Deutschen und der Rätoromanischen Schweiz (Radio DRS) werden in der Standardsprache ausgestrahlt. Für junge Hörerinnen und Hörer bieten jedoch sowohl staatliche Sender als auch Privatradio-Stationen Mundartprogramme an.

Bisher ist es der Schweizerdeutsch sprechenden Gemeinschaft gelungen, ihre dialektale Sprachenvielfalt in die «moderne Zeit» hinüber zu retten. In jüngster Zeit ist jedoch eine Abflachung und Tendenz zur Vereinheitlichung nicht wegzuleugnen. Die Stadt Zürich, Finanz- und Wirtschaftsdrehscheibe und mitunter auch als «heimliche Hauptstadt» bezeichnet, beeinflusst auch sprachlich die deutsch sprechenden Landesteile. Die elektronischen Medien und damit die Verbreitung von Fernseh- und Radioprogrammen in Züricher Mundart sowie die im Vergleich zu früher größere Mobilität der Bevölkerung leisten dieser Entwicklung Vorschub. Ebenfalls nicht zu vernachlässigen ist der Einfluss des Englischen, vor allem auf die Sprechgewohnheiten der jungen Bevölkerung.

7.1.2 Die wichtigsten Merkmale des Schweizerdeutschen

Schweizerdeutsch schlechthin gibt es nicht. Das macht es für Sprachunkundige umso schwieriger, Regeln zu erkennen. Dennoch gibt es einige Regelmäßigkeiten, die für die meisten Schweizer Mundarten gelten. Es versteht sich von selbst, dass es regionale Unterschiede gibt und dass nicht alle der nachfolgenden Charakteristiken für jeden Dialekt gelten. Autorin und Verlag bitten alle Schweizerinnen und Schweizer, denen dieses Buch in die Hände fällt und die ihre Mundart darin nicht vertreten finden, um Nachsicht. Es ist auch nicht die Aufgabe dieses Buches, eine wissenschaftliche Abhandlung über die Schweizer Mundarten zu schreiben; es geht hier ausschließlich darum, einige wesentliche Merkmale als Verständnishilfen aufzuzählen. Wer sich jedoch vertieft mit den Sprachen der Schweiz auseinander setzen will, dem seien die hier (S. 182, 223 ff.) aufgeführten praktischen Hilfen für die Verständigung im Alltag und eine Auswahl wissenschaftlicher Standardwerke empfohlen.

Laute
Vokale (Selbstlaute)
Schweizerdeutsch zeichnet sich unter anderem durch zahlreiche Diphthonge (Doppellaute) aus, die in der Standardsprache einfachen Vokalen entsprechen: «Bruder» ist *Brueder*; «gut» heißt *guet*; für Verwirrung sorgt mitunter die Lautfolge -*üe*- wie in *grüezi* (nicht: *grüzi*) und *Müesli* (nicht: *Müsli* – das ist eine kleine Maus). «Bier» wird gleich ausgesprochen wie es geschrieben wird: also nicht ein gedehntes (langes) *i*, sondern *i* geht fließend in *e* über. (Im Übrigen wird es auch ganz gerne getrunken…) Aber auch die Umkehrung trifft zu: Bestimmten standardsprachlichen Diphthongen entsprechen in den meisten Schweizer Mundarten einfache Vokale. So ist ein «Haus» ein *Huus*, ein «Brauch» ist ein *Bruuch* und der Bauch der *Buuch*. «Leute» sind *Lüüt*, und die Glocken *lüüte* (läuten); «die Zeit vergeht» *d' Zyt vergeit* – Berndeutsch – während sie in Basel *vergoot* und in Zürich *vergaat*. Und schon sind wir dabei, die Übersicht zu verlieren.

Konsonanten (Mitlaute)
Der wichtigste Laut ist das stimmlose -*ch*- (-ach-Laut), wobei es in der Schweiz in den meisten Mundartvarianten noch etwas rauer klingt als in der Standardsprache. *Chääs-Chüechli* (kleine Käsewähe) und *Chuchichäschtli* (kleiner Küchenschrank) sind die Paradebeispiele und eignen sich hervorragend zum Üben – auch wenn beide Wörter im Alltag kaum gebraucht werden. Das stimmhafte -*ch*- (-ich-Laut) gibt es im Schweizerdeutschen nicht. Im gleichen Atemzug ist die Lautfolge -*kch*- zu nennen. *Kchoche* heißt «kochen»; *hokched ab* – «setzt euch hin»; «vielen Dank» (wenn es nicht zweisprachig *merci viilmaal* heißt) wird als *dankche viilmaal* wiedergegeben. Diesen beiden Lauten verdankt die Schweizer Mundart hauptsächlich, dass sie bisweilen auch als «Halskrankheit» bezeichnet wird.

Die Buchstabenfolgen -*st*- und -*sp*- werden -*scht*- beziehungsweise -*schp*- gesprochen. «Zahnpasta» ist also *Zaanpaschte*, «spielen» heißt *schpiile*. Die Berner Mundarten weisen unter anderem eine Besonderheit auf, die die meisten Sprecher der deutschen Standardsprache zunächst verwirrt: Ein auf einen Vokal folgendes -*l*- wird hier vokalisiert, also ebenfalls zu einem Vokal: Wenn ein Berner *verzeut* («erzählt»), hören *aui* («alle») zu; -*eu*- wird dabei nicht wie in standardsprachlich «Leute» gesprochen, sondern eher wie die Abkürzung EU, wobei der Übergang fließend sein soll.

Das -*r*- wird in den meisten Schweizer Mundarten «vorne» artikuliert («Zungen-r», im Gegensatz zum Gemeindeutschen «Zäpfchen-r».

Pronomen
Die Verwendung von *Diir/Euch* im Berndeutschen sorgt bei Anderssprachigen häufig für Verwirrung: Es steht für die standardsprachliche Höflichkeitsform «Sie/Ihr»: Wenn sich ein Berner nach Ihrem Wohlbefinden erkundigt, fragt er: *Wie gäit 's euch?*

(«Wie geht es Ihnen?»), wobei das *-ie* als Doppellaut (s. oben) und das *-ei-* wie engl. [Bill] *Gates,* also auch als Doppellaut auszusprechen sind. Wenn Sie fit und munter aussehen, wird man Sie vielleicht auch anders herum fragen: *Syt er [=ihr] zwääg? –* «Geht es Ihnen gut?» oder – salopper formuliert – «Sind Sie fit?» Und der typische Gruß heißt hier nicht *grüezi,* sondern *grüessech –* und wird damit etwas transparenter: «[Ich] grüße Sie [eigentlich: Euch].»

Betonung
In der Regel wird die erste Silbe eines Wortes betont; dies gilt auch für Wörter aus anderen Sprachen: *Bálkon, Káfi* («Kaffee») und *Zígarette.*

Satzbau (Syntax)
Das wichtigste Merkmal ist das Relativpronomen (der, die, das). Die meisten schweizerischen Mundarten verwenden hier die unveränderliche Partikel *wo:* Also: «Der Mann, den wir gestern angetroffen haben» wird zu *dr Maa, wo mr geschter aatroffe hän. D Frou, wo morn chunnt* ist «die Frau, die morgen kommt» und *'s Chind, wo mit dr gschpiilt hät* ist «das Kind, das mit dir gespielt hat». Etwas komplizierter wird die Sache, wenn noch eine Präposition (Verhältniswort) dabei steht: «der Mann, von dem ich erzählt habe» heißt «*dr Maa, won y vonem verzällt ha. Dr Maa, vo däm y verzellt ha*, also die standardsprachliche Abfolge von Präposition und Relativpronomen, «[ist] als besonders schlechte Mundart verpönt» (Haas in: Bickel & Schläpfer, 2000; S. 78). Dennoch hört man solche «schlechten» Sätze insbesondere von Rundfunksprechern, die (standardsprachliche) Agenturmeldungen in ihre Mundart übertragen und von Politikern, die sich entweder vom gewöhnlichen Volk abheben und besonders gewählt ausdrücken wollen, oder die einen (wiederum standardsprachlichen) Text ablesen und simultan übersetzen.

Grammatik
Das wichtigste grammatische Merkmal der schweizerischen Mundarten ist sicher die Tatsache, dass es kein Präteritum (Imperfekt, unvollendete Vergangenheitsform), zum Beispiel «las», «ging», «pflegte» gibt; es gibt nur die (zusammengesetzte) Form des Perfekts (vollendete Vergangenheitsform), zum Beispiel «habe gelesen», «bin gegangen», «habe gepflegt»: *du hesch glääse, sy sin gange, mr hän pfläggt.*

Wenn es um ihre Sprache geht, reagieren Schweizerinnen und Schweizer oft sehr empfindlich. Sie fühlen sich verunsichert, wenn ihr Gegenüber geschliffen «hochdeutsch» spricht: Einerseits gebietet es ihnen die Höflichkeit, sich dem Idiom des Gastes anzupassen, da niemand ernsthaft erwartet, dass Fremde Schweizerdeutsch verstehen. Andererseits fällt ihnen aber die Übersetzung ihrer Umgangssprache in die Standardsprache schwer, und sie fürchten nichts so sehr, wie sich lächerlich zu machen. So passen sie sich scheinbar nur widerwillig ihrem Gegenüber an. Umgekehrt sind die ausländischen Mitbürger aus dem deutschsprachigen Raum in dieser Beziehung nicht immer sehr einfühlsam. Der Deutsche wird manchmal als besserwisserisch empfunden, allein schon durch das typische «Hoppla-jetzt-komm-ich-Auftreten» und das Sprechtempo. In dieser Situation kann man versuchen, wenigstens durch freundlich dezentes Äußern seines Anliegens eine positive Atmosphäre zu schaffen. *C'est le ton qui fait la musique*, sagt man in der Schweiz – es kommt weniger darauf an, *was* man sagt, als *wie* man es sagt.

Wenn die Schweizer ein zwiespältiges Verhältnis zur Standardsprache haben, so ist auch die Beziehung der Ausländer deutscher Muttersprache zum Schweizerdeutschen nicht ganz frei von Spannungen: Während die einen den Dialekt völlig ablehnen mit der lapidaren Begründung: «Da bekomm ich nur Halsweh», finden ihn andere wiederum *härzig* («süß, niedlich») und versuchen sich schon nach kürzester Zeit selbst in der Aussprache der fremden Laute. Für Schweizer Ohren muss der standardsprachliche Akzent jedoch sehr befremdend klingen; solange Sie Ihr Gegenüber nicht näher kennen, sollten Sie daher besser auf den aktiven Gebrauch des Schweizerdeutschen verzichten. Auf gar keinen Fall sollten Sie an jedes Wort die Endung *-li* (Verkleinerungsform) anhängen. Diminutive hört man zwar wie im Schwäbischen auch in den Schweizer Mundarten oft, aber nicht immer und überall. Erwachsene verwenden sie beispielsweise häufig im Gespräch mit Kindern. Wer den Diminutiv falsch verwendet, bestätigt das Vorurteil, die Deutschen seien arrogant und überheblich: *-li*, aus einem deutschen Mund, klingt in Schweizer Ohren herablassend, als wollten wir uns über die Schweizer und ihre Mundarten lustig machen:

> In mir schlummerten diese Zeilen, eine Antwort auf alle, die mein Land von oben herab betrachten, vom Norden herab, und die – sobald Schweizerisches ansteht – jedes zweite Wort mit dem Diminutiv versehen, von Fränkli bis Bergli und bis zum Überdruss, mit jenem «-li» also, das den Deutschen offenbar geläufiger ist als den Einheimischen.

Mit diesem Satz am Anfang seines Textes «Alles geordnet, total radikal» (vgl. S. 104) legt der Schweizer Publizist Roger de Weck seinen Finger zu Recht auf einen wunden Punkt im Verhältnis zwischen Deutschen und Schweizern und warnt damit eindringlich vor den beiden größten Fettnäpfchen, in die wir Deutsche im Umgang mit unseren Nachbarn südlich des Rheins treten können: Überheblichkeit («von oben herab») und die Tendenz, alles was Schweizerisch ist oder anmutet zu verniedlichen. Für beides haben die Schweizer sehr feine Antennen. Wenn sie den Eindruck haben, die deutschen Nachbarn nehmen sie nicht ernst, schauen auf sie herab oder machen sich gar über sie lustig, reagieren sie ausgesprochen allergisch. Diese Abwehrreaktion ist zweifellos teilweise auf die Unsicherheit zurückzuführen, mit der sich Schweizer der Standardsprache bedienen, bzw. das Gefühl, sie könnten diesbezüglich mit den deutschen Nachbarn nicht mithalten. Aber Hand aufs Herz: Haben Sie nicht auch schon Äußerungen über die Schweiz und ihre Bewohner mit der Vorstellung des Kleinen, Herzigen verbunden? Sehen Sie, und genau das erweckt bei vielen Schweizern den Eindruck, wir machen uns über sie und ihre Mundart lustig.

Einschlägige Wörterbücher des Schweizerdeutschen, ja sogar einzelner Schweizer Mundarten gibt es genügend (s. Literaturhinweise, S. 223) – wir können hier getrost darauf verzichten, ein weiteres hinzuzufügen. Wir beschränken uns deshalb an dieser Stelle im Sinne von Verständnishilfen auf einige «lebenswichtige» Wörter:

Wochentage

Montag: *Määntig*
Dienstag: *Ziischtig*
Mittwoch: *Mittwuch*
Donnerstag: *Donnschdig*
Freitag: *Friitig*
Samstag: *Samschtig*
Sonntag: *Sunntig*

Uhrzeiten

08.20/20.20   *zwänzg ab achti*
12.00/24.00   *zwölfi*
03.45/15.45   *viärtel vor vieri*
06.35/18.35   *füüf ab halbi sächsi*
07.40/19.40   *zwänzg vor achti*

7.1.3 Helvetismen – des Schweizers Hochdeutsch

Hochdeutsch heißt Schriftsprache

Gesetzestexte und Artikel in den Tageszeitungen klingen für deutsche Nachbarn bisweilen etwas ungewohnt. Auch hier spiegelt sich die Tatsache wider, dass die Standardsprache in der Schweiz nicht die Alltagssprache ist.

Die folgende Auswahl lexikalischer Helvetismen (frei nach Heuer, 2001, S. 370ff.) erhebt keinen Anspruch auf Vollständigkeit:

allfällige – etwaige
die *Agglomeration* – Stadt mit ihren Vororten; städtisches Ballungsgebiet
die *Agenda* – Taschenkalender
Anfang Jahr – am Anfang des Jahres
der *Autocar* – Reisebus
der *Automobilist* – Lenker (eines Autos)
die *Beilage* – Anlage (zu einem Brief)
besammeln – versammeln
der *Bettanzug* – nicht etwa ein Schlafanzug, sondern ein Bettbezug
das *Billett* – Fahrkarte; auch Führerschein (*'s Billett mache* = die Fahrprüfung bestehen)
der *Blocher* – Bohner

die *Blust* – Blütezeit

der *Coiffeur* – Friseur

das *Duvet* – die Bettdecke

Ende Monat – am Ende des Monats

festen – feiern

der *Flaumer* – Mopp

die *Freinacht* – Nacht ohne Sperrstunde in einem Restaurant

der *Gipfel*, das *Gipfeli* – Hörnchen (Blätterteig-Gebäck)

heimatberechtigt – das Bürgerrecht besitzend

innert – innerhalb (räumlich und zeitlich)

der *Kartoffelstock* – Kartoffelpüree

die *Konfiserie* – Konditorei

die *Lehrtochter* – die Auszubildende, Lehrmädchen

der *Metzger* – Fleischer, Schlachter

Mitte der Woche – um die/zur Wochenmitte

die *Papeterie* – Schreibwarengeschäft

parkieren – einparken

pendent – noch unerledigt, angefangen

der *Perron* – Bahnsteig

das *Pikett* – die einsatzbereite Mannschaft

auf *Pikett* – im Bereitschaftsdienst, auf Abruf

die *Pintenkehr* – Zechtour

der *Redaktor* – Redakteur

das *Salär* – Gehalt, Lohn

die *Schnupperlehre* – Probelehre

speditiv – rasch, zügig, zielstrebig

das *Spital* – Krankenhaus

der *Töff* – Motorrad

das *Töffli* – Motorfahrrad

das *Traktandum* – Verhandlungspunkt (der Tagesordnung)

die *Traktandenliste* – Tagesordnung

das *Trottoir* – Bürger-, Gehsteig

der *Unterbruch* – Unterbrechung

das *Velo* – Fahrrad

Vernehmlassung – (Verfahren der) Stellungnahme zu einer öffentlichen Frage

Vernehmlassungsverfahren – Einholung von Stellungnahmen zu einem Gesetzgebungs- oder Verordnungsprojekt

vis-à-vis – gegenüber

währschaft – echt, dauerhaft

zügeln – umziehen

Diese Wörter tauchen in standardsprachlichen Schweizer Texten regelmäßig auf.

Wörter mit – von der standardsprachlichen – abweichender oder zusätzlicher Bedeutung (semantische Helvetismen):

der *Ausläufer* – Bote
die *Buße* – Geldstrafe
büßen – jemanden mit einer Geldstrafe belegen (zum Beispiel : *Die Polizei büßte den Falschfahrer.*)
der *Estrich* – Dachboden
die *Ferien* – Urlaub (nicht bloß die Schulferien)
Licht *anzünden* – Licht anmachen
Licht *löschen* – Licht ausmachen
das *Quartier* – Stadtviertel
der *Sack* – Tüte, Beutel, Tasche, auch in Zusammensetzungen: Sackmesser, Sackgeld, Hosensack; das andernorts «Sacktuch» genannte «Herrentaschentuch» wiederum ist ein *Nastuch*
die *Schale* – (eine Tasse) Milchkaffee
die *Schriften* – Ausweispapiere
versorgen – bei Sachen: (geordnet) aufbewahren, wegräumen; bei Personen: verwahren
der *Vortritt* – Vorfahrt

Diese Wörter haben im Schweizer Standarddeutsch eine etwas andere oder zusätzliche Bedeutung als im übrigen deutschen Sprachraum. Die meisten Deutschschweizer sind sich in der Regel weder der lexikalischen noch der semantischen Helvetismen bewusst – bis sie von Deutschen verständnislos angesehen oder gar belächelt werden.

Besonderheiten der geschriebenen Sprache

Das «Eszett» (ß) wird seit dem Verschwinden der deutschen Schreibschrift aus den Schweizer Schulen, ungefähr 1934, nicht mehr verwendet; deshalb muss man sich im schriftlichen Umgang mit Schweizern auch nicht um Doppel-s- (ss-) und «Eszett» (ß)-Regeln kümmern. In der Schweiz wird generell «ss» verwendet. Auf der Tastatur eines Schweizer Computers ist das ß daher nicht bei den Buchstabentasten zu finden, sondern lässt sich nur als Tastenkombination Alt+225 (im numerischen Tastenbereich) erzeugen.

Ä, Ö und Ü sind in Schweizer Schriftdokumenten (nicht in der Presse) meist durch Ae, Oe, und Ue wiedergegeben. Der Grund dafür ist, dass auf Deutschschweizer Schreibmaschinen Tasten für französische Sonderzeichen (Akzente, ç) wichtiger waren und die Tasten für die großen Umlaute diesen «geopfert» wurden.

Volkshochschulen und ähnliche Erwachsenenbildungsinstitute bieten Mundartkurse für Ausländerinnen und Ausländer an. Außerdem gibt es zu den einzelnen

Dialekten zum Teil hervorragend geschriebene Sprachlehrbücher. Zum Erlernen der Sprache ist sicherlich der Umgang mit den Einheimischen am Effektivsten. Wenn man sich auch am Anfang wegen der «CH-Rachenlaute» scheut, so richtig auf Schweizerdeutsch draufloszureden, merkt man allmählich, dass sich der Wortschatz von ganz alleine einschleicht – wenigstens die passiven Kenntnisse, so dass man bald in der Lage ist, zu verstehen was die Einheimischen um uns herum (und zu uns) sagen.

Während es jedoch in vielen Arbeitsbereichen ausreichend ist, ein gutes passives Sprachverständnis zu entwickeln, so ist im Gesundheitswesen und insbesondere im Umgang mit kranken Kindern und alten Menschen wichtig, sich auch aktiv den lokalen Dialekt anzueignen.

Christian Scholz, in Deutschland geboren, mit einer Schweizerin verheiratet und in der Schweiz lebend, hat die Mund-Art der Schweiz auf ganz und gar unwissenschaftliche aber dafür umso unterhaltsamere Weise unter die Lupe genommen und offenbart in seinen zwei Bändchen (vgl. Literatur, S. 224) nicht nur viel Interessantes über das Deutsch der Schweizer, sondern auch über ihre Mentalität und ihre Gefühle.

8 Lebenshaltungskosten

8.1 Allgemeines

Die Lebenshaltungskosten in der Schweiz sind im Vergleich zu den Nachbarländern sehr hoch. Dementsprechend sind auch die Grundlöhne in der Schweiz höher als im benachbarten Ausland. Subjektiv empfinden wir die Preise zusätzlich als hoch, weil der Schweizer Franken gegenüber dem Euro nach wie vor stark und deshalb der Wechselkurs für uns ungünstig ist.

Lebensmittel sind in der Regel eineinhalb mal so teuer wie in Deutschland. Das gilt insbesondere für Fleisch und Milchprodukte. Einzelne Produkte wie Brot, Joghurt oder Marmelade selbst zuzubereiten, macht ökonomisch Sinn. Viele Lebensmittel lassen sich auch preiswert ab Hof erwerben. Es gibt jedoch auch Dinge, die billiger sind, als in den Nachbarländern: Kaffee, Nudeln, gewisse Schreibwaren und manche elektronische Geräte sowie – Benzin. Warteschlangen von Autos mit vorwiegend deutschen Kennzeichen sind an Schweizer Tankstellen in Grenznähe insbesondere an Samstagen kein ungewöhnliches Bild.

Umgekehrt sind in der Schweiz lebende Ausländer erfinderisch, wenn es darum geht, Möglichkeiten zu finden, wie sie das Haushaltsbudget schonen können: Viele nehmen den oft zweistündigen Weg zum heimatlichen Billigladen in Kauf und füllen dort ihre Kühltaschen mit Lebensmittelvorräten.

Abbildung 1-1: «Einkauf.» ©Elmar Frink

Doch die monatliche Fahrt über die Grenze ist nicht der einzige Weg, um billiger einzukaufen: Einige Warenhäuser, Handels- und Lebensmittelketten haben besondere Rabattsysteme mittels Magnetkarten. In erster Linie dienen diese persönlichen Kundenkarten dazu, das Einkaufsverhalten zu ermitteln; im Gegenzug kommt der Kunde in den Genuss von exklusiven Sonderangeboten.

Wenn Sie Geld wechseln wollen, lohnt es sich herauszufinden, welche Bank den günstigsten Wechselkurs anbietet. Bei einer höheren Summe können Sie dabei bis zu 25 Euro einsparen.

8.2 Das liebe Geld

Was den Umgang mit Banken und die Tätigung von Bankgeschäften für Ausländer in der Schweiz scheinbar so schwierig macht, ist hauptsächlich der Umstand, dass die Schweiz (noch) nicht Mitglied der Europäischen Union ist. War der Zahlungsverkehr innerhalb der EU schon vor der Verwirklichung der Währungsunion einfacher, ist dies erst recht der Fall, seit es in ganz Europa nur noch eine Währung gibt. In ganz Europa? Nein! Die Schweiz bildet eine Insel. Dies gilt es auch im Umgang mit Banken und bei der Abwicklung von Geldgeschäften zu berücksichtigen. So können beispielsweise auf konventionellem Weg aus der Schweiz keine Überweisungen von einem ausländischen Bankkonto durchgeführt werden. Wer seine Rechnungen weiterhin von seinem *ausländischen* Bankkonto aus bezahlen will, kann dies ausschließlich per Internet (E-Banking) oder Telefon-Banking tun.

8.2.1 Zahlungsverkehr

In der Regel ist jeder in der Schweiz ausgestellten Rechnung ein sog. *Einzahlungsschein* (= Zahlschein) beigefügt. Im Unterschied zu Deutschland haben die Schweizer Einzahlungsscheine verschiedene Formate und Farben; Vereinheitlichungsbestrebungen sind im Gang! Auf manchen dieser Scheine können sogar Mitteilungen für den Empfänger angebracht werden (z. B. der Zahlungszweck oder die Rechnungsnummer), während auf anderen ausdrücklich von solchen Mitteilungen abzusehen ist (da sie bei der Bank bleiben – der Empfänger erhält den Betrag auf dem Konto gutgeschrieben, alle anderen Daten über den Absender sind in elektronischer Form auf dem Schein gespeichert). Alle Einzahlungsscheine bestehen aus einem Empfangsschein (der beim Zahlenden bleibt) und dem eigentlichen Einzahlungsbeleg, der alle relevanten Informationen für das Geldinstitut und den Empfänger enthält. Häufig sind neben Namen, Adresse und Überweisungsort (Bank-/Postkonto samt Nummer) des Empfängers auch Ihr Name und der geschuldete Betrag schon vorgedruckt. Vor allem bei kleineren Firmen sowie einmalig geschuldeten oder kleineren Beträgen müssen Sie aber unter Umständen selbst zur Feder greifen und den Einzahlungsschein ergänzen: Den Betrag und Ihren Namen inklusive Adresse in die dafür vorgesehen Felder schreiben, evtl. (falls vorgesehen) Zahlungszweck einsetzen – fertig; der Name des Empfängers sowie seine Kontoverbindung sind praktisch immer vorgedruckt.

Sofern auf der Rechnung nichts anderes vermerkt ist, haben Sie 30 Tage Zeit, um die Rechnung zu begleichen. Dazu stehen Ihnen mehrere Möglichkeiten offen. Am leichtesten geht es bargeldlos (mittels Zahlungsauftrag an Bank oder Post beziehungsweise E- oder Telefon-Banking). Voraussetzung dafür ist allerdings, dass Sie ein Bank- oder Postkonto in der Schweiz haben. Wenn Sie kein Konto in der Schweiz haben, bleibt Ihnen nur der Gang zum nächsten Postschalter und die Barzahlung oder die Bezahlung per E-Banking/Telefon-Banking. Bei den Empfängern des Geldes ist die Barzahlung am Postschalter jedoch nicht sehr beliebt, weil die Gebühren dafür vom Betrag abgezogen werden und der Empfänger also auf diesem Weg nicht den vollen in Rechnung gestellten Betrag erhält.

Für beide Seiten problemloser ist die bargeldlose Überweisung (*Giro*). Für Kosten, die monatlich anfallen (z. B. die Wohnungsmiete) besteht die Möglichkeit, bei der Bank einen Dauerauftrag einzurichten; der Betrag wird dann jeden Monat Ihrem Konto belastet und dem Empfänger (z. B. dem Vermieter Ihrer Wohnung) gutgeschrieben. Sie müssen also nicht mehr jeden Monat daran denken, rechtzeitig den Betrag zu überweisen, damit er pünktlich zum Ultimo auf dem Konto des Empfängers ist. Für die Bezahlung aller übrigen Rechnungen erhalten Sie von Ihrer Bank jeweils Formulare (*Zahlungsauftrag*) und Briefumschläge. Sie müssen dann lediglich die Einzahlungsscheine gegebenenfalls ergänzen (siehe oben), die Beträge zusammenzählen und diese Summe auf dem Zahlungsauftrag ausfüllen. Ferner sind das Datum der Auftragserteilung und der Auftragsausführung sowie die Gesamtzahl der beiliegenden Einzahlungsscheine einzutragen. Dann unterschreiben Sie den Zahlungsauftrag, stecken alles in einen Umschlag, kleben eine Marke (A-Post ist empfehlenswert, vor allem wenn der Auftrag kurzfristig erteilt wird) darauf und werfen die Sendung in einen gelben Briefkasten der Post. Alles andere erledigt die Bank für Sie, und zwar unabhängig davon, bei welchen Geldinstituten die Empfänger ihre Konten haben. Diese Dienstleistung ist nicht kostenlos. Die meisten Schweizer Banken erheben für die Kontoführung Gebühren. Erkundigen Sie sich vor der Eröffnung eines Kontos bei verschiedenen Banken und/oder Verbraucher-Organisationen, welche Dienstleistungen in dieser Gebühr inbegriffen sind und für welche Sie allenfalls extra zur Kasse gebeten werden!

Genau gleich funktioniert der bargeldlose Zahlungsverkehr mit einem *Postcheque-Konto* (das *Gelbe Konto*). Dafür bezahlen Sie in der ganzen Schweiz jährlich CHF 36.– Gebühr. Sie erhalten eine *Postcard* dazu, mit der Sie nicht nur an jedem *Postomaten* Bargeld beziehen, sondern auch an vielen Tankstellen Benzin zapfen und in zahlreichen Geschäften bargeldlos einkaufen können. Das Netz der Postomaten ist inzwischen sehr gut ausgebaut. Das ist ein Vorteil gegenüber den Banken, denn während Sie mit einer Bankkarte nur am *Bancomaten* Ihrer kontoführenden Bank spesenfrei Bargeld beziehen können, diese aber nicht in jedem Ort der Schweiz eine Geschäftsstelle haben kann, ist es bis zum nächsten Geldautomaten der Post meist nicht weit. Auch in vielen Restaurants wird die *Postcard* als Zahlungsmittel akzeptiert.

Sowohl Banken als auch die Post erheben Gebühren für Geldüberweisungen ins Ausland; dafür gibt es auch spezielle Formulare.

8.2.2 Bank- und Kreditkarten

EC-Karten aus EU-Ländern werden in der Schweiz nur ausnahmsweise als Zahlungsmittel akzeptiert. Bargeldbezug am Geldautomaten (*Bancomat*) ist jedoch mit der EC-Karte problemlos möglich. Die Banken aus dem Herkunftsland berechnen zirka 5 Euro für den Bargeldbezug im (nicht europäischen) Ausland.

Sobald Sie einige Monatsgehälter auf Ihrem Konto gutgeschrieben bekommen haben, Ihr Bankkonto also regelmäßige Eingänge aufweist, können Sie bei Ihrer Schweizer Bank eine Karte beantragen, mit der Sie in der ganzen Schweiz bargeldlos bezahlen können (vorausgesetzt, Sie haben Geld auf Ihrem Konto). Natürlich können Sie auch eine Schweizer EC-Karte beantragen.

International anerkannte Kreditkarten (z. B. Visa, Eurocard/Mastercard) können selbstverständlich auch in der Schweiz in vielen Geschäften und Restaurants als Zahlungsmittel eingesetzt werden; achten Sie auf das entsprechende Signet an der Eingangstür!

Es ist sinnvoll, das Konto in Ihrem Herkunftsland vorerst noch nicht aufzulösen; damit haben Sie in Ihrer Heimat eine Möglichkeit, Geld abzuheben beziehungsweise Rechnungen zu bezahlen und können Ihre EC-Karte behalten.

8.2.3 Rote Zahlen

Für Ausländer, die noch keine drei Jahre im Land und gleich lang beim gleichen Arbeitgeber angestellt sind, ist es wichtig zu wissen, dass es so gut wie unmöglich ist, das Konto zu überziehen oder einen Kredit zu erhalten. Es kann passieren, dass wegen eines Fehlbetrages von CHF 20.– die ganze Miete nicht überwiesen wird.

Abbildung 1-2: «Bank.» © Elmar Frink

8.3 Wissenswertes im Alltag

8.3.1 Apothekentaxen

Seit dem 1. Juli 2001 erheben die Apotheken auf den Verkauf rezeptpflichtiger Medikamente, welche die Krankenkassen bezahlen, eine Apothekertaxe und eine Patiententaxe. Diese Taxen sind Bestandteil eines neuen, kostendämpfenden Lohnsystems für die Schweizer Apotheken. Die Apothekertaxe (zur Zeit CHF 4,30 pro verordnetes Medikament) soll die Leistungen des Apothekers abgelten (Überprüfung des Rezeptes, Erläuterungen und Kontrolle der Anwendung, Informationen über mögliche Nebenwirkungen/Verträglichkeit mit anderen eingenommenen Medikamenten, Hinweise auf Generika, Herstellung und Abgabe von Heilmitteln, Abrechnung mit der Krankenkasse). Die Patiententaxe (zur Zeit CHF 7,55) wird für die Erstellung und Führung eines Patientendossiers erhoben; dieses Dossier wird während drei Monaten geführt und dann entweder geschlossen (wenn die Behandlung abgeschlossen ist) oder weiter geführt, wobei die Patiententaxe erneut erhoben wird.

Rezeptfreie oder von den Krankenkassen nicht bezahlte Medikamente sind abgabenfrei; auch die individuelle Beratung zu Gesundheits- und Medikamentenfragen ist kostenfrei.

8.3.2 Ausweispapiere

Den Ausländerausweis (Aufenthalts-, Niederlassungs- oder Grenzgängerbewilligung) sollten Sie immer wie Ihren Personalausweis bei sich tragen.

8.3.3 Drogerien

In Drogerien erhalten Sie neben Körperpflegeprodukten auch einige rezeptfreie (OTC-) Medikamente wie zum Beispiel Acetylsalicylsäure oder Paracetamol. Große Drogeriemärkte wie wir sie kennen, gibt es in der Schweiz erst wenige (zum Beispiel Estorel) – Drogerieartikel findet man jedoch auch in größeren Kaufhäusern.

8.3.4 Hilfe

Die dargebotene Hand (Telefonseelsorge): 143
Feuerwehr: 118
Polizei: 117
Rettungshelikopter: 1414 (*Rega*), 1415 (*Air-Glaciers*)
Sanität: 144
Straßenhilfe: 140
Straßenverkehrsinformation: 163
Telefonhilfe für Kinder und Jugendliche: 147
Vergiftungsnotfälle: 01 251 51 51

8.3.5 Ladenöffnungszeiten

Die Öffnungszeiten der Geschäfte sind kantonal geregelt. In der Regel gelten folgende Ladenschlusszeiten: Montag bis Freitag bis 18.30; am Samstag bis 16 Uhr (bzw. 17 Uhr); einmal wöchentlich haben die meisten Geschäfte abends längere Öffnungszeiten. Am Sonntag sind geöffnete Läden noch die Ausnahme. Läden haben in kleineren Städten, Außenquartieren und Gemeinden über die Mittagszeit geschlossen. In ländlichen Gegenden, Außenquartieren und kleinen Ortschaften bleiben die Geschäfte ferner am Mittwoch Nachmittag häufig ganz geschlossen.

8.3.6 Medien

- Radio/Fernsehen: Empfangsgebühren werden quartalsmäßig bezahlt; Anmeldeadresse: Billag SA, case postale, 1701 Fribourg. Mit Kabelanschluss können Sie zirka 50 Programme empfangen.
- Internet: wichtigste Provider: Swisscom (Bluewin), Sunrise, Orange
- wöchentlich (teilweise auch täglich) erscheinen kostenlose Stadtanzeiger frei Haus

Tageszeitungen, die in der ganzen deutschsprachigen Schweiz Beachtung finden:
- NZZ (Neue Zürcher Zeitung)
- Tagesanzeiger
- Der Bund
- Der Blick (Boulevardpresse, analog zur deutschen «Bildzeitung»)

Zeitschriften:
- Schweizer Illustrierte
- Facts
- Bilanz
- Cash
- Der schweizerische Beobachter (Verbraucher-Info, Beratung; Aufdeckung von politischen und gesellschaftlichen Missständen)
- K-Tipp (Verbraucher-Info)
- Saldo (Verbraucher-Info rund ums Geld)
- Puls-Tipp (Verbraucher-Info zu Gesundheitsfragen).

8.3.7 Müll

Die Kehrichtentsorgung erfolgt nach dem Verursacherprinzip: Hauskehricht, Sperrmüll und in manchen Kantonen auch die Grünabfuhr kosten – je mehr Müll man produziert, desto teurer wird die Entsorgung.

- im Haushalt: Müllsäcke mit Vignette (Sackgebühr) und/oder jährliche Grundgebühr; Säcke in Handelsketten (Migros, Coop, Denner, EPA) und Warenhäusern, in ländlichen Gegenden im Dorfladen, erhältlich.
- Recyclingstationen in den Wohnvierteln für Glas, Metall, PET, Batterien

- Gebühren für Grünabfuhr: von Kanton zu Kanton verschieden; in manchen Kantonen (noch) kostenlos
- Papier wird ebenfalls separat entsorgt.

Die Gemeinden geben in Form von *Abfallkalendern* Auskunft über Sammeltermine und -stellen sowie Gebühren.

8.3.8 Öffentlicher Verkehr (ÖV)

Das Netz der öffentlichen Verkehrsmittel ist in der Schweiz sehr dicht und gilt zu Recht als eines der besten der Welt. Die meisten Orte lassen sich mit der Bahn oder dem Bus bequem erreichen. Intercityzüge verkehren im 30-Minuten- oder Stundentakt, aber auch die Fahrpläne der Regionalzüge sind gut ausgebaut.

- Die meisten städtischen Ballungsräume (*Agglomerationen*) haben in den letzten Jahren Tarifverbundsysteme entwickelt, um ihren öffentlichen Nahverkehr benutzerfreundlich zu machen und die Leute zum Umsteigen vom eigenen fahrbaren Untersatz auf die öffentlichen Verkehrsmittel zu bewegen. Es gibt heute (Stand: April 2002) insgesamt 25 solcher regionaler Verbundsysteme. Bei den Verbundabonnementen handelt es sich um Pauschalfahrausweise (Wochen-, Monats- oder Jahreskarte, zum Beispiel in Bern das «BäreAbi», in Basel das «Umweltschutz-Abonnement» kurz: U-Abo, im Jura der «Vagabond» und in Zürich die «Regenbogenkarte»; den flächenmäßig größten Tarifverbund bildet der «Ostwind» für die Region Ostschweiz); damit fahren Sie billiger als mit dem Auto.
- Bahn: Es empfiehlt sich ein Halbtaxabonnement der Schweizerischen Bundesbahnen (SBB), mit einem Jahres-, Zweijahres- oder (seit dem 1. Mai 2002) Dreijahresgrundpreis. Das Halbtaxabonnement kostet etwa die Hälfte der deutschen Bahncard. Damit bezahlen Sie bei nahezu allen Verkehrsmitteln, einschließlich städtischen Verkehrsbetrieben, Postbussen und vielen Bergbahnen, nur den halben Fahrpreis. Der Geltungsbereich wächst jährlich und umfasst zur Zeit (Stand: April 2002) 18 000 Bahn-, Bus- und Schiffskilometer. Etwa jeder dritte Schweizer hat ein solches Abo. Mit dem Kauf einer Monats-, Einzel- oder Multitageskarte kann es zu einem Generalabonnement für den entsprechenden Zeitraum umfunktioniert werden. Ermäßigungen gibt es mit dem «Halbtax» auch für zahlreiche Zusatzangebote wie zum Beispiel Velomiete am Bahnhof.
- Für Vielfahrer lohnt es sich auszurechnen, ob nicht ein in nahezu allen Verkehrsmitteln in der Schweiz gültiges Generalabonnement (GA) die preiswertere Alternative ist.
- Der Postbus ist das Überlandfahrzeug der Extraklasse. Mit ihm kann man durchs ganze Land fahren, entlang wunderschöner Routen. Für viele abgelegene Dörfer in den Bergtälern ist das *Postauto* (oder in der Umgangssprache einfach *Posch(t)i*) der Lebensnerv: Es bringt am Morgen die Arbeitnehmer und Schulkinder ins nächste größere Zentrum und am Abend wieder nach Hause. Daher richten sich die Fahrpläne häufig nach den Bedürfnissen der lokalen Bevölkerung – und nicht nach jenen der Touristen.

8.3.9 Post

A-Post und B-Post: A-Post trifft in der ganzen Schweiz am darauffolgenden Arbeitstag beim Empfänger ein, bei B-Post kann es mehrere Tage dauern. Auch bei Sendungen ins Ausland ist die A-Post schneller – Dauer: zwei bis drei Tage, B-Post: bis zu 14 Tage.

Paketpost ins Ausland ist enorm teuer! Die Schweiz ist nicht Mitglied der Europäischen Union – Paketen, die schwerer als 2 kg sind (Bruttogewicht, also inklusive Verpackung), müssen daher mehrere Formulare für die Verzollung beigelegt werden. Eine Übersicht über die aktuell gültigen Postgebühren erhalten Sie auf dem Postamt.

8.3.10 Telekommunikation

Beim Anmelden eines Telefon-Festnetzanschlusses wird von Ausländern ohne Niederlassungsbewilligung als Sicherheit für den Telekommunikationsanbieter eine Kaution in Höhe von zur Zeit CHF 500.– eingefordert. Dieser Betrag wird nach einem Jahr wieder zurückerstattet, vorausgesetzt, Sie haben während dieser Zeit Ihre Telefonrechnungen stets pünktlich bezahlt.

Bei einem Vertragsabschluss für mobile Kommunikation mit ausländischen Vertragspartnern wird ebenfalls eine Kaution von CHF 500.– erhoben. Bei Kündigung des Vertrages oder nach Ablauf eines Jahres wird diese Sicherheit zurückerstattet.

9 Steuern

9.1 Steuerpflicht

Damit die öffentliche Hand ihre vielfältigen Aufgaben erfüllen kann, braucht sie Geld. Das ist in der Schweiz nicht anders als in anderen Ländern. Diese Mittel erhebt sie von den Bürgern in Form von Steuern und – immer häufiger – Abgaben. Wenn Sie Ihren Wohnsitz in der Schweiz haben, sind Sie grundsätzlich in der Schweiz steuerpflichtig. Für Personen, die nicht in der Schweiz Wohnsitz nehmen, richtet sich die Besteuerung nach dem jeweiligen Doppelbesteuerungsabkommen; die Schweiz hat mit jedem EU-Staat ein Doppelbesteuerungsabkommen abgeschlossen. Weitere Auskünfte über die Doppelbesteuerung erteilt die Eidgenössische Steuerverwaltung (Adresse s. Anhang, S. 214).

9.2 Besonderheiten des schweizerischen Steuersystems

Die föderalistische Staatsstruktur der Schweiz spiegelt sich unter anderem auch im schweizerischen Steuersystem wider: Außer dem Bund erheben die 26 Kantone und rund 3000 Gemeinden Steuern. Angesichts dieser Komplexität müssen wir uns an dieser Stelle auf die wesentlichsten Informationen beschränken. Nähere Einzelheiten erfahren Sie von Ihrer kommunalen oder kantonalen Steuerverwaltung, von der Informationsstelle für Steuerfragen (Adressen s. Anhang, S. 214) oder im Internet unter der Adresse http://www.estv.admin.ch/data/ist/d/index.htm.

9.3 Besteuerung an der Quelle – Quellensteuer

Ausländer, die nur vorübergehend in der Schweiz arbeiten und (noch) keine Niederlassungsbewilligung haben, werden von den Kantonen an der Quelle besteuert. Der Arbeitgeber zieht dabei die geschuldete Steuer vom Lohn ab und liefert sie der Steuerbehörde ab. Dieser Abzug umfasst die Einkommenssteuer des Bundes, der Kantone und der Gemeinden, einschließlich etwaiger Kirchensteuern.

Anderslautende Bestimmungen der Doppelbesteuerungsabkommen sind in jedem Fall vorbehalten.

Dieses Verfahren hat für die steuerpflichtige Person den Vorteil, dass sie keine Steuerdeklaration (*Steuererklärung*) ausfüllen muss; den Behörden gibt es unter an-

derem eine gewisse Sicherheit, indem vermieden wird, dass Ausländer, die nur vorübergehend in der Schweiz arbeiten, das Land nicht verlassen können, ehe sie ihre
auf dem Lohn geschuldeten Steuern bezahlt haben.

Artikel 15 der Eidgenössischen Bundesverfassung gewährleistet die Glaubens-
und Gewissensfreiheit. Deshalb kann niemand gezwungen werden, Steuern für
Kultuszwecke einer Religionsgemeinschaft zu entrichten, wenn er oder sie konfes-
sionslos ist beziehungsweise keiner der offiziellen Landeskirchen angehört. In
diesen Fällen muss die Kirchensteuer, die mit der Quellensteuer einbehalten wird,
zurückerstattet werden (was nur auf eigenen Antrag des ausländischen Arbeitnehmers geschieht).

9.4 Ordentliche Veranlagung

Ausländer aus allen westeuropäischen Ländern (EU und EFTA) sowie den USA mit
einer jährlichen Aufenthaltsbewilligung können nach fünfjährigem Aufenthalt in
der Schweiz die Niederlassungsbewilligung (Ausweis C-EG) beantragen. Der Erhalt
der Niederlassung hat zur Folge, dass deren Inhaber den anderen in der Schweiz
wohnhaften Steuerpflichtigen gleichgestellt wird und ab dem folgenden Monat dem
ordentlichen Veranlagungsverfahren untersteht. Das heißt, dass die Steuern nicht
mehr wie bis dahin monatlich vom Lohn abgezogen, sondern jährlich erhoben werden. Es ist daher ratsam, sich über die Höhe der voraussichtlich zu entrichtenden
Steuern vorab zu informieren und monatlich einen bestimmten Betrag dafür zurückzulegen. Die kantonale Steuerverwaltung kann Ihnen den örtlich geltenden
Steuerfuß mitteilen.

Es wurde bereits angedeutet: Jeder Kanton hat sein eigenes Steuergesetz und
damit seinen eigenen Steuertarif. Es gibt so genannte steuergünstige Kantone, in
denen die individuelle Belastung durch die Steuern weniger hoch ausfällt, und
«teure» Kantone, in welchen die Steuern den einzelnen Geldbeutel stärker belasten.
Wir verzichten in diesem Buch bewusst auf Empfehlungen. Denn einerseits soll und
kann die fiskalische Belastung nicht das einzige ausschlaggebende Kriterium bei der
Wahl des Wohnsitzes resp. Arbeitsplatzes sein; andererseits muss man die Gebühren
(s. nachfolgenden Abschnitt) mit berücksichtigen, wenn man die volle Kostenwahr-
heit darüber erfahren will, wie viel Geld einem der Staat abnimmt.

9.5 Gebühren

Kantone und Gemeinden gehen mehr und mehr dazu über, ihre Leistungen durch
Gebühren und Abgaben abgelten zu lassen: Entgelte für Dienstleistungen wie
Wohnsitzbestätigungen, Parkkarten für Anwohner, Abfallentsorgung, aber auch
Trink- und Abwasser, Heim- und Krankenhaustaxen werden nicht mehr aus den
Steuereinnahmen, sondern über Gebühren finanziert. Mit dieser zusätzlichen Ein-
nahmequelle stopfen die Gemeinwesen Löcher, die die Rezession der 1990er Jahre

durch Steuerausfälle in die öffentlichen Kassen gerissen hat. Obwohl die Erhebung von Gebühren häufig mit Steuersenkungen einhergeht, hat sie gegenüber der steuerlichen Belastungen einen entscheidenden Nachteil: Die Gebühren sind für alle gleich hoch, während die Steuern vom Einkommen abhängig sind. Immerhin lassen sich beispielsweise durch geringeren Trinkwasserverbrauch oder weniger Müll gewisse Einsparungen vornehmen.

10 Die Sozialversicherungen

Das Sozialversicherungssystem der Schweiz ist vorbildlich. Die Leistungen sind im Vergleich zu den Nachbarländern sehr umfangreich. Detaillierte Informationen zu den Sozialversicherungen finden Sie in der Broschüre «Soziale Sicherheit in der Schweiz. Informationen für Staatsangehörige der Schweiz oder der EG in der Schweiz» (vgl. Literaturangaben im Anhang, S. 223) sowie bei den AHV-Ausgleichskassen und ihren Zweigstellen oder beim Bundesamt für Sozialversicherung.

10.1 Altersvorsorge

Die Altersvorsorge in der Schweiz basiert auf dem «Drei-Säulen-Modell»:

- Die *erste Säule* bildet die staatliche Rente der Alters- und Hinterbliebenenversicherung (AHV). Hiermit wird der finanzielle Grundbedarf gesichert. (Bräunlich Keller 2000, S. 208)

Wer in der Schweiz erwerbstätig ist, muss auf seinem Erwerbseinkommen Beiträge an die Alters- und Hinterlassenenversicherung entrichten. Als unselbständig Erwebender (also Lohnempfänger, im Gegensatz zu selbständig erwerbenden Personen) bezahlen Sie die Hälfte des Beitrages, die andere Hälfte übernimmt der Arbeitgeber (vgl. auch Kapitel 3.4.1, Die Gehaltsabrechnung, S. 27).

Der Arbeitgeber muss Sie bei Stellenantritt bei der zuständigen Ausgleichskasse anmelden. (Neben den Kantonen haben auch einzelne Berufsverbände sowie der Bund und manche Gemeinden eine eigene Ausgleichskasse; die Adressen sämtlicher Ausgleichskassen sind jeweils auf der letzten Seite jedes Schweizer Telefonbuchs abgedruckt.) Sie erhalten dann einen persönlichen Ausweis, der außer Ihrem Namen auch Ihre AHV-Registernummer sowie die Nummer der kontoführenden Ausgleichskasse(n) enthält. Bei jedem Stellenwechsel ist dieser Ausweis dem neuen Arbeitgeber vorzulegen, der ihn an die Ausgleichskasse weiterleitet, mit der er die Beiträge abrechnet. Der Arbeitgeber ist verpflichtet, Ihre Beiträge, die er Ihnen vom Lohn abzieht, sowie seinen Anteil der für ihn zuständigen Ausgleichskasse abzuliefern. Über die Jahre können mehrere verschiedene Ausgleichskassen ein Konto für Sie führen.

Achtung: Beitragslücken haben Rentenkürzungen zur Folge. Wenn Sie während mehrerer Jahre in der Schweiz arbeiten, fordern Sie daher von der Ausgleichskasse periodisch, jedoch spätestens bei einem Stellenwechsel, einen persönlichen Kontoauszug an. Diese Dienstleistung ist kostenlos.

Die erworbenen Renten werden pro rata der schweizerischen Beitragzeit berechnet. Das bedeutet, Sie bekommen eine Teilrente für jene Zeit, während der Sie in der Schweiz versichert waren. Nähere Auskünfte erteilen die AHV-Ausgleichskassen oder IV-Stellen. (Integrationsbüro EDA/EVD, Bundesamt für Ausländerfragen, Direktion für Arbeit/seco, 2002)

Um Anspruch auf ordentliche Renten der schweizerischen AHV oder IV erheben zu können, müssen Sie während mindestens eines vollen Jahres Beiträge geleistet haben. Die Schweiz hat mit folgenden Staaten ein Sozialversicherungsabkommen abgeschlossen (siehe **Tab. 10-1**):

Tabelle 10-1: Staaten, mit denen die Schweiz ein Sozialversicherungsabkommen abgeschlossen hat

Belgien	Italien	San Marino
Chile	Jugoslawien	Schweden
Dänemark	Kanada/Quebec	Slowakei
Deutschland	Kroatien	Slowenien
Finnland	Liechtenstein	Spanien
Frankreich	Luxemburg	Tschechien
Griechenland	Niederlande	Türkei
Großbritannien	Norwegen	Ungarn
Irland	Österreich	USA
Israel	Portugal	Zypern

Quelle: Informationsstelle AHV/IV und Bundesamt für Sozialversicherung, 2002

Für Ausländer aus den genannten Ländern wird die AHV- oder IV-Rente grundsätzlich auch bei Wohnsitz im Ausland entrichtet.

- Die obligatorische Berufliche Vorsorge über die Pensionskassen des Arbeitgebers (geregelt im Bundesgesetz über die Berufliche Vorsorge, BVG, das seit 1985 in Kraft ist) stellt die *zweite Säule* dar. Diese zielt auf die Beibehaltung des bisherigen Lebensstandards und auf Risikodeckung ab. (Bräunlich Keller 2000, S. 208) Personen, die aus einem EU-Staat in die Schweiz kommen und hier unselbständig erwerbstätig sind, müssen ab einem bestimmten Einkommen zusammen mit ihrem Arbeitgeber Beiträge an die Berufliche Vorsorge zahlen. Später erhalten sie dann zusätzlich zur AHV-/IV-Rente auch eine Rente der zweiten Säule. Die Leistungen sind je nach Pensionskasse unterschiedlich, weil teilweise zusätzlich zu den Leistungen aufgrund der obligatorischen Versicherung noch Leistungen im Rahmen der überobligatorischen Vorsorge gewährt werden können. Nähere Auskünfte erteilen die Pensionskassen. Sprechen Sie auch mit Ihrem Arbeitgeber über die Berufliche Vorsorge und bitten Sie ihn um das Pensionskassen-Reglement.
(Integrationsbüro EDA/EVD, Bundesamt für Ausländerfragen, Direktion für Arbeit/seco, 2002)

Ausländer, welche wieder in ihr Herkunftsland zurückkehren, erhielten bis anhin die gesamte, angesparte Summe aus der Pensionskasse ausbezahlt. Nach einer fünfjährigen Übergangszeit ab Inkrafttreten der bilateralen Verträge zwischen der Schweiz und der EU geht das nicht mehr so ohne weiteres. Vor dem Hintergrund des auch hier geltenden Prinzips der Erhaltung des Vorsorgeschutzes ist die Barauszahlung der obligatorischen Mindestvorsorge nicht mehr möglich, wenn der Arbeitnehmer bei einem beruflichen Wechsel von der Schweiz in ein EU-Land am neuen Arbeitsort wieder obligatorisch versichert ist. Personen, die beispielsweise die Schweiz verlassen und ihre Erwerbstätigkeit aufgeben (die also keinem ausländischen Versicherungsobligatorium unterliegen) oder solche, deren Austrittsleistung weniger als ihr Jahresbeitrag beträgt, sind von diesem Barauszahlungsverbot nicht betroffen. Auch den überobligatorischen Teil der Austrittsleistung kann man sich beim Verlassen der Schweiz nach wie vor bar ausbezahlen lassen. Im Sinne der Wohneigentumsförderung können Pensionskassengelder schließlich auch für den Erwerb von Wohneigentum im Ausland ausgezahlt werden. (Integrationsbüro EDA/EVD, Bundesamt für Ausländerfragen, Direktion für Arbeit/seco, 2002)

Die erste und zweite Säule zusammen gewährleisten bei der Pensionierung zirka 60 Prozent des bisherigen Einkommens.

- Bei der *dritten Säule* handelt es sich um eine freiwillige, individuelle Möglichkeit, durch Vorsorgesparen zu einer höheren Rente zu gelangen. Hierbei gibt es verschiedene Modelle, mit gebundener oder freier Vorsorge.

10.2 Invalidenversicherung (IV)

Anspruch auf Leistungen der Invalidenversicherung haben Versicherte, die wegen eines Gesundheitsschadens in ihrer Erwerbstätigkeit oder in ihrem bisherigen Aufgabenbereich teilweise oder ganz eingeschränkt sind. Dieser Gesundheitsschaden muss voraussichtlich bleibend oder zumindest für längere Zeit bestehen.

10.2.1 Anmeldung

Es ist wichtig, sich rasch nach Eintritt des Versicherungsfalles anzumelden. Grundsätzlich muss die Anmeldung eingereicht werden, bevor die Eingliederungsmaßnahmen durchgeführt werden. Bei verspäteter Anmeldung werden die Leistungen in der Regel nur für die zwölf Monate ausgerichtet, die der Anmeldung vorausgingen.

Zuständig für die Anmeldung ist die IV-Stelle des Wohnkantons. Anmeldeformulare gibt es bei den IV-Stellen, den Ausgleichskassen und bei ihren Zweigstellen.

10.2.2 Medizinische Eingliederungsmaßnahmen

Die IV übernimmt bei Erwachsenen nur die Kosten für medizinische Maßnahmen, die unmittelbar die berufliche Eingliederung fördern und geeignet sind, die Erwerbsfähigkeit dauernd und wesentlich zu verbessern oder wesentliche Beeinträchtigungen der Erwerbsfähigkeit zu verhindern. In diesem Rahmen kann die IV die Kosten übernehmen für die ärztliche Behandlung, die Behandlung durch medizinische Hilfspersonen und für anerkannte Arzneimittel.

10.2.3 Berufliche Eingliederungsmaßnahmen

Fachleute der IV-Stellen bieten Berufsberatung und Arbeitsvermittlung für Versicherte an, die infolge ihrer Invalidität in der Berufswahl oder in der Ausübung ihrer bisherigen Tätigkeit eingeschränkt sind.

Die IV übernimmt die Kosten für die Umschulung, wenn Versicherte wegen der Invalidität ihre bisherige Tätigkeit nicht mehr oder nur noch unter erschwerten Umständen ausführen können.

Die IV übernimmt auch Kosten für die Wiedereinschulung in den bisherigen Beruf.

Unter besonderen Voraussetzungen gewährt die IV auch Kredite in Form von Kapitalhilfen, wenn invalide Personen sich beruflich selbstständig machen möchten oder wenn betriebliche Umstellungen aufgrund der Invalidität nötig werden.

10.2.4 Invalidenrente

Eine Invalidenrente wird nur gewährt, wenn eine Eingliederung nicht oder nur beschränkt möglich ist. Der Rentenanspruch entsteht frühestens, wenn die versicherte Person entweder mindestens zu 40 Prozent bleibend erwerbsunfähig, d. h. dauerinvalid geworden ist, oder während eines Jahres ohne wesentliche Unterbrechung durchschnittlich mindestens 40 Prozent arbeitsunfähig gewesen ist und weiterhin in mindestens gleichem Maße erwerbsunfähig bleibt.

Bei Erwerbstätigen bemisst die IV-Stelle den Invaliditätsgrad mit einem Einkommensvergleich. Sie ermittelt dabei zuerst das Erwerbseinkommen, das ohne den Gesundheitsschaden erzielt werden könnte. Davon zieht sie das Erwerbseinkommen ab, das nach dem Gesundheitsschaden und nach der Durchführung von Eingliederungsmaßnahmen auf zumutbare Weise erreicht werden könnte. Daraus ergibt sich ein Fehlbetrag: die Erwerbseinbuße, als Folge der Invalidität. Drückt man diesen in Prozenten aus, erhält man den Invaliditätsgrad (siehe **Tab. 10-2**, S. 76).

Der Invaliditätsgrad bestimmt, auf welche Rente eine invalide Person Anspruch hat.

In wirtschaftlichen Härtefällen besteht bei einem Invaliditätsgrad von 40 Prozent bis 50 Prozent Anspruch auf eine halbe Rente.

Viertelsrenten werden neu auch an Personen ausgerichtet, die ihre Tätigkeit in der Schweiz aus gesundheitlichen Gründen aufgeben mussten und nicht mehr oder – im Falle von Grenzgängern – überhaupt nie in der Schweiz wohnen.

Tabelle 10-2: Rentenberechnung im Invaliditätsfall

Invaliditätsgrad	Rentenanspruch
mindestens 40 Prozent	Viertelrente
mindestens 50 Prozent	halbe Rente
mindestens 66²/₃ Prozent	ganze Rente

Quelle: Informationsstelle AHV-IV und Bundesamt für Sozialversicherung, 2001/2002

10.2.5 Hilflosenentschädigung

Versicherte, die bei alltäglichen Lebensverrichtungen dauernd auf die Hilfe anderer Personen angewiesen sind, dauernder Pflege oder persönlicher Überwachung bedürfen, sind im Sinne der IV hilflos. Sie haben Anspruch auf eine Hilflosenentschädigung, wenn sie in der Schweiz wohnhaft sind, die Hilflosigkeit bleibend ist oder ununterbrochen mindestens ein Jahr gedauert hat und kein Anspruch auf eine Hilflosenentschädigung der obligatorischen Unfallversicherung oder der Militärversicherung besteht.

10.2.6 Zusatzrente

Eine invalide verheiratete Person hat Anspruch auf eine Zusatzrente der IV für ihren Ehegatten, wenn sie unmittelbar vor ihrer Arbeitsunfähigkeit erwerbstätig war und wenn ihr Ehegatte mindestes ein volles Beitragsjahr aufweist oder Wohnsitz und gewöhnlichen Aufenthalt in der Schweiz hat und selbst keinen Anspruch auf eine Alters- oder Invalidenrente besitzt.

10.2.7 Kinderrente

Rentenberechtigte Personen haben zusätzlich zur Invalidenrente Anspruch auf Kinderrente für Söhne und Töchter, bis diese das 18. Lebensjahr beendet haben oder bis diese ihre Ausbildung abgeschlossen haben, längstens aber bis zum vollendeten 25. Lebensjahr.
(Quelle: AHV-IV, Merkblatt 4.04, 2000)

10.3 Arbeitslosenversicherung (ALV)

Grundsätzlich ist jeder unselbständige Arbeitnehmer in der Schweiz obligatorisch gegen Arbeitslosigkeit versichert. Die Versicherungsbeiträge werden vom Lohn abgezogen (vgl. auch Kapitel 3.4.1, Die Gehaltsabrechnung, S. 27). Damit ein Versicherter Leistungen beziehen kann, muss er während einer bestimmten Zeit (Mindestbeitragszeit) Beiträge geleistet haben. Die Höhe der Leistung (Arbeitslosenentschädigung) bemisst sich am versicherten Einkommen, der Unterhaltspflicht gegenüber Kindern sowie etwaigen Leistungen der Invalidenversicherung (falls gesundheitliche Gründe für die Arbeitslosigkeit geltend gemacht werden können). Die Entschädigung beträgt 70 oder 80 Prozent des zuletzt erzielten versicherten Einkommens. Wer arbeitslos wird und seinen Anspruch auf Arbeitslosengelder geltend machen will, muss sich beim zuständigen Arbeitsamt seines Wohnortes melden. Nähere Auskünfte erteilen die Regionalen Arbeitsvermittlungszentren (RAV; die Adressen der landesweit 145 RAVs finden Sie im Internet unter www.treffpunkt-ar-beit.ch/seco//site/de/home/ unter der Überschrift «Arbeitslos, was nun?», Stichwort: «Adressen».). Mit Inkrafttreten der bilateralen Verträge zwischen der Schweiz und der EU (1. Juni 2002) gelten im Rahmen der Freizügigkeit im Personenverkehr auch im Bereich der Arbeitslosenversicherung neue Bestimmungen:

Neu sind das *Totalisierungsprinzip* und der *Leistungsexport*. Nach dem Totalisierungsprinzip müssen die in einem EU-Mitgliedstaat zurückgelegten Versicherungszeiten mit berücksichtigt werden, wenn es um die Abklärung geht, ob ein Arbeitsloser die notwendige Mindestbeitragszeit erfüllt hat.

Durch den Leistungsexport wird es möglich, sich einmal zwischen zwei Beschäftigungen während höchstens drei Monaten in einem (anderen) EU-Mitgliedstaat um Arbeit zu bemühen und dort die Leistungen weiter zu beziehen. Man muss sich jedoch in dem Land, in dem man Arbeit sucht, der Arbeitsvermittlung zur Verfügung stellen und die Kontrollvorschriften dieses Landes erfüllen.

Die Ansprüche auf Leistungen der Arbeitslosenversicherung sind je nach Art der Aufenthaltsbewilligung unterschiedlich:

10.3.1 Daueraufenthalter

Arbeitnehmer aus EU-Ländern, die einen Arbeitsvertrag über mindestens 12 Monate in der Schweiz erfüllen und von Arbeitslosigkeit betroffen werden, haben – wie bisher – Anspruch auf Arbeitslosenentschädigung in der Schweiz; die Höhe der Entschädigung richtet sich nach dem in der Schweiz erzielten Einkommen. Die in einem EU-Mitgliedstaat zurückgelegten Beschäftigungszeiten müssen vom leistungspflichtigen Staat (also der Schweiz) mit berücksichtigt werden, wenn die Mindestbeitragszeit in der Schweiz nicht erfüllt ist (Totalisierungsprinzip). Zudem haben die Versicherten die Möglichkeit, zwischen zwei Beschäftigungen während maximal dreier Monate zwecks Arbeitssuche in einen EU-Mitgliedstaat zu gehen und dort die Leistungen aus der Schweiz weiter zu beziehen (Leistungsexport).

10.3.2 Kurzaufenthalter

Für Arbeitnehmer aus EU-Ländern, die einen Arbeitsvertrag über höchstens ein Jahr haben, besteht während einer siebenjährigen Übergangsfrist nur Anspruch auf Arbeitslosenentschädigung, wenn sie in der Schweiz die Mindestbeitragszeit erfüllen; sonst müssen sie ihren Anspruch auf Arbeitslosenentschädigung in ihrem Herkunftsland geltend machen. Die Schweiz überweist dafür ihre ALV-Beiträge während sieben Jahren weiterhin den Herkunftsländern. Nach dieser Übergangsfrist werden Kurzaufenthaltern die in einem EU-Mitgliedstaat zurückgelegten Beschäftigungszeiten angerechnet. Das heißt: Das Totalisierungsprinzip (s. Daueraufenthalter) gilt erst nach dieser Übergangsfrist von sieben Jahren.

10.3.3 Grenzgänger

Grenzgänger erhalten die Arbeitslosenentschädigung vom Wohnsitzstaat (wie vor dem Inkrafttreten der bilateralen Verträge). Die Schweiz überweist nach heute geltenden Abkommen mit den Nachbarstaaten die Beiträge der Grenzgänger an die Arbeitslosenversicherung des Heimatstaates. Nach Ablauf der siebenjährigen Übergangsfrist entfällt diese sog. Retrozessionsflicht.
(Quelle: Integrationsbüro EDA/EVD, 2001)

10.4 Erwerbsersatzordnung (EO)

Dabei handelt es sich um eine seit dem Zweiten Weltkrieg bestehende, vom Bund finanzierte Teilvergütung für den Lohnausfall infolge militärischer Dienste. Jeder Mann und jede Frau, die Dienst leisten in der Schweizer Armee, im Militärischen Frauendienst (MFD) oder im Zivilschutz, hat Anspruch auf die Leistungen dieser Versicherung.

Alters- und Hinterlassenenversicherung (AHV), Arbeitslosenversicherung (ALV), Invalidenversicherung (IV), Pensionskasse (BVG), Erwerbsersatzordnung (EO), Unfallversicherung (UVG, s. unten, S. 80) werden durch Lohnprozente finanziert. Für Sie als Arbeitnehmer bedeutet das, dass jeden Monat von Ihrem Gehalt einige Prozente abgezogen werden. Die detaillierten Beiträge finden Sie auf Ihrer Lohn-/Gehaltsabrechnung (vgl. Kapitel 3.4.1, Die Gehaltsabrechnung, S. 30).

10.5 Krankenversicherung

10.5.1 Grundsätzliches

In der Schweiz besteht ein Krankenversicherungsobligatorium. Das heißt, dass alle in der Schweiz lebenden Personen sich gegen Krankheit versichern müssen. Der Versicherungsabschluss ist Sache jedes Einzelnen. Wer seinen Wohn- und Arbeitsort in die Schweiz verlegt, muss sich innerhalb von drei Monaten in der Grund-Krankenversicherung versichern lassen. Die versicherte Person erhält die notwendige ambulante oder stationäre medizinische Behandlung einer Erkrankung in der Schweiz zulasten der schweizerischen Krankenversicherung. Auskünfte über Leistungen und Kosten erteilen die einzelnen Krankenversicherer sowie *santésuisse – Die Schweizer Krankenversicherer*, die Branchenorganisation der schweizerischen Krankenversicherer (Adresse s. Anhang, S. 209).

10.5.2 Grund- und Zusatzversicherung

Die meisten Gesundheitskosten sind aus der *Grundversicherung* gedeckt. Wer sich noch besser absichern will oder mehr Komfort (z. B. ein Einbettzimmer im Krankenhaus) wünscht, kann eine *Zusatzversicherung* abschließen. Die Krankenkassen sind gesetzlich verpflichtet, jedermann vorbehaltlos in die Grundversicherung aufzunehmen. Bei den Zusatzversicherungen steht es ihnen jedoch frei, eine Gesundheitsprüfung zu verlangen und Vorbehalte (z. B. wegen bestimmter Krankheiten) zu machen. Zusatzversicherungen sind also nicht nur für die Versicherungsnehmer freiwillig, sondern auch für die Anbieter.

10.5.3 Versicherungsbeiträge (Prämien)

Für die Grundversicherung werden so genannte *Kopfprämien* erhoben, d. h. alle erwachsenen Versicherten bezahlen bei der gleichen Krankenkasse in der gleichen Region den gleichen monatlichen Versicherungsbeitrag. Damit ist eine gewisse Solidarität gewährleistet: der Gesunden mit den Kranken, der Jungen mit den Alten, der Männer mit den Frauen. Wer häufiger krank ist, bezahlt nicht mehr als jemand, der sich einer stabilen Gesundheit erfreut. Dennoch bestehen Unterschiede je nach Regionen: In den städtischen Ballungszentren sind die Beiträge für die Grundversicherung höher als in ländlichen Gebieten, weil in diesen Agglomerationen nicht nur mehr (und teurere) Leistungen angeboten werden – diese Angebote werden auch rege genutzt. Die Spirale dreht sich weiter: Ein Ende der alljährlichen Anhebungen der Krankenkassenprämien ist – allen gegenteiligen Beteuerungen des zuständigen Eidgenössischen Departementes des Innern (EDI) zum Trotz – nicht abzusehen. Das ganze Land zittert deshalb jeweils im Oktober, wenn die neuen Versicherungsprämien für das nächste Jahr mitgeteilt werden. Aber seltsamerweise lassen sich die meisten Versicherungsnehmer die Prämienerhöhungen gefallen.

Der einzelne Versicherungsnehmer hat verschiedene Möglichkeiten, Prämien einzusparen, zum Beispiel indem er freiwillig die Arztwahl einschränkt, eine höhere Jahresfranchise (Jahresfreibetrag) wählt oder indem er sich verpflichtet, eine HMO-Gruppenpraxis aufzusuchen. Arbeitnehmer, die mehr als 12 Stunden pro Woche bei *einem* Arbeitgeber arbeiten, sind bereits voll gegen Berufs- und Nichtberufsunfälle versichert; sie können in der Krankenversicherung die Unfalldeckung ausschließen – und zahlen ebenfalls weniger Prämien (s. Seite 80).

In manchen Ländern wird der Krankenversicherungsbeitrag vor Auszahlung des Lohnes direkt vom Arbeitgeber an die entsprechende Kasse des Arbeitnehmers überwiesen. In der Schweiz hingegen, wo die Krankenversicherung zwar obligatorisch aber Sache jedes Einzelnen ist, muss der Versicherungsnehmer den Beitrag selbst überweisen. In der Regel kann er wählen zwischen monatlicher, vierteljährlicher und halbjährlicher Bezahlung, für die er dann jeweils eine Rechnung erhält.

10.5.4 Die Leistungen

Die Leistungen der Grundversicherung sind (noch) sehr gut. Heilungs-, Krankenhaus- und Medikamentenkosten sind weitgehend gedeckt (eine Kostenbeteiligung in Form einer Franchise und eines Selbstbehaltes ist allerdings vom Versicherungsnehmer zu tragen, siehe unten). Gedeckt sind neben Arztkosten auch die Kosten für Hebammen und Chiropraktiker, Apotheker, Ergotherapeuten, Ernährungsberater, Heilgymnasten, Krankenschwestern und -pfleger, Logopäden, Masseure und Physiotherapeuten. (Quelle: Meierhofer, 1999) Im Unterschied etwa zu Deutschland muss jedoch eine Zusatzversicherung separat abgeschlossen werden, zumindest dann, wenn Sie auch Zahnfleisch- und Kariesbehandlungen versichern wollen! Das Gleiche gilt für Zahnstellungskorrekturen bei Kindern, die in der Regel auch nicht von der Grundversicherung übernommen werden. Es lohnt sich jedoch, vor Abschluss einer Zusatzversicherung genau zu berechnen, was unter dem Strich mehr kostet: die Zahnbehandlungen oder die Kosten für die Versicherung. Da die – freiwilligen – Zusatzversicherungen der Krankenkassen im Gegensatz zur – obligatorischen – Grundversicherung dem Privatrecht unterstellt sind (Bundesgesetz über den Versicherungsvertrag, VVG), ist keine Kasse verpflichtet, Ihren Versicherungsantrag anzunehmen und Ihre Zähne zu versichern. Sie wird eine Gesundheitsprüfung machen und unter Umständen einen Vorbehalt auf gewisse Krankheiten machen. Auch hat sie das Recht, eine so genannte Karenzfrist einzuräumen: Das bedeutet, dass Leistungen erst gewährt werden, nachdem der Kunde über einen bestimmten Zeitraum (in der Regel ein Jahr) Beiträge bezahlt hat.

10.5.5 Erstattung von Gesundheitskosten

Es gibt zwei Systeme: Während in vielen Kantonen der Patient (resp. der Versicherte) die Arztrechnung nach Hause geschickt bekommt, sie selbst bezahlt und die Kosten nach Abzug von Selbstbehalt und Franchise von der Kasse zurückerstattet bekommt, rechnen in anderen Kantonen die Ärzte direkt mit den Kassen ab. Auch Krankenhäuser rechnen in vielen Kantonen direkt mit den Kassen ab, während die Apotheker in den meisten Kantonen ihre Rechnungen direkt den Kassen zustellen.

10.6 Unfallversicherung

Alle in der Schweiz beschäftigten Arbeitnehmer sind nach dem Bundesgesetz über die Unfallversicherung (UVG) durch den Arbeitgeber obligatorisch gegen Unfall zu versichern. Die Versicherungspflicht besteht auch für Heimarbeiter, Auszubildende, Volontäre, sowie Personen, die in Invalidenwerkstätten tätig sind. Auch Praktikanten sind über die Dauer ihrer Tätigkeit versichert. Zwei Drittel aller Beschäftigten in der Schweiz sind bei der Schweizerischen Unfallversicherungsanstalt (SUVA) gegen Unfall versichert. Jene, die vom Arbeitgeber bei einer privaten Versicherungsanstalt versichert werden, genießen den gleichen Schutz.

Nicht obligatorisch versichert sind mitarbeitende Familienmitglieder, die keinen Barlohn beziehen und keine AHV-Beiträge entrichten. Personen, die einer nebenberuflichen Erwerbstätigkeit nachgehen und dabei weniger als CHF 2000.– im Jahr verdienen, können sich von der Beitragspflicht für diese Tätigkeit befreien lassen, sofern sich sowohl der Arbeitgeber als auch der Arbeitnehmer schriftlich damit einverstanden erklären. (Eine Reinemachefrau, selbst wenn sie nur eine Stunde die Woche saubermacht und keine 2000 Franken verdient, ist jedoch obligatorisch vom Arbeitgeber zu versichern!)

Versicherungsleistungen werden bei Berufsunfällen, Unfällen in der Freizeit und Berufserkrankungen gewährt, sofern der Arbeitnehmer mindestens zwölf Stunden pro Woche bei *einem* Arbeitgeber arbeitet.

Die Arbeitgeber schulden den gesamten Prämienbetrag für die Berufsunfallversicherung. Der Arbeitnehmeranteil für die Nicht-Berufsunfallversicherung wird vom Lohn abgezogen.

(Quelle: AHV-IV, Merkblatt 6.05, 2001; vgl. auch Kapitel 3.4, Die Lohnabrechung, S. 27)

11 Mutterschaft

Seit über 100 Jahren sind Bestrebungen im Gange, den Schutz und die finanzielle Absicherung schwangerer Arbeitnehmerinnen in der Schweiz gesetzlich zu verankern. Damals, im Jahre 1899, sah die «Lex Forrer», das erste von den Eidgenössischen Räten beschlossene Krankenversicherungsgesetz, Leistungen bei Mutterschaft vor, welche als Teilobligatorium ein Tagegeld für Wöchnerinnen einschloss. Dieses Gesetz wurde vom Volk abgelehnt. In der Bundesverfassung (= Grundgesetz) ist seit 1945 ein Artikel verankert, der den Gesetzgeber beauftragt, eine Mutterschaftsversicherung einzurichten. Dennoch ist die Schweiz in Sachen Mutterschaftsschutz und -versicherung heute nicht viel weiter als vor 100 Jahren: Die letzte Niederlage erlitt die Mutterschaftsversicherung in der Volksabstimmung vom 13. Juni 1999.

11.1 Lohnfortzahlung bei Schwangerschaft

Das Schweizerische Obligationenrecht (OR) schreibt bei Schwangerschaft Lohnfortzahlungen im gleichen Rahmen vor wie bei einer Krankheit (OR, Art 324a, Absatz 3) und knüpft damit die finanzielle Absicherung der schwangeren Arbeitnehmerin weitgehend an so beliebige Kriterien wie Anzahl der geleisteten Dienstjahre, Fortschrittlichkeit des Arbeitgebers, öffentliches oder privates Arbeitsverhältnis. Obwohl das Arbeitsgesetz (ArG) eine achtwöchige Schonfrist – von einem eigentlichen bezahlten Mutterschaftsurlaub wie in anderen europäischen Ländern kann man nicht sprechen – vorschreibt, lässt es ausdrücklich eine Verkürzung auf sechs Wochen zu, «sofern der Wiedereintritt der Arbeitsfähigkeit durch ärztliches Zeugnis ausgewiesen ist» (ArG, Art. 35). Für eine Frau, die im gleichen Dienstjahr schon einmal arbeitsunfähig war, verkürzt sich der bezahlte Mutterschaftsurlaub – oder ihr Anspruch auf Lohnfortzahlung entfällt ganz, weil alle Zeiten der Arbeitsunfähigkeit im gleichen Dienstjahr mit berücksichtigt werden. Fortschrittliche Arbeitgeber schließen daher für ihre weiblichen Angestellten eine Krankentagegeldversicherung ab, die auch die Lohnfortzahlung bei Mutterschaft deckt.
(Quelle: Bräunlich Keller et al. [6]2000)

11.2 Gesetzlich geregelte Sonderarbeitszeiten für werdende Mütter

In den meisten EU-Ländern gibt es gesetzlich vorgeschriebene Sonderarbeitszeiten für werdende Mütter. In der Schweiz sind Arbeitszeiten für werdende Mütter in der

so genannten «Mutterschutzverordnung» (Verordnung des Eidgenössischen Volks-
wirtschaftsdepartements (EVD) über gefährliche und beschwerliche Arbeiten bei
Schwangerschaft und Mutterschaft) vom 20. März 2001 geregelt. Darin steht in
Kapitel 2 («Risikobeurteilung und Ausschlussgründe»), 3. Abschnitt («stark belas-
tende Arbeitszeitsysteme»), Artikel 14:

> Frauen dürfen während der gesamten Schwangerschaft und danach während der Stillzeit nicht
> Nacht- und Schichtdienst leisten, wenn diese mit gefährlichen oder beschwerlichen Arbeiten
> nach den Artikeln 7–13 [s. unten] verbunden sind oder wenn ein besonders gesundheitsbelasten-
> des Schichtsystem vorliegt. Als besonders gesundheitsbelastend gelten Schichtsysteme, die eine
> regelmäßige Rückwärtsrotation aufweisen (Nacht-, Spät-, Frühschicht), oder solche mit mehr als
> drei hintereinander liegenden Nachtschichten. (zitiert nach: Bundesbehörden der Schweizeri-
> schen Eidgenossenschaft, http://www.admin.ch/)

Seit dem 1. Januar 1989 schützt ein neues Kündigungsrecht schwangere Arbeitnehmerinnen während der ganzen Dauer der Schwangerschaft und bis 16 Wochen nach
der Geburt vor der Kündigung. Schwangere können während dieser Zeit auch nicht
vom Arbeitgeber dazu gedrängt werden, selbst ihre Stelle zu kündigen. Dieser Kündigungsschutz beginnt allerdings erst nach Ablauf der Probezeit.

11.3 Werdende Mütter in den Funktionsbereichen

Zu den Risikofunktionsbereichen für werdende Mütter im Gesundheitswesen gehören der OP, die Intensivstation, die Zentralsterilisation, die Notfallaufnahme, die
Isolierstation und die psychiatrische Akutstation.

Die «Mutterschutzverordnung» (s. oben) befasst sich im 2. Kapitel, 1. («Beurteilungskriterien der Gefährdung») und 2. Abschnitt («Grenzwerte»), ausführlich mit
den Risiken für werdende Mütter und nennt Ausschlussgründe:

1. Abschnitt: Beurteilungskriterien der Gefährdung

[…]

Art. 7 Bewegen schwerer Lasten
1 Als gefährlich oder beschwerlich für Schwangere gilt bis zum Ende des sechsten Schwanger-
schaftsmonats das regelmäßige Versetzen von Lasten von mehr als 5 kg bzw. das gelegentliche
Versetzen von Lasten von mehr als 10 kg. Diese Werte gelten auch bei der Inanspruchnahme
mechanischer Hilfsmittel wie z. B. von Hebeln, Kurbeln.

2 Ab dem siebten Schwangerschaftsmonat dürfen Schwangere schwere Lasten im Sinne von
Absatz 1 nicht mehr bewegen.

Art. 8 Arbeiten bei Kälte oder Hitze oder bei Nässe
Als gefährlich oder beschwerlich für Schwangere gelten Arbeiten in Innenräumen bei Raum-
temperaturen unter –5 °C oder über 28 °C sowie die regelmässige Beschäftigung mit Arbeiten, die
mit starker Nässe verbunden sind. […]

[Dieser Artikel betrifft u. U. werdende Mütter auf der Intensivstation für Brand-
verletzte; Anm. d. Autorin.]

Art. 9 Bewegungen und Körperhaltungen, die zu vorzeitiger Ermüdung führen

Als gefährlich oder beschwerlich gelten während der Schwangerschaft und bis zur 16. Woche nach der Niederkunft Tätigkeiten, die mit häufig auftretenden ungünstigen Bewegungen oder Körperhaltungen verbunden sind, wie z. B. sich erheblich Strecken oder Beugen, dauernd Kauern oder sich gebückt Halten sowie Tätigkeiten mit fixierten Körperhaltungen ohne Bewegungsmöglichkeit. Ebenso gehören dazu äussere Krafteinwirkungen auf den Körper wie Stösse, Vibrationen und Erschütterungen.

Art. 10 Mikroorganismen

1 Bei Tätigkeiten mit Mikroorganismen der Gruppe 2 [Mikroorganismen, die ein geringes Risiko aufweisen; Anm. der Autorin] [...] darf eine schwangere Frau oder stillende Mutter nur beschäftigt werden, wenn der Nachweis erbracht wird, dass sowohl für die Mutter, wie für das Kind eine Gefährdung ausgeschlossen ist.

2 Dasselbe gilt für Arbeiten, bei denen eine Exposition gegenüber Organismen der Gruppen 2 bis 4 [Mikroorganismen, die ein geringes resp. mässiges resp. hohes Risiko aufweisen; Anm. der Autorin] möglich ist.

2. Abschnitt: Grenzwerte

Art. 11 Einwirkung von Lärm

Schwangere dürfen an Arbeitsplätzen mit einem Schalldruckpegel von $\geq$ 85 dB(A) (L_{eq} 8 Std.) nicht beschäftigt werden. Belastungen durch Infra-/Ultraschall sind gesondert zu beurteilen.

Art. 12 Arbeiten unter Einwirkung von ionisierender Strahlung

Ab Kenntnis einer Schwangerschaft bis zu ihrem Ende darf für beruflich strahlenexponierte Frauen die Äquivalentdosis an der Oberfläche des Abdomens 2 mSv und die effektive Dosis als Folge einer Inkorporation 1 mSv nicht überschreiten (Art. 36 Abs. 2 Strahlenschutzverordnung vom 22. Juni 1994).

Stillende Frauen dürfen keine Arbeiten mit radioaktiven Stoffen ausführen, bei denen die Gefahr einer Inkorporation oder radioaktiven Kontamination besteht (Art. 36 Abs. 3 Strahlenschutzverordnung vom 22. Juni 1994).

Art. 13 Einwirkung von chemischen Gefahrstoffen

1 Es ist sicherzustellen, dass die Exposition gegenüber Gefahrstoffen zu keinen Schädigungen für Mutter und Kind führt. Insbesondere ist sicherzustellen, dass die Exposition gegenüber den in der Grenzwertliste der Schweizerischen Unfallversicherungsanstalt (SUVA) aufgeführten gesundheitsgefährdenden Stoffen ohne Kennzeichnung A, B oder D unter den entsprechenden Grenzwerten liegt.

2 Als für Mutter und Kind besonders gefährlich gelten insbesondere:

a. Stoffe mit der Gefahrenkennzeichnung R40, R45, R46, R49, R61 sowie mit Kombinationen dieser Gefahrencodes nach Artikel 5 der Verordnung vom 10. Januar 1994 über die besondere Kennzeichnung gewerblicher Gifte

b. Quecksilber und Quecksilberverbindungen

c. Mitosehemmstoffe

d. Kohlenmonoxid.

[...]

4. Abschnitt: Ausschlussgründe

[...]

Art. 16 Besondere Beschäftigungsverbote

Schwangere und stillende Mütter dürfen nicht beschäftigt werden:

[...]
   c. bei Arbeiten mit Patienten mit einer ansteckenden Krankheit [...]

(Die Bundesbehörden der Schweizerischen Eidgenossenschaft: Systematische Sammlung des Bundesrechts (SR), Verordnung des EVD über gefährliche und beschwerliche Arbeiten bei Schwangerschaft und Mutterschaft (Mutterschutzverordnung) vom 20. März 2001; zitiert nach der Homepage der Bundesbehörden der Schweizerischen Eidgenossenschaft, http://www.admin.ch/ch/index.de.html; letzter Zugriff: 6. Juni 2002)

Da es in der Schweiz über Jahre hinweg praktiziert wurde, dass Schwangere auf Intensivstationen, in der Anästhesie und im OP in allen Schichten eingesetzt werden durften, wird hier wohl nur ein langsamer Umdenkprozess stattfinden.

Die Gefahr der Narkosegasabatmung von frischoperierten Intensivpatienten und die Arbeit im OP, wo ebenfalls die Narkosegasraumluftbelastung und die Strahlenbelastung beim Röntgen hoch sind, werden jedoch in ihrer fruchtschädigenden Wirkung häufig unterschätzt.

11.4 Kein Erziehungsurlaub – die Schweizer Kinderkrippe und andere Betreuungsmodelle

Außer Belgien, Irland, Liechtenstein, Großbritannien und der Schweiz gewähren alle europäischen Länder einen Erziehungsurlaub, der sich an den bezahlten Mutterschaftsurlaub anschließt.

Frauen, die nach der Niederkunft aus finanziellen Gründen ihre Arbeitsstelle nicht verlieren wollen, müssen in der Regel 16 Wochen nach der Entbindung wieder an ihren Arbeitsplatz zurückkehren, denn der Kündigungsschutz ist nur bis zu dieser Zeit gewährleistet (s. oben). Durch angesparte Urlaubs- und Freitage kann man diese Berufsrückkehr etwas in die Länge ziehen. Manche Arbeitgeber gewähren sogar 16 Wochen bezahlten Mutterschaftsurlaub.

Spätestens mit der Wiederaufnahme der Erwerbsarbeit nach der Geburt eines Kindes müssen Sie sich daher die Frage stellen, wer den Nachwuchs während Ihrer Abwesenheit betreut. Vielleicht haben Sie Glück, und an Ihrem Arbeitsort gibt es eine Kinderbetreuung. Oder Sie können sich mit Nachbarn, Freunden oder gar Angehörigen oder Ihrem Partner (Ihrer Partnerin) organisieren und diese Aufgabe teilen.

«In der Schweiz fehlen heute rund 200 000 Betreuungsplätze für Kinder.» Dieser lapidare Satz war einem Artikel in der «Weltwoche» vom 30. Mai 2002 zu entnehmen. Es ist daher empfehlenswert, sich schon zu Beginn der Schwangerschaft um einen Platz zu bemühen. Die monatlichen Kosten für eine Kinderkrippe sind sehr hoch. Der Tagessatz schwankt gegenwärtig zwischen CHF 65.– und CHF 85.–. Bei nachfolgenden Geschwistern wird der Beitrag geringer.

Ab der zwölften Lebenswoche bis zum Schuleintritt können Kinder einer Tages-mutter oder einer Kinderkrippe in Obhut gegeben werden. Die Anzahl der Kinder und die Zahl der zur Verfügung stehenden Kleinkinderzieher ist so aufeinander ab-gestimmt, dass eine optimale Betreuung möglich gemacht wird. Es gibt Krippen mit altersgemischten und gleichaltrigen Kindergruppen.

Ab dem vierten bis fünften Lebensjahr besuchen die Kinder einen so genannten «Vorschulkindergarten». Je nach Kanton sind ein oder zwei Vorschuljahre Pflicht. Kinder, die eine Kinderkrippe besuchen, werden von einer Erzieherin zum Kinder-garten gebracht und wieder abgeholt.

Eine andere Möglichkeit ist die Betreuung des Kindes durch eine Tagesmutter. Hier sollte man bedenken, dass es Kinder gibt, die sich sehr stark auf diese einzelne Betreuungsperson fixieren, oder sie sogar ablehnen.

Adressen von Kinderkrippen und Tageselternvermittlungsstellen finden sich im örtlichen Telefonbuch oder im Internet unter der Adresse http://www.kinderkrip-pen-online.ch (letzter Zugriff: 6. Juni 2002).

11.5 Kinderzulage

Die Höhe der Kinderzulage ist kantonal unterschiedlich. Sie bewegt sich zwischen 100 und 150 Franken für das erste Kind. Die Kinderzulage ist eine selbstständige Sozialleistung, die von den Arbeitgebern solidarisch finanziert wird. Die rechtlichen Grundlagen für die Kinderzulage sind ebenfalls kantonal geregelt. Die kantonalen Ausgleichskassen (die Adressen finden Sie auf den letzten Seiten jedes Schweizer Telefonbuches) erteilen Auskunft über Anspruchsberechtigung und Beträge, ins-besondere bei Teilzeitbeschäftigung und von Doppelverdienern.

12 Arbeiten in der Schweiz

12.1 Das Arbeitsgesetz

Das «Bundesgesetz über die Arbeit in Industrie, Gewerbe und Handel» (Arbeitsgesetz, ArG, nicht zu verwechseln mit dem Arbeitsvertragsgesetz, welches im Schweizerischen Obligationenrecht, OR, Art. 319 bis 362 geregelt ist) vom 13. März 1964 (Stand am 2. August 2000) enthält neben Schutzbestimmungen für Frauen und Jugendliche u. a. Vorschriften über die wöchentliche Höchstarbeitszeit (Art. 9), Tages- und Abendarbeit (Art. 10), Voraussetzungen und Dauer der Überzeitarbeit (Art. 12), Pausen (Art. 15), tägliche Ruhezeit (Art. 15a), Dauer der Nachtarbeit (Art. 17), Lohn- und Zeitzuschlag (bei Nachtarbeit) (Art. 17b), medizinische Untersuchung und Beratung (Art. 17c), den freien Sonntag und Ersatzruhe (Art. 20), den ununterbrochenen Betrieb (Art. 24) und den Schichtenwechsel (Art. 25).

Abbildung 12-1: «Gesetze, Gesetze.» © Elmar Frink

12.2 Wochenarbeitszeit

Es ist zulässig, Vertreter von Gesundheitsberufen bis zu 50 Stunden pro Woche arbeiten zu lassen (Art. 9).

Art. 9 wöchentliche Höchstarbeitszeit

1 Die **wöchentliche** Höchstarbeitszeit beträgt:

    a. 45 Stunden für Arbeitnehmer in industriellen Betrieben sowie für Büropersonal, technische und andere Angestellte, mit Einschluss des Verkaufspersonals in Grossbetrieben des Detailhandels;

    b. 50 Stunden für alle übrigen Arbeitnehmer.

    […]

3 Für bestimmte Gruppen von Betrieben oder Arbeitnehmern kann die wöchentliche Höchstarbeitszeit durch Verordnung zeitweise um höchstens vier Stunden verlängert werden, sofern sie im Jahresdurchschnitt nicht überschritten wird.

[…]

Art. 10 Tages- und Abendarbeit

1 Die Arbeit von 6 Uhr bis 20 Uhr gilt als Tagesarbeit, die Arbeit von 20 Uhr bis 23 Uhr ist Abendarbeit. Tages- und Abendarbeit sind bewilligungsfrei.

    […]

3 Die Tages- und Abendarbeit des einzelnen Arbeitnehmers muss mit Einschluss der Pausen und der Überzeit innerhalb von 14 Stunden liegen.

    […]

Art.12 Voraussetzungen und Dauer der Überzeitarbeit

1 Die wöchentliche Höchstarbeitszeit darf ausnahmsweise überschritten werden:

    a. wegen Dringlichkeit der Arbeit oder ausserordentlichen Arbeitsandranges;

    b. für Inventaraufnahmen, Rechnungsabschlüsse und Liquidationsarbeiten;

    c. zur Vermeidung oder Beseitigung von Betriebsstörungen, soweit dem Arbeitgeber nicht andere Vorkehren zugemutet werden können.

2 Die Überzeit darf für den einzelnen Arbeitnehmer zwei Stunden im Tag nicht überschreiten, ausser an arbeitsfreien Werktagen oder in Notfällen und im Kalenderjahr insgesamt nicht mehr betragen als:

    a. 170 Stunden für Arbeitnehmer mit einer wöchentlichen Höchstarbeitszeit von 45 Stunden.

    b. 140 Stunden für Arbeitnehmer mit einer wöchentlichen Höchstarbeitszeit von 50 Stunden.

(Die Bundesbehörden der Schweizerischen Eidgenossenschaft: Systematische Sammlung des Bundesrechts (SR), Bundesgesetz vom 13. März 1964 über die Arbeit in Industrie, Gewerbe und Handel; zitiert nach der Homepage der Bundesbehörden der Schweizerischen Eidgenossenschaft, http://www.admin.ch/ch/d/sr/8/822.11.de.pdf; letzter Zugriff: 6. Juni 2002)

12.3 Ruhezeit

Art. 15 Pausen

1 Die Arbeit ist durch Pausen von folgender Mindestdauer zu unterbrechen:

    a. eine Viertelstunde bei einer täglichen Arbeitszeit von mehr als fünfeinhalb Stunden;

    b. eine halbe Stunde bei einer täglichen Arbeitszeit von mehr als sieben Stunden;

    c. eine Stunde bei einer täglichen Arbeitszeit von mehr als neun Stunden.

Die Pausen gelten als Arbeitszeit, wenn die Arbeitnehmer ihren Arbeitsplatz nicht verlassen dürfen.

[…]

(Die Bundesbehörden der Schweizerischen Eidgenossenschaft: Systematische Sammlung des Bundesrechts (SR), Bundesgesetz vom 13. März 1964 über die Arbeit in Industrie, Gewerbe und Handel; zitiert nach der Homepage der Bundesbehörden der Schweizerischen Eidgenossenschaft, http://www.admin.ch/ch/d/sr/8/822.11.de.pdf; letzter Zugriff: 6. Juni 2002)

Auf Intensivstationen und der Anästhesie ist es oft nicht möglich, den Arbeitsplatz während der Pausen zu verlassen – man sitzt sozusagen im «standby-Betrieb» beim – unruhigen – Essen. Hier muss der Arbeitgeber eine individuelle Lösungsmöglichkeit der Pausenregelung finden.

Art. 15a Tägliche Ruhezeit

1 Den Arbeitnehmern ist eine tägliche Ruhezeit von mindestens elf aufeinanderfolgenden Stunden zu gewähren.

2 Die Ruhezeit kann für erwachsene Arbeitnehmer einmal in der Woche bis auf acht Stunden herabgesetzt werden, sofern die Dauer von elf Stunden im Durchschnitt von zwei Wochen eingehalten wird.

Diese Regelung bedeutet, dass eigentlich keine Spät- und Frühdienste aufeinander folgen dürfen. Die Spätschichten, die in der Regel bis 22.30 Uhr oder gar 23.30 Uhr dauern, können nicht am nächsten Morgen um 7.00 Uhr mit einem Frühdienst fortgesetzt werden. Oft lässt sich dies jedoch nicht vermeiden, und Arbeitgeber und Arbeitnehmer müssen auch hier versuchen, diese Dienste so wenig wie möglich in Anspruch zu nehmen.

12.4 Nachtarbeit

Art. 16 Verbot der Nachtarbeit

Die Beschäftigung von Arbeitnehmern ausserhalb der betrieblichen Tages- und Abendarbeit nach Artikel 10 (Nachtarbeit) ist untersagt. Vorbehalten bleibt Artikel 17.
[…]

Art. 17a Dauer der Nachtarbeit

1 Bei Nachtarbeit darf die tägliche Arbeitszeit für den einzelnen Arbeitnehmer neun Stunden nicht überschreiten; sie muss, mit Einschluss der Pausen, innerhalb eines Zeitraumes von zehn Stunden liegen.

2 Wird der Arbeitnehmer in höchstens drei von sieben aufeinanderfolgenden Nächten beschäftigt, so darf die tägliche Arbeitszeit unter den Voraussetzungen, welche durch Verordnung festzulegen sind, zehn Stunden betragen; sie muss aber, mit Einschluss der Pausen, innerhalb eines Zeitraumes von zwölf Stunden liegen.

Art. 17b Lohn- und Zeitzuschlag

1 Dem Arbeitnehmer, der nur vorübergehend Nachtarbeit verrichtet, hat der Arbeitgeber einen Lohnzuschlag von 25 Prozent zu bezahlen.

2   Arbeitnehmer, die dauernd oder regelmässig wiederkehrend Nachtarbeit leisten, haben Anspruch auf Kompensation von 10 Prozent der Zeit, während der sie Nachtarbeit geleistet haben. Die Ausgleichsruhezeit ist innerhalb eines Jahres zu gewähren. Für Arbeitnehmer, die regelmässig abends oder morgens höchstens eine Randstunde in der Nachtzeit arbeiten, kann der Ausgleich auch als Lohnzuschlag gewährt werden.
[…]

Art. 17c Medizinische Untersuchung und Beratung
1   Der Arbeitnehmer, der über längere Zeit Nachtarbeit verrichtet, hat Anspruch auf eine Untersuchung seines Gesundheitszustandes sowie darauf, sich beraten zu lassen, wie die mit seiner Arbeit verbundenen Gesundheitsprobleme vermindert oder vermieden werden können.
[…]
3   Die Kosten der medizinischen Untersuchung und der Beratung trägt der Arbeitgeber, soweit nicht die Krankenkasse oder ein anderer Versicherer des Arbeitnehmers dafür aufkommt.

(Die Bundesbehörden der Schweizerischen Eidgenossenschaft: Systematische Sammlung des Bundesrechts (SR), Bundesgesetz vom 13. März 1964 über die Arbeit in Industrie, Gewerbe und Handel; zitiert nach der Homepage der Bundesbehörden der Schweizerischen Eidgenossenschaft, http://www.admin.ch/ch/d/sr/8/822.11.de.pdf; letzter Zugriff: 6. Juni 2002)

12.5 Sonntagsarbeit

Der freie Sonntag ist zwar ebenfalls geregelt:

Art. 20 Freier Sonntag und Ersatzruhe
1   Innert zweier Wochen muss wenigstens einmal ein ganzer Sonntag als wöchentlicher Ruhetag unmittelbar vor oder nach der täglichen Ruhezeit freigegeben werden. Vorbehalten bleibt Artikel 24.
[…]

Art. 24 Ununterbrochener Betrieb
[…]
2   Dauernder oder wiederkehrender ununterbrochener Betrieb wird bewilligt, sofern er aus technischen oder wirtschaftlichen Gründen unentbehrlich ist.

(Die Bundesbehörden der Schweizerischen Eidgenossenschaft: Systematische Sammlung des Bundesrechts (SR), Bundesgesetz vom 13. März 1964 über die Arbeit in Industrie, Gewerbe und Handel; zitiert nach der Homepage der Bundesbehörden der Schweizerischen Eidgenossenschaft, http://www.admin.ch/ch/d/sr/8/822.11.de.pdf; letzter Zugriff: 6. Juni 2002)

In Schweizer Kliniken und medizinischen Einrichtungen gibt es jedoch keinen «starren Wochenendrhythmus», wie es z. B. in der Regel in Deutschland der Fall ist, wo sich das Freiwochenende mit dem Dienstwochenende kontinuierlich abwechselt. Es ist durchaus möglich, an drei Wochenenden im Monat zum Dienst eingeteilt zu werden. Die Freizeit an Wochenenden kann dienstplanweise vorausgeplant werden.

12.6 Schichtdienst – Wechselschicht

Unregelmäßige Dienste sind besonders belastend für die Gesundheit der Arbeitnehmer. Deshalb unterstehen Schichtdienste besonderen Vorschriften.

Art. 25 Schichtenwechsel

1 Die Arbeitszeit ist so einzuteilen, dass der einzelne Arbeitnehmer nicht länger als während sechs aufeinanderfolgenden Wochen die gleiche Schicht zu leisten hat.

2 Bei zweischichtiger Arbeit am Tag und am Abend muss der Arbeitnehmer an beiden Schichten und bei Nachtarbeit an der Tages- und Nachtarbeit gleichmässig Anteil haben.
   […]

(Die Bundesbehörden der Schweizerischen Eidgenossenschaft: Systematische Sammlung des Bundesrechts (SR), Bundesgesetz vom 13. März 1964 über die Arbeit in Industrie, Gewerbe und Handel; zitiert nach der Homepage der Bundesbehörden der Schweizerischen Eidgenossenschaft, http://www.admin.ch/ch/d/sr/8/822.11.de.pdf; letzter Zugriff: 6. Juni 2002)

13 Anerkennung und Registrierung

Einen Überblick über den Ablauf des Anerkennungsverfahrens gibt das Flussdiagramm in **Abbildung 13-1**. Die folgenden Abschnitte erläutern das bei Redaktionsschluss geltende Verfahren im Einzelnen.

13.1 Zuständigkeit

Das Schweizerische Rote Kreuz (SRK) regelt, überwacht und fördert im Auftrag der Kantone (vertreten durch die Schweizerische Sanitätsdirektorenkonferenz SDK) die Ausbildung in den Pflegeberufen, bei den Hebammen sowie bei den medizinisch-technischen und den medizinisch-therapeutischen Berufen. Die Anerkennung ausländischer Ausbildungsabschlüsse ist in der Verordnung der Schweizerischen Sanitätsdirektorenkonferenz SDK vom 12. November 1997 (Fassung gemäß Beschluss der SDK vom 21. Juni 2001 mit Nachtrag vom 2. Mai 2002) und im Reglement des Schweizerischen Roten Kreuzes vom 12. November 1997 (nachgeführte Fassung gemäß Beschluss der Geschäftsleitung des SRK vom 3. April 2001) geregelt. Grundlage von Verordnung und Reglement ist die Interkantonale Vereinbarung vom 18. Februar 1993 über die Anerkennung von Ausbildungsabschlüssen.

Mit dem Inkrafttreten der bilateralen Verträge zwischen der Schweiz und der EU am 1. Juni 2002 verändert sich das bisherige Anerkennungsverfahren insbesondere in der allgemeinen Krankenpflege und Geburtshilfe (Hebammen).

Innerhalb des SRK ist die Abteilung Anerkennung des Departements Berufsbildung in Wabern, Kanton Bern, mit den Anerkennungsaufgaben betraut. Im Folgenden werden die Grundzüge des Anerkennungsverfahrens beschrieben:

13.2 Informationsschreiben

Möchte jemand seinen Beruf in der Schweiz ausüben, bevor die weiter unten genannten Voraussetzungen zur Einreichung eines Anerkennungsgesuches erfüllt sind, kann bei der Abteilung Anerkennung SRK ein so genanntes «Informationsschreiben» beantragt werden. Der Antrag kann zum Beispiel auch aus dem Ausland gestellt werden. Ein solches «Informationsschreiben» sagt aus, ob ein Ausbildungsabschluss im Prinzip anerkannt werden kann oder nicht.

Das Informationsschreiben kann Stellenbewerbungen beigelegt werden. Ferner wird es oft vom zukünftigen Arbeitgeber oder von den Krankenversicherern (Krankenkassen) für die Leistungsabrechnung verlangt.

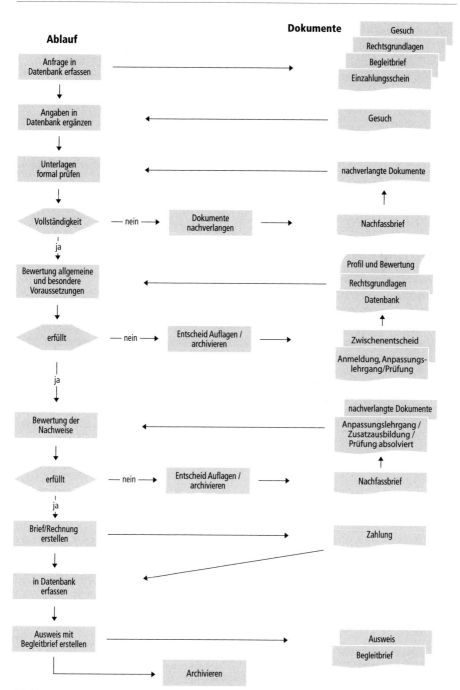

Abbildung 1-1: Ablauf des Anerkennungsverfahrens. Mit freundlicher Genehmigung des Schweizerischen Rotes Kreuzes, Departement Berufsbildung, Abt. Anerkennung Ausbildungsabschlüsse.

Um ein «Informationsschreiben» ausstellen zu können, benötigt die Abteilung Anerkennung SRK in der Regel folgende Unterlagen:

- die Kopie des Ausbildungsabschlusses (Diplom) in der Originalsprache
- je nach Land: zusätzlich den vom Staat anerkannten Registrierungsausweis
- einen kurzen beruflichen Lebenslauf, eventuell unterlegt mit Arbeitszeugnissen
- eventuell Ausbildungsbestätigung (Auflistung der Theorie- und Praxisfächer und -stunden).

Von diesen Dokumenten sind Kopien in der Originalsprache und wenn nötig in entsprechender, korrekter Übersetzung einzureichen. Die Übersetzung kann in deutscher, französischer, italienischer oder englischer Sprache ausgestellt sein.

Das Erstellen eines «Informationsschreibens» ist eine unentgeltliche Dienstleistung der Abteilung Anerkennung SRK.

13.3 Anerkennungsverfahren

Um auf ein schriftliches Anerkennungsgesuch eintreten zu können, müssen folgende allgemeine Anerkennungsvoraussetzungen erfüllt sein:

Für Staatsangehörige von EU-Ländern* und von EFTA-Ländern**	Für Staatsangehörige von Nicht-EU- und Nicht-EFTA-Ländern
Sie müssen über einen Berufsausweis verfügen, der vom betreffenden Staat oder von einer staatlich anerkannten Stelle ausgestellt wurde.	Sie müssen in der Schweiz zivilrechtlichen Wohnsitz haben oder als Grenzgängerin oder Grenzgänger tätig sein.
* Belgien, Dänemark, Deutschland, Finnland, Frankreich, Griechenland, Großbritannien, Italien, Irland, Luxemburg, Niederlande, Österreich, Portugal, Schweden, Spanien	Sie müssen über einen Berufsausweis verfügen, der vom betreffenden Staat oder von einer staatlich anerkannten Stelle ausgestellt wurde.
** Island, Liechtenstein, Norwegen, Schweiz	Sie müssen die für die Berufsausübung erforderlichen mündlichen und schriftlichen Kenntnisse einer Landessprache beherrschen (Deutsch, Französisch, Italienisch). Verlangt wird ein Prüfungsabschluss in der entsprechenden Sprache auf Niveau B1 gemäß europäischem Sprachenportfolio oder ein äquivalentes Sprachdiplom.[2]

Stand Mai 2002.

Die besonderen Anerkennungsvoraussetzungen können erst im eigentlichen Anerkennungsverfahren geprüft werden, d.h. bei der Bearbeitung des vollständigen Dossiers durch die Abteilung Anerkennung SRK. Angehörige der Mitgliedstaaten der Europäischen Gemeinschaft und der EFTA-Staaten können auch in das Anerkennungsverfahren aufgenommen werden, wenn sie ihren Wohnsitz im Ausland behalten.

Unterscheidet sich eine ausländische Ausbildung von der schweizerischen in Sachgebieten, deren Kenntnisse eine wesentliche Voraussetzung für die Ausübung des Berufes in der Schweiz sind, kann nach Wahl der Antragstellenden eine Eig-

---

2 Weiterführende Hinweise unter www.sprachenportfolio.ch

nungsprüfung oder ein Anpassungslehrgang, gegebenenfalls kombiniert mit einer Zusatzausbildung, absolviert werden:

Eignungsprüfung	Anpassungslehrgang	Zusatzausbildung
Eignungsprüfungen finden mindestes einmal pro Jahr statt.	Dauer: 6 Monate	
Die Eignungsprüfung umfasst jene Sachgebiete, die aufgrund des Vergleichs mit der schweizerischen Ausbildung von der bisherigen Ausbildung der Antragsstellenden nicht abgedeckt wurden.	Der Anpassungslehrgang erfolgt in Sachgebieten, deren Kenntnis für die Ausübung des Berufes wesentlich ist und in denen bei der Analyse des Ausbildungsabschlusses Lücken festgestellt wurden. – Als Anpassungslehrgang gilt die Ausübung des betreffenden Berufes unter der Verantwortung eines qualifizierten Berufsangehörigen.	Die Zusatzausbildung erfolgt in denjenigen Sachgebieten, in denen bei der Analyse des Ausbildungsabschlusses Lücken festgestellt wurden.

Falls die ausländische Ausbildung mindestens ein Jahr kürzer ist als die schweizerische, kann der Nachweis einer Berufserfahrung von längstens vier Jahren oder höchstens der doppelten fehlenden Ausbildungszeit verlangt werden.

**Vereinfachtes Anerkennungsverfahren für
allgemeine Krankenpflege (Ausbildungsabschluss ab 1977)
und Hebammen (Ausbildungsabschluss ab 1980)**
Für die Gesuchstellenden aus den Mitgliedstaaten der Europäischen Union und der EFTA-Staaten mit Ausbildungsabschlüssen in allgemeiner Krankenpflege und Geburtshilfe (Hebammen) wird ein vereinfachtes Anerkennungsverfahren durchgeführt. Hier werden die Vorgaben der harmonisierten Einzelrichtlinien der EU angewendet. Die Kosten belaufen sich auf CHF 200.–.

13.4 Fristen

Nach Vorliegen der vollständigen Unterlagen erhält der Gesuchsteller eine Bestätigung, dass seine Unterlagen vollständig sind; spätestens innerhalb von drei Monaten (für alle Berufsausbildungen) wird ihm eine Entscheidung übermittelt.

Beim Vorliegen von unvollständigen Unterlagen wird dem Antragstellenden mitgeteilt, welche Unterlagen fehlen. Die Dreimonatsfrist läuft erst dann, wenn die fehlenden Unterlagen vorliegen.

13.5 Kosten

Die Gebühren (Bearbeitungs-, Anerkennungs-, und Rekursgebühr) sind im Voraus zu entrichten. Sie werden vom Chef Berufsbildung festgelegt. Bearbeitungsgebühren werden nicht zurückerstattet, wenn ein Registrierungsgesuch zurückgezogen oder aus einem anderen Grund eingestellt wird. Rekursgebühren werden zurückerstattet, wenn der Rekurs gutgeheißen wird.

Die Kosten für die Bearbeitung und Anerkennung betragen zur Zeit insgesamt CHF 550.–. Die Kosten für eine Eignungsprüfung betragen zirka CHF 1500.– und für eine Zusatzausbildung zirka CHF 4000.–.

Weiterführende Hinweise
Internetadresse: www.redcross.ch (unter «Gesundheitsberufe»)

13.6 Bedeutung der Anerkennung

Die Schweizerische Sanitätsdirektorenkonferenz ist Anerkennungsbehörde. Sie überträgt die Durchführung der Anerkennung ausländischer Ausbildungsabschlüsse für die im Abschnitt 13.7 aufgezählten Berufe dem Schweizerischen Roten Kreuz.

Die Abteilung Anerkennung SRK stellt die Anerkennungsausweise aus und führt ein Register der eingetragenen Inhaberinnen ausländischer Ausbildungsabschlüsse. Die Gesuchstellenden erhalten nach Erfüllen der Auflagen einen Anerkennungsausweis mit Registriernummer. Der Datenschutz wird gewährleistet.

Durch die Anerkennung bescheinigt das SRK der Inhaberin eines ausländischen Ausbildungsausweises, dass ihre beruflichen Kenntnisse und Fähigkeiten zum Zeitpunkt der Anerkennung den Anforderungen entsprechen, die das SRK für die Erlangung des entsprechenden Ausbildungsabschlusses in der Schweiz aufstellt. Vom SRK registrierte Ausbildungsabschlüsse sind in der ganzen Schweiz anerkannt.

Für bestimmte Berufe ist die Anerkennung eine Voraussetzung, um in der Schweiz beruflich tätig zu sein. Die Kantone, welche die Bewilligung zur selbständigen Berufsausübung ausstellen, knüpfen diese an eine Anerkennung des Ausbildungsabschlusses durch das SRK. Es ist daher nicht möglich, ohne Anerkennung in der Schweiz selbständig berufstätig zu sein.

Zwecks Qualitätssicherung fordern viele Arbeitgeber wie zum Beispiel die Spitäler die Anerkennung des Ausbildungsabschlusses ihrer Beschäftigten.

Die meisten Lohneinstufungen im Gesundheitswesen richten sich nach der Anerkennung des Abschlusses. Der finanzielle Anreiz einer Anerkennung ist daher gegeben.

Ferner ist zu beachten, dass es in gewissen Berufen erst durch die Anerkennung des Abschlusses möglich wird, mit den Kostenträgern wie etwa Unfall- und Krankenversicheren die erbrachten Leistungen abzurechnen.

13.7 Vom SRK im Auftrag der SDK geregelte und überwachte Diplome und Berufsausweise

Pflegeassistentinnen und -assistenten
Pflegefachfrau und Pflegefachmann
Gesundheits- und Krankenpflege Niveau I
Gesundheits- und Krankenpflege Niveau II
Krankenschwester und -pfleger in allgemeiner Krankenpflege
Krankenschwester und -pfleger in psychiatrischer Krankenpflege
Krankenschwester und -pfleger in Kinderkrankenpflege, Wochen- und
Säuglingspflege
Technische Operationsassistentinnen und -assistenten[3]
Rettungssanitäterinnen und Rettungssanitäter
Hebammen
Medizinische Laborantinnen und Laboranten
Fachangestellte Gesundheit und Fachangestellter Gesundheit
Medizinische Masseurinnen und Masseure
Fachleute in medizinisch-technischer Radiologie
Orthoptistinnen und Orthoptisten
Ernährungsberaterinnen und Ernährungsberater
Ergotherapeutinnen und Ergotherapeuten
Physiotherapeutinnen und Physiotherapeuten
Dentalhygienikerinnen und Dentalhygieniker.

In Vorbereitung:
Podologinnen und Podologen

13.8 Unterschiede bei den Fachausbildungen

Die Intensiv-, Anästhesie-, OP- und Notfallausbildungen in der Schweiz sind von ihrem Aufgabenbereich im Berufsbild so definiert, dass eine «enge Zusammenarbeit der verschiedenen *medizinischen* und *paramedizinischen* Dienste auf engem Raum» (SBK Informationsbroschüre – Intensivpflege, 2000) erwartet wird.

Pflegende in der Schweiz übernehmen Tätigkeiten, die in anderen Ländern in den Zuständigkeitsbereich der Ärzte fallen. Hierzu gehören zum Beispiel das Legen von Venenverweilkanülen (Braunülen), das Transfundieren von Blutkonserven und das Management der Infusionstherapie.

---

3 Es ist geplant, dass der Name in Technische Operationsfachfrauen und -fachmänner geändert wird.

Unterscheidungsmerkmale zu einigen Nachbarländern:

13.8.1 Fachausbildung Intensivpflege

Die Weiterbildung für Intensivpflege dauert in der Regel zwei Jahre. Diese Ausbildung ist nicht mit der Anästhesiefachausbildung gekoppelt, sondern konzentriert sich speziell auf die Intensivmedizin.

Nach erfolgreichem Abschluss kann man nicht nur auf der Intensivstation, sondern auch im Aufwachraum oder auf der Notfallstation arbeiten.

13.8.2 Anästhesiefachausbildung

Die Weiterbildung zur Anästhesiefachpflegekraft dauert zwei Jahre. Krankenschwestern- und Pfleger dürfen intubieren und Narkosen weitgehend selbstständig führen, so dass ein Anästhesist nicht kontinuierlich im entsprechenden OP-Saal anwesend sein muss.

Schon hier werden wesentliche Unterscheidungsmerkmale zur deutschen Anästhesiefachweiterbildung deutlich. Anästhesisten müssen dort grundsätzlich immer im OP anwesend sein, die Anästhesiepflegefachkraft unterstützt den Arzt in seinen Tätigkeiten.

Fachausgebildete in der Anästhesiepflege werden in der Schweiz auch im Rettungsdienst eingesetzt und fahren je nach Dringlichkeitsstufe im Rettungsfahrzeug ohne ärztliche Begleitung zum Unfallort.

Hier wird sehr deutlich, dass der Aufgabenbereich, den das Pflegepersonal in diesem Funktionsbereich übernimmt, spezielles Wissen und praktische Erfahrung erfordert, denen einige ausländische Fachausbildungen, zum Teil wegen anderer gesetzlicher Vorschriften, nicht gerecht werden können.

13.8.3 Notfallausbildung

Die Ausbildung zur Notfallfachpflegekraft ist eine Fachausbildung für die qualifizierte Tätigkeit auf der Notfallaufnahmestation und dauert in der Regel zwei Jahre. In Deutschland ist die Berufsbezeichnung wohl eher unter dem Namen «Ambulanzschwester/-pfleger» bekannt. Diese unterscheidet sich jedoch vom Berufsbild durch den definierten Tätigkeitsbereich. Auch hier unterscheidet sich der Kompetenzbereich der Pflegekräfte deutlich vom Ausland.

13.8.4 Technische(r) Operationsassistent/in (TOA)

Bei dieser Ausbildung bedarf es keiner Grundausbildung im Krankenpflegeberuf. Die technischen Operationsassistenten können sofort mit einer dreijährigen Ausbildung im Operationssaal beginnen. Dieser eigenständige Berufszweig ist noch sehr jung, hat sich aber bewährt. Früher konnte man erst nach vier Jahren (Grundausbildung plus Berufserfahrung) mit der Ausbildung zur OP-Pflegefachkraft beginnen.

Mit einer entsprechenden Zusatzausbildung kann man sich speziell für die Notfallabteilung ausbilden lassen.

13.8.5 Höhere Fachausbildung für Gesundheitsberufe (HFG), Stufe 1

Nach ein- bis zweijähriger Berufserfahrung in einem Gesundheitsberuf kann man die erste Stufe der höheren Fachausbildung absolvieren. Hier wird der Grundbaustein für die «HöFa Stufe 2» gelegt und es werden Kompetenzen im angestammten Berufsfeld erweitert.

13.8.6 Höhere Fachausbildung für Gesundheitsberufe (HFG), Stufe 2

Die Grundvoraussetzungen, um an dieser Fachweiterbildung teilzunehmen, sind neben einem Diplom in der Pflege die «HöFa Stufe 1» oder eine Ausbildung als Berufsschullehrer oder eine Managementweiterbildung im Gesundheitswesen.

Mögliche Berufsfelder wären nach erfolgreichem Abschluss die Pflegeberatung in der Praxis oder Ausbildungs- und Managementfunktionstätigkeiten.

13.8.7 Pflegestudium und Fachhochschule für Gesundheit

Für beide Studiengänge ist das Abitur beziehungsweise die Matura, sowie ein Diplom in einem Gesundheitsberuf Voraussetzung. Universitätsstudiengänge wie das Pflegestudium an der Universität in Basel verlangen zusätzlich sehr gute Englischkenntnisse von den Studierenden.

Pflegeforschung und -entwicklung, Beratung, Gesundheitspolitik, Projektleitung und Lehrtätigkeit sind einige Bereiche, in denen die Absolventen eingesetzt werden können.

Über alle Fachweiterbildungen gibt es beim Schweizerischen Berufsverband der Krankenschwestern- und Pfleger (SBK) entsprechende, detaillierte Informationsbroschüren.

14 Die jährliche Qualifikation

In der Schweiz werden alle Mitarbeiter im Gesundheitswesen – wie die meisten übrigen Arbeitnehmer auch – einmal im Jahr von ihren Vorgesetzten bezüglich ihrer beruflichen Leistungen «qualifiziert».

Dieses System, das vor allem für deutsche Arbeitnehmer aus dem öffentlichen Dienst relativ unbekannt ist, soll das berufliche Wissen und Können auf dem aktuellen Stand halten und lebenslanges Lernen fördern.

Die berufliche Leistungsmotivation wird zusätzlich gesteigert, indem manche Arbeitgeber eine gute Qualifikationsnote mit einer Gehaltserhöhung honorieren.

14.1 Grundlagen der Qualifikation

Das Schweizerische Rote Kreuz (SRK) hat für die Pflege fünf Funktionen definiert:

Funktion 1: Unterstützung und stellvertretende Übernahme von Aktivitäten des täglichen Lebens (ATL)

Funktion 2: Begleitung in Krisensituationen und während des Sterbens

Funktion 3: Mitwirken bei präventiven, diagnostischen und therapeutischen Maßnahmen

Funktion 4: Mitwirkung an Aktionen zur Verhütung von Krankheiten und Unfällen und zur Erhaltung und Förderung der Gesundheit. Beteiligung an Eingliederungs- und Wiedereingliederungsprogrammen

Funktion 5: Mitwirkung bei der Verbesserung von Qualität und Wirksamkeit der Pflege und bei der Entwicklung an Forschungsprojekten im Gesundheitswesen.

Für Hebammen hat das SRK sechs Funktionen definiert:

Funktion 1: Selbstständige Betreuung von gesunden Frauen und Kindern, eigenverantwortlich und ganzheitlich von der Empfängnis an, vor, während und nach der Geburt unter Einbeziehung der Familie

Funktion 2: Betreuung von Frauen und Kindern in geburtshilflichen und medizinischen Risiko- und Krisensituationen in Zusammenarbeit mit Spezialärztinnen

Funktion 3: Erfassen der Frau in ihrem familiären und gesellschaftlichen Umfeld und Erkennen von psychosozialen Krisensituationen

Funktion 4: Förderung der Gesundheit von Mutter, Kind und Familie

Funktion 5: Übernahme der Verantwortung für die Organisation ihrer Arbeit und des Arbeitsgebietes und Mitwirkung als aktives Mitglied in jeder Struktur

Funktion 6: Förderung der Qualität und der Effizienz der Berufsausübung und Beteiligung an der Berufsentwicklung.

14.2 Inhalte der Qualifikationsbogen

Im Rahmen der jährlichen Qualifikationen wird es möglich, den einzelnen Mitarbeiter in seiner Kreativität anzuregen und zu fördern sowie sein Leistungsniveau zu heben und zu verbessern.

Die Qualifikationsbogen sind der entsprechenden Mitarbeitergruppe angepasst. Hier unterscheidet man in der Regel zwischen Mitarbeitern mit wenig oder mehrjähriger Berufserfahrung und Mitarbeitern in Vorgesetztenpositionen (siehe **Tab. 14-1**, S. 102).

Die Mitarbeiter in Leitungspositionen werden ebenfalls in ihrer Fachkompetenz beurteilt, wobei sich die hauptsächlichen Bewertungskriterien mit den Führungsqualitäten, den kommunikativen Fähigkeiten, der Teamorientierung und dem Umgang mit Patienten und Besuchern auseinander setzen.

14.3 Die Benotung

Es gibt vier Leistungsstufen, die mit den Buchstaben A bis D bewertet werden:

A = Erwartungen übertroffen
Übertraf die gestellten Anforderungen in wesentlichen Bereichen. Erbrachte eine hervorragende Gesamtleistung während der gesamten Beurteilungsperiode. Zeigte ein hohes Maß an Selbständigkeit, Professionalität, Initiative und Sozialkompetenz.

B = Erwartungen erfüllt
Erfüllte die gestellten Anforderungen in allen wesentlichen Bereichen einwandfrei. Die Gesamtleistung war durchwegs konstant und auf hohem Niveau. Arbeitete fachlich korrekt, sehr selbstständig, verbunden mit einer hohen Sozialkompetenz.

C = Erwartungen weitgehend erfüllt
Erfüllte die gestellten Anforderungen in allen wesentlichen Bereichen mit kleinen Einschränkungen. Die Gesamtleistung war zufriedenstellend, es gibt kleine Verbesserungsmöglichkeiten. Arbeitete fachlich korrekt und weitgehend selbständig, verbunden mit einer angemessenen Sozialkompetenz.

D = Erwartungen nicht erfüllt
Erfüllte die gestellten Anforderungen in wichtigen Teilen nicht. Die Gesamtleistung war unbefriedigend, es gibt markante Verbesserungsmöglichkeiten. Es sind Maßnahmen erforderlich.

Tabelle 14-1: Mögliche Qualifikationskriterien (entnommen aus einem Qualifikationsbogen für Mitarbeiterinnen und Mitarbeiter mit mehrjähriger Berufserfahrung)

Beurteilung Arbeitsdurchführung	Beurteilung Arbeitsverhalten	Beurteilung Fachkompetenz
Quantität/Effizienz • erbringt konstante Leistung auf hohem Niveau • verrichtet Arbeit rationell und im ersten Anlauf richtig • hält Arbeitszeiten und Terminvorgaben ein, ist pünktlich • erbringt regelmäßigen persönlichen Beitrag zur Teamleistung	*Selbständigkeit/Initiative/ Engagement* • ist selbständig, benötigt kaum Aufsicht und Anleitung • erkennt Zusammenhänge und Sachverhalte schnell und sicher • richtige Entscheidungsfindung, Vermeidung von unnötigen Rückfragen • macht Vorschläge für Verbesserungen, verhält sich kreativ und denkt mit • zeigt Interesse für das Aufgabengebiet und Freude an der Arbeit • leistet womöglich aktive Mitarbeit in Arbeitsgruppen	*Fachliches Wissen/Erfahrung* • beweist fundierte Berufs-/Sachkenntnis im eigenen Arbeitsbereich • setzt praktisches und theoretisches Wissen in der Praxis um • gibt eigenes Wissen und Können auch an andere weiter • leistet qualifizierte Beiträge in Fachgesprächen • beantwortet Detailfragen im eigenen Fachgebiet ohne Mühe
Qualität/Zuverlässigkeit/Sorgfalt • verrichtet Arbeiten genau, verursacht selten Beanstandungen oder Nacharbeiten • systematische Arbeitsplanung und Organisation, setzt Prioritäten • behält die Übersicht und Ordnung innerhalb des Aufgabenbereiches • wiederkehrende Routinearbeiten werden fristgerecht ausgeführt • hält Richtlinien und Erscheinungsbild der Klinik ein	*Verantwortungsbewusstsein* • übernimmt Verantwortung für eigene Arbeitsergebnisse • überlegt die Folgen und Tragweite der eigenen Entscheidung • zeigt sich diszipliniert und behält die Selbstkontrolle bei der Arbeit	*Lernbereitschaft und Lernfähigkeit* • zeigt Bereitschaft, Neues zu erlernen und sich fortzubilden • trägt zur Aktualisierung und Erweiterung der eigenen Fachkenntnisse bei
Erkennen und Lösen von Problemen • kann Probleme erkennen und lösen und leitet die richtigen Maßnahmen ein • erkennt Fehler am Arbeitsplatz und korrigiert sie aus eigener Initiative	*Flexibilität/Belastbarkeit* • reagiert flexibel auf unvorhergesehene Situationen oder Störungen • zeigt Offenheit für Veränderungen und Neuerungen • ist vielseitig einsetzbar und bereit, Zusatzaufgaben zu übernehmen • arbeitet auch unter Zeitdruck oder erschwerten Arbeitsverhältnissen konzentriert und mit gleicher Qualität und Quantität	*Lehrtätigkeit* • zeigt Bereitschaft, Auszubildende oder neue MitarbeiterInnen zu begleiten, zu betreuen, zu unterstützen und zu fördern
Vorgaben der Klinikleitung/ Jahresschwerpunkte	*Kostenbewusstsein* • erzielt aus eigenem Antrieb das beste Ergebnis • geht mit Geräten, Einrichtungen sorgfältig um • sorgfältiger Umgang mit Energie, Hilfs-/Sachmitteln • erkennt Einsparmöglichkeiten und setzt sie auch um • trägt Sorge, dass alle Dienstleistungen weiter verrechnet werden	

Der Qualifizierende bespricht mit dem Arbeitnehmer das Bewertungsergebnis. Je nach Bedarf können entsprechende Förderungs- und Weiterbildungsmaßnahmen geplant werden, die zur Verbesserung der Arbeitsqualitäten des Mitarbeiters führen.

14.4 Leistungsorientierte Bezahlung

Manche Kliniken und medizinische Einrichtungen entlohnen ihre Mitarbeiter nach dem Erzielen einer guten Qualifikation automatisch nach einer entsprechenden Lohnstaffelung. Wo dies nicht der Fall ist, haben Arbeitnehmer die Möglichkeit, selbst aktiv zu werden, um mit einer guten Beurteilung einen Antrag auf Gehaltserhöhung zu stellen.

Ferner äußert sich die Wertschätzung eines Krankenhauses für seine Mitarbeiterinnen und Mitarbeiter auch in «Extras», auf die jedoch kein rechtlicher Anspruch besteht, sondern die je nach Situation gewährt werden:

**Kleine Aufmerksamkeiten zu Weihnachten oder
bei überstandenen Durststrecken**
Die Wertschätzung der Mitarbeiter kann ein Krankenhaus auch durch Kino- oder Museumsfreikarten im Kuvert der Weihnachtslohnabrechnung zum Ausdruck bringen oder – bei überstandenem Personalengpass – angefallene Mehrarbeit mit einer kleinen Einladung zu einem Stationsessen entlohnen.

Entlohnung von Verbesserungsvorschlägen
Mitarbeiter werden in einigen Spitälern dazu angeregt, sich Gedanken über betriebliche Einsparungsmöglichkeiten und rationellere Arbeitsweisen zu machen. Wird der Verbesserungsvorschlag nach eingehender Prüfung angenommen, winkt eine Prämie.

Entlohnung für die Vermittlung neuer Mitarbeiter
Wer einen neuen Mitarbeiter für eine medizinische Institution gewinnt, erhält für diesen Dienst in manchen Spitälern einen sehr hohen Geldbetrag und zusätzliche Urlaubstage. An dieser Tatsache sieht man, wie sehr es an qualifiziertem Pflegepersonal mangelt und mit welcher Wertschätzung man eine Vermittlung honoriert.

Fortbildungsfinanzierung
In Schweizer medizinischen Einrichtungen wird der Fortbildungsgedanke sehr hoch gehalten. Es werden zahlreiche hausinterne Weiterbildungsvorträge angeboten und – über ein bestimmtes jährliches Fortbildungsbudget – berufsbezogene Kurse finanziert.

Alles geordnet, total radikal

Was eigentlich hält die Schweiz zusammen? Dieses Land ohne Nation? Wer meint, vor allem Gemeinsinn und Effizienz, der irrt. Denn hinter den altväterlichen Tugenden verbirgt sich ein überraschend rebellischer Geist

Text: Roger de Weck*

Achtung, das wird ein patriotischer Text. Obacht, es folgen einige lange Sätze. In mir schlummerten diese Zeilen, eine Antwort auf alle, die mein Land von oben herab betrachten, vom Norden herab, und die – sobald Schweizerisches ansteht – jedes zweite Wort mit dem Diminutiv versehen, von Fränkli bis Bergli und bis zum Überdruss, mit jenem «li» also, das den Deutschen offenbar geläufiger ist als den Einheimischen. Ohnehin reden Letztere in stattlicher Zahl Französisch oder Italienisch, beides Sprachen, in denen das «li» so spärlich vorkommt wie im Albanischen, einem eingewanderten Idiom, das in der Schweiz mehr gesprochen wird als das Rätoromanische. Welches wiederum unterteilt ist in fünf Dialekte, nämlich Sutselvisch (Domleschg und Schamsertal), Surselvisch (Vorderrheintal), Surmiran (Tiefencastel, Albulatal, Oberhalbstein), Puter (Oberengadin ohne Zernez) und Vallader (Zernez, Unterengadin und Münstertal) – wobei man das im Münstertal gesprochene Vallader unter Umständen als sechsten Dialekt gelten lassen kann. Am Ende der langen Sätze sind wir am Anfang des Problems. Die Schweiz ist kompliziert.

Wer sie verstehen will, darf den Aufwand nicht scheuen. Aber die meisten Besucher haben weniger Zeit als Franken, und Zeit ist die Währung, um ein Gefüge zu begreifen, in dem sich nichts fügt. Die Erklärung der Schweiz dauert länger als deren Durchquerung, selbst wenn Stau ist am Gotthard. So begnügen sich Reisende mit der Oberfläche, die schön ist und von Gott – der in der Schweizer Verfassung vorgesehen ist – ihr Relief bekam.

Mit diesem Bergland verhält es sich wie mit der sprichwörtlichen spanischen Herberge, in der Gäste nur das finden, was sie mitbringen: Deutsche Konservative sehen das Beharrliche an der Schweiz, die Grünen bewundern das Fortschrittliche im Verkehrswesen, die Wirtschaftsliberalen schauen auf den freien Arbeitsmarkt, die Linken sichten die mustergültige soziale Vorsorge. Und die ganz Linken blicken zurück; sie denken an Lenins Zürcher Zeiten oder an die unbotmäßige Eidgenossenschaft des 19. Jahrhunderts, die den 30er- und 48er-Revolutionären Asyl bot, sehr zum eigenen Vorteil, weil es sich um Europas intellektuelle Elite handelte. Womit wir auf Zeile 45 dieses Beitrags bereits beim schweizerischen Egoismus sind, unweit des Bankgeheimnisses.

Darin sind sich nämlich alle einig, die Linken und die anderen: dass es sich um ein eigennütziges, auch eigensinniges Volk handele, sofern die Schweizerinnen und Schweizer – die weibsmännische Doppelform ist hierzulande Pflicht – wirklich ein Volk bilden. Eine Nation sind sie nicht. Es sei denn, man lasse die nette Formel gelten, dass Schweizerinnen und Schweizer zur «Willensnation» gefunden haben: die Schweizer jedoch viel früher als die Schweizerinnen, die erst von 1971 an mitentscheiden durften in eidgenössischen Dingen. Indessen, das Willensnationale ist so blutleer wie in der Bundesrepublik das Verfassungspatriotische. Es muss etwas anderes sein, das die schweizerische Welt so lange und lose schon zusammenhält.

Nach vielen, vielen Bürgerkriegen – die Geschichte meiner Vorväter trieft von Blut – hörten sie 1848 auf, immerzu aufeinander zu dreschen. Stattdessen verwandelten sie ihren Staatenbund, der noch viel chaotischer war als heute die Europäische Union, in einen Bundesstaat, der für die EU Vorbild sein könnte, wäre die Schweiz nur Mitglied derselben, was der Schreibende erleben wird; er hofft auf weitere drei Jahrzehnte Erdendasein.

Als nun Frieden eingekehrt war in der Eidgenossenschaft, stellte sich heraus: Die Schweizer waren ein bisschen weise geworden, klug genug, ihre Institutionen so zu gestalten, dass die Minderheiten nicht zu kurz kamen. Die lateinische Schweiz stellt seither, weit über ihren Bevölkerungsanteil hinaus, zwei bis drei der sieben Bundesräte, die das Land mehr verwalten als regieren. Ob groß oder klein, alle Kantone entsenden zwei Abgeordnete in die kleinere Kammer des Parlaments, den Ständerat. Das sorgt für Ausgleich, es ist Weisheit. Der Rest ist Glück.

DURCH DIE SCHWEIZ nämlich verlaufen unzählige Grenzlinien: zwischen den Kantonen und innerhalb derselben; zwischen den vier Sprachgruppen; zwischen katholischen und protestantischen Gebieten; zwischen Landstrichen liberaler und konservativer Prägung; zwischen reichen und armen Räumen, denn auch solche gibt es. Das Glück nun liegt darin, dass die Trennlinien wirr verlaufen; allerorten herrscht ein Durcheinander. In meinem zweisprachigen Heimatkanton Freiburg findet sich:

1) eine französischsprachige, katholische, konservative Mehrheit; 2) eine französischsprachige, katholische, freisinnige Minderheit; 3) eine französischsprachige, protestantische, freisinnige Minderheit; 4) eine französischsprachige, protestantische, konservative Minderheit; 5) eine deutschsprachige, katholische, konservative Minderheit; 6) eine deutschsprachige, katholische, freisinnige Minderheit; 7) eine deutschsprachige, protestantische, freisinnige Minderheit; 8) eine deutschsprachige, protestantische, konservative Minderheit.

Bei dieser Darstellung der Verhältnisse, in denen nicht einmal 240 000 Menschen leben, handelt es sich um eine grobe Vereinfachung. Der Leser wird sie mir um des Leseflusses willen nachsehen. Aber genau so funktionieren wir Schweizer, nicht sehr flüssig. Manchmal überwiegt die Solidarität in der Sprachgruppe, manchmal ein anderer Zusammenhalt, ein kantonaler, konfessioneller, parteipolitischer, regionaler. Nach wechselnden Kriterien bilden sich wechselnde Koalitionen. Deshalb kommt es, anders als in Belgien etwa, selten zur dauerhaften Frontstellung zwischen Regionen. Aber wehe, wenn!

Wenn es ausnahmsweise soweit ist, wenn sich zwei oder drei Trennlinien überschneiden, aus dem Craquelé ein Riss wird und aus dem Riss ein Graben, dann kann daraus beispielsweise, wie geschehen, eine separatistische Jurassische Befreiungsfront entstehen, die den französischsprachigen, katholischen, armen Jura vom deutschsprachigen, protestantischen, reichen Kanton Bern trennen wollte, bis man sich nach langen Wirren und einigen unblutigen Sprengstoffanschlägen 1978 tatsächlich trennte. Daraus erwuchs ein nigelnagelneuer Kanton Jura, und alles, alles wurde wieder gut. Außer dass im Südjura die Minderheit der französischsprachigen, protestantischen, reichen Jurassier beim Kanton Bern verblieb, was die übrigen französischsprachigen, katholischen, armen Jurassier ärgert. Vous avez compris? So etwas macht unsere Statik aus, die «nossa chaussa communable», wie Rätoromanen sagen würden, «unsere gemeinsame Sache». Jeder hat mit jedem schon koaliert und schon gestritten. Wenn jeder mit jedem muss, ist jeder mit jedem gleich, gibt es kaum Prestigedenken: Das egalitärste Land der Welt ist die Schweiz. Ein reißfestes Gewebe, weil alles mit allem verknotet ist. Die einen sehen darin Stabilität, die anderen Rigidität. Beide haben Recht, das heißt, sie irren sich auch ein bisschen.

Denn diese fest gefügte Schweiz hat sich schneller zu erneuern gewusst als jeder ihrer Nachbarn, trotz oder vielmehr dank der Tatsache, dass die Bürgerinnen und Bürger das letzte Wort haben. Weil sie – statt des Parlaments – entscheiden, bewegt sich allerdings in manchen Fragen nichts, zumal in der Gretchenheidifrage des Beitritts zur Europäischen Union. Da zögen es die Deutschschweizer vor, die EU träte der Schweiz bei. Ginge es nach den Romands, wären wir längst in der Union Européenne.

BLEIBEN WIR BEI der direkten Demokratie, wie es die Schweizer Bürger seit 1874 tun, als sie zum Schluss kamen, sie wollten in ihrem Bundesstaat mehr zu sagen haben. Das war modern. Früher oder später werden die anderen, allzu parlamentarischen Demokratien nicht umhin können, Elemente direkter Demokratie zu stärken. Die westeuropäische Gesellschaft hat inzwischen einen Reifegrad, der es dem Bürger eigentlich verböte, fast alles so genannten Volksvertretern zu überlassen, die von den Fraktionschefs gegängelt werden, sobald sie sich den Luxus einer eigenen Meinung gönnen. Wie lange noch lassen sich Europäer des 21. Jahrhunderts derart demütigen? Wenn Sie, werte Leser, in einer Schweizer Zeitung lesen, dass in dieser oder jener Frage «der Souverän» entschieden habe, dann ist das Volk gemeint – ein Volk, das um seine Macht weiß und allergisch reagiert, sobald sie angefochten wird.

Die üblichen Warnungen vor der Gefahr direkter Demokratie – zum Beispiel, die Deutschen würden die Todesstrafe wieder einführen – wirken so stumpfsinnig, wie die Dufourspitze spitz ist, 4634 Meter über dem Meer, der höchste Schweizer Gipfel. In der Eidgenossenschaft begehrte einmal eine Hand voll Rechtsextremer, man möge wieder guillotinieren, erschießen oder hängen. Auf Anhieb scheiterte ihre Volksinitiative. Sie schafften es nicht, auch nur ein paar tausend der nötigen hunderttausend Unterschriften zu sammeln, da war die direkte Demokratie stärker: Das Stammtischgerede, Verbrecher müssten beseitigt werden, ist das eine. Das andere ist es, mit seinem Stimmzettel dafür zu sorgen, dass Menschen vom Leben in den Tod befördert werden dürfen.

DER SCHWEIZER BÜRGER entscheidet nicht dümmer als der Abgeordnete des Deutschen Bundestags. Das ist der Vorteil direkter Demokratie: dass der Kenntnisstand jener 30 bis 40 Prozent Schweizerinnen und Schweizer, die regelmäßig über unterschiedlichste Vorlagen abstimmen, so gut ist wie derjenige der Parlamentarierinnen und Parlamentarier.

Wo wir beim Personal sind, müssen wir en passant (Schweizer lieben es, Französisches einzuflechten ins «Schriftdeutsch», und es gibt wunderbare Schriftsteller, die des Schriftdeutschen mächtig sind, des Hochdeutschen aber nicht), müssen wir auf den Zürcher Christoph Blocher zu sprechen kommen, den starken Mann der Schweizerischen Volkspartei SVP, den «Jörg Haider der Schweiz», wobei Blocher dummerweise intelligenter ist als der österreichische Langweiler. Wir müssen auf den Rechtspopulisten Blocher hinweisen, den Antieuropäer, den erfolgreichen Unternehmer, den Milliardär mit seinen reichen Freunden Martin Ebner, einem gefürchteten Börsianer, und Walter Frey, einem großen Autoimporteur, der lange Zeit Fraktionschef der SVP war.

Dieses Trio dürfte selbst nach dem Börsenkrach einige Milliarden Franken sein eigen nennen, und nicht geringe Beträge davon fließen in die Politik.

Diese Partei hat Geld, Geld, Geld, ihr Marketing ist so professionell und provokant wie das von Benetton: Nirgends auf der Welt wird mit so großen Mitteln auf ein so kleines Volk eingewirkt. Ein unheimliches Phänomen, kein demokratisches, es stellt selbst die Medienmacht des Nachbarn Silvio Berlusconi in den Schatten. Mit modernsten Mitteln vertreten der Mailänder Mogul wie der Zürcher Mogler die Antimoderne, es macht ihren Erfolg aus. Berlusconi jedoch kann pro Italiener viel weniger Kampfgeld einsetzen als Blocher pro Schweizer.

Wobei die Schweizer auch da Maß halten. Kein einziges fremdenfeindliches Volksbegehren haben sie je angenommen. Trotz der heftigen Gegenwehr Blochers haben sie ein Antirassismus-Gesetz bestätigt, das um so stärker greift, als es vom Volk beschlossen worden ist: Der Bürger hat sich selbst verpflichtet. Und die SVP, sie wächst zwar. Aber in Kantonsregierungen ist sie krass untervertreten. Eine Protestpartei, der man nicht viel an Verantwortung zumutet. Eidgenossen sind einmütig im Bestreben und virtuos in der Kunst, Macht zu beschränken, auch das hält dieses Land zusammen.

Schluss mit Blocher, weiter im Text, wir wollen nicht mitjodeln mit der deutschen Presse, die gern die Postkarten-Schweiz beschreibt, um dann schadenfreudig zu vermelden, vieles sei ganz und gar nicht so schön wie auf der Postkarte. Das Debakel mit Swissair war ihr ein Genuss.

Unsterblich ist nur die Trauer: So viel Gemeinsames haben der Genfer Privatbankier und die Appenzeller Bergbäuerin nicht, als dass es unerheblich wäre, ob die Swissair besteht oder nicht mehr. Das heterogene Land hat ewig Angst vor dem Nichtsein. Es braucht Sinnbilder der Zusammengehörigkeit. Es braucht neben den Bergen, neben der langen Geschichte (die so gemeinsam nicht immer ist, wenn man bedenkt, dass die ersten Kantone Uri, Schwyz und Unterwalden 1291 zusammenkamen, im Kanton Neuenburg aber der preußische König erst 1857 auf seine Rechte verzichtete), neben der direkten Demokratie (die sich neu finden muss in der Globalisierung, in der ein Volk nicht mehr alles für sich allein bestimmen kann), neben dem Bürgerstolz (der manchmal dem Verbraucherwahn weicht), neben dem mächtigen, egalitären Sinn für Ausgleich (der unter dem Neoliberalismus schwand und wieder emporkommt), neben dem Wohlstand (der jungen Datums ist), neben Weltkonzernen wie Nestlé (in dessen achtköpfigem Vorstand nur zwei Schweizer sitzen), neben dem Internationalen Komitee vom Roten Kreuz, neben all dem braucht und sucht die Schweiz fortwährend nach Wahrzeichen. Eines war Swissair.

Weil aber kleine Fluggesellschaften in deregulierten Zeiten dem Untergang geweiht sind, musste Swissair groß werden; sie kaufte sich ein in flügellahme Airlines, sie übernahm sich, wobei das Zürcher Establishment sich blamierte, die Zunft der Bankiers erst recht.

Doch die Bahnhofstraße soll hier nicht vorkommen. Es darf EINMAL über eine Schweiz ohne Banken geschrieben, davon geträumt werden. Es gibt Gescheiteres als Geldhäuser, Geheimeres als

das dem Niedergang geweihte Bankgeheimnis. Die Eidgenossenschaft geht strenger als ihre Nachbarn gegen Geldwäscher vor, weshalb diskretes Geld mehr und mehr das Land meidet; lieber fließt es über Österreich etwa, wo der Kunde ein Konto eröffnen kann, ohne sich auszuweisen, was im Schweizer Bankenparadies ein Sündenfall wäre.

Mein Gott, es ist wohltuend, die Schweiz zu schonen, sie – einmal ist keinmal – nicht zu kritisieren! Das früher selbstgefällige Land geht seit Jahren überkritisch mit sich um. Käme es der Bundesrepublik in den Sinn, bei einer Weltausstellung im deutschen Pavillon zu verkünden: «Deutschland gibt es nicht»? Das tat die Eidgenossenschaft in Sevilla, «La Suisse n'existe pas»; es gab darob Riesenärger. Aber der Spruch war visionär, weil: la Swissair n'existe plus, le Bankgeheimnis n'existe bientôt plus, le Heldentum der Schweiz im Weltkrieg n'existe plus, le Sonderfall n'existe plus. Alles wird banal? Überhaupt nicht, langweilig wird es nie – denn die Schweiz ist ein radikales Land: Das ist seine beste und am besten versteckte Eigenschaft.

NICHT NUR IN IHREM Verständnis von Demokratie geht die Eidgenossenschaft weiter als andere. Vom Dadaismus, der in Zürich emporkam, bis zur Autonomen Bewegung, die gewalttätig war wie nur in Berlin, von Jean Tinguely und seinen Kunstmaschinen bis Pipilotti Rist und ihrer Elektronikkunst, vom freien Drogenmarkt bis zum Wirtschaftsliberalismus der «Neuen Zürcher Zeitung», von Le Corbusier über Mario Botta bis Herzog & de Meuron, von Blaise Cendrars – dem Schriftstellervorbild Henry

Millers – bis zum Krimi-Junkie Friedrich Glauser, von Robert Walser und seinem «Gehülfen» bis zu Hermann Burger und seiner Hassmutterliebe zur Schweiz, von Dürrenmatt bis Frisch, vom verfemten Patrioten Niklaus Meienberg, den sie bis in den Tod gering- und unterschätzten, bis zum verunglimpften Patrioten Adolf Muschg, der lächelnd standhaft bleibt, von Jean-Luc Godard bis Dieter Meier von Yello, einem Gründervater der Techno-Musik, vom Hotelier Ritz bis zum Ballon-Erdumrunder Piccard, von Botschafter Thomas Borer bis zur texo-helveto-kosmo-berlino-Lady Shawne Fielding-Borer, vom Ausstellungsmacher Harald Szeemann bis zu Mummenschanz, von Grock bis Emil, von Luc Bondy bis Christoph Marthaler, alle waren, sind irgendwie total radikal.

Es gibt Abertausende, die in ihrer Ecke arbeiten, oft ohne Aufsehen und Aufhebens, die aber in der Ecke Extremisten sind. Von manchen weiß man nicht, dass sie Schweizer sind, weil sie gern das Land verlassen wie Godard. Im Alter kehren so einige zurück, ein mächtiger Stalldrang.

Der Ordnungssinn – jener Firnis, den die Ausländer sehen – verdeckt bloß die Radikalität. Die Schweizer sorgen deshalb für Ordnung, weil sie wissen, wie rasch bei ihnen ein Konflikt ausartet, sobald er ausbricht. Die Ordnung ist Korsett, korsettiert sind Fleisch und Blut und andere Säfte, Leben, Anarchie, Leidenschaft, Amok.

Es ist auf schönste Weise radikal, wenn man ohne Kontrolle ins Parlament gelangen kann, jedoch auf schlimmste Art radikal, dass einer ungehindert in dieses Zuger Kantonsparlament tritt und ein Blutbad anrichtet. Es ist anarchistisch, dass Bürger im Grunde keine Regierung wollen, extremistisch, dass der Wehrdienstleistende am Wochenende und nach der Dienstzeit das Gewehr nach Hause nimmt. Es ist kompromisslos, wie in Zürich der private Verkehr eingedämmt, dem öffentlichen Verkehr Bahn gebrochen wird. Die Schweizer sind dermaßen rücksichtslos in ihrem Streben, dass sie Maß halten müssen in ihrem Tun. Und dann verwandeln sie sich in Extremisten des Maßhaltens.

Sie wissen nämlich: Schlägt einmal das Schicksal, hört es nicht auf zu schlagen. So wie im Herbst 2001 im Zuger Parlament, im Gotthard-Tunnel, im Anflug auf Zürich-Kloten, wo zum zweiten Mal eine Crossair-Maschine abstürzte, in Zürich-Kloten selbst, wo Swissair nicht mehr ist. Inmitten und zugleich am Rande von Europa gelegen, hat das Bergland zwei Reflexe, sagt der Historiker Jean-Francois Bergier: Die Alpen sind einerseits ein Ort des Rückzugs, wo man sich am liebsten fernhalten möchte von den Weltwirrnissen. Die Alpen andererseits sind Ort des Transits, mithin des Handels, der Weltoffenheit.

BEIDES WIRKT in der Schweiz, gar in jedem Schweizer. Das birgt eine Spannung, die vielleicht die Radikalität erklärt. Denn sie bleiben die Radikalinskis, die sie in ihrer Geschichte waren, Kerle, die partout nicht mit Habsburg wollten, nicht etwa wegen Wilhelm Tell und Freiheit und weil sie mit Gessler nichts am Hut hatten, sondern weil sie sich fragten, weshalb mausarme Bergler das Mautgeld, das sie längs der Passwege einnahmen, an Habsburg abführen sollten. Immer grenzten sie sich ab vom «großen Kanton», wie Deutschland bis heute genannt wird. Mit Luther konnten sie nichts anfangen, eigene Reformatoren mussten her aus dem Toggenburg und aus Frankreich, der kleine Zwingli in Zürich, in Genf der große Calvin. Und 1648 beim Westfälischen Frieden nahmen sie die Gelegenheit wahr, sich vom Reich förmlich zu verabschieden.

Dabei ist es geblieben, dass sie die Dinge anders machen, oft besser, viel schneller, manchmal unendlich langsam, immer speziell. Wie Kinder, die sich nichts sagen lassen. Wie Bauern, die ihren Weg gehen. Wie Söldner – die letzten Hellebardiere dienen dem Hei-

ligen Vater –, denen man nichts vormacht. Oder wie jene Geldvernichtungsmaschine des Künstlers Max Dean, die an der Expo 2002 fünf Monate lang Banknoten im Wert von 30 Millionen Franken schreddern soll, dank Sponsoring der Nationalbank und unter dem Generalthema «Macht und Freiheit».

Wie man die Schweizer sieht, sind sie nicht: Die Schweiz, die der Durchreisende erblickt, gibt es nicht. Meine schon.

* Roger de Weck, 48, Schweizer französischer Muttersprache, bis 1997 Chefredakteur des Zürcher «Tages-Anzeiger», der zweitgrößten Schweizer Zeitung, bis 2000 in Hamburg Chefredakteur der «Zeit», lebt als Publizist in Berlin und Zürich und arbeitet für deutsche, französische und Schweizer Medien.

Abdruck aus: GEO Special 2, «Schweiz», April/Mai 2002, S. 28–31.
© Gruner+Jahr AG&Co Druck- und Verlagshaus, Hamburg.

Teil 3

Die Eidgenossen –
über Land und Leute

15 Schweizer Eigenart

15.1 Klischees

Im Ausland gilt die Schweiz als Inbegriff von Pünktlichkeit, Reichtum und Stabilität – das Land der Uhren, der Banken und der harten Währung eben. Vor allem im deutschsprachigen Ausland hält sich in den Köpfen der Leute hartnäckig ein phantasievolles Bild der Schweiz: schneeweiße Berge, Sennhütten, frischer Käse und Kühe.

Folgende Begebenheit veranschaulicht dieses Denken: Als ich mit meinem neu umgemeldeten Fahrzeug, an dem das blitzblanke Schweizer Kennzeichen angebracht war, in mein Heimatdorf fuhr, erregte der vor dem Haus geparkte Wagen einiges Aufsehen. Nachbarn, die daran vorbeigingen und normalerweise nicht viel reden, sprachen meine Familie und mich auf das Schweizer Nummernschild an. «Wer in der Schweiz lebt, hat 's geschafft!» und «Da verdient man sicher ganz schön», war die einhellige Auffassung.

Viel ist es nicht, was Deutsche und Schweizer voneinander wissen. Zu ähnlich erscheinen die Kulturen und die gemeinsame «Hochsprache», um allzu große Unterschiede zu vermuten.

Abbildung 15-1: «Er lebt in der Schweiz.» ©Elmar Frink

Woher sollte man sich auch gut kennen?

Wohl kaum ein Schweizer verirrt sich um der Ferien willen in Deutsche Gefilde – verständlich bei der Schönheit des eigenen Landes. Auch der Deutsche, wenn nicht gerade gut betucht, bringt es in der Regel zu kaum mehr als einem Zwischenstopp im Transitland zum Süden. Durch Geschäftsreisen oder Verwandtschaftsbesuche kann es schon mal sein, dass sich die Wege beider Nationalitäten kreuzen und die Eindrücke bescheren, welche die Klischees entstehen lassen.

Natürlich gibt es «den Schweizer» genauso wenig, wie es «den Deutschen» gibt; und doch halten sich die Klischeevorstellungen vom eher zurückhaltenden, steifen, aber stets freundlichen Eidgenossen aufrecht. Der Alltag scheint ihnen sogar Recht zu geben: Wenn die Kassiererin den Kunden auffordert: «*Sibe Frankche füfzg, wenn Si wänt so guet sii*» («7 Franken 50, wenn Sie so gut sein wollen»), ruft das bei deutschen Einkaufenden am Anfang Erstaunen und Entzücken zugleich hervor. Wer bittet schon in Deutschland um die Bezahlung einer Dienstleistung und krönt einen für kurze Augenblicke zum König?

Sehgeschwächte in Deutschland sind schon froh, wenn die Dame an der Kasse den zu zahlenden Betrag wenigstens zwischen den gepressten Lippen durchzischt. Auf ein «auf Wiedersehen» wird gleich gar nicht mehr gehofft. Deshalb schwebt man förmlich aus dem Laden beim «*Merci viilmaal und e schöne Daag*» («vielen Dank und einen schönen Tag»).

Wenn man unter Zeitdruck steht und schon längere Zeit in der Schweiz lebt, legt sich die Euphorie, und man würde mitunter schon gern nur die Ware auf das Laufband legen und einfach sagen: «Hier sind 3 Franken 45, ich hab 's abgezählt und furchtbar eilig – tschüss!» Doch um Ärger zu vermeiden, ist es dringend zu empfehlen – auch wenn Sie die Redensarten leise mitformulieren können – ruhig und geduldig zu bleiben. Denken Sie immer daran, dass Sie Gast sind.

Fährt man jedoch über den Gotthard-Pass in den Kanton Tessin, so kann man kaum glauben, dass man sich immer noch im gleichen Land befindet. Obwohl man auch den Tessinern ein gegenüber Fremden zurückhaltendes Wesen nachsagt, ist ihr südländisches Temperament nicht wegzuleugnen. Auch die Architektur und das Klima muten schon sehr italienisch an. In vielen Tessiner Tälern wird ein dialektal gefärbtes Italienisch gesprochen; die Dialekte sind jedoch lokal begrenzt, und im Vergleich zur Deutschen Standardsprache in der Deutschschweiz wird das Standarditalienisch auch als gesprochene Alltagssprache verwendet (s. auch Kapitel 7.1, Schweizerdeutsch – Mundart als Landessprache, S. 51).

In der französisch sprechenden Schweiz (der *Suisse Romande* oder der *Romandie*), die sich vom Jura bis zum Genfer See erstreckt, sind die Ortsbilder eher von Frankreich beeinflusst. Aber nicht nur die Sprache und die Architektur erinnern an Frankreich: Auch die feine französische Lebensart, die Kunst, das Leben zu genießen und nicht so ernst zu nehmen, findet ihren Niederschlag. So fühlen sich die *Romands* in vielen Bereichen der Politik und des täglichen Lebens den Franzosen näher verwandt als ihren deutschsprechenden Landsleuten. Dialekte spielen im französischen Teil der Schweiz keine den deutschschweizer Dialekten vergleichbare

Rolle. Auf einige Besonderheiten sei an dieser Stelle dennoch hingewiesen: Wie die Belgier und Kanadier benutzen die West-Schweizer in der gesprochenen Sprache anstatt «quatre-vingt» (80) das knappe «huitante». Auch «septante» statt «soixante-dix» (70) und «nonante» (90) an Stelle von «quatre-vingt-dix» verraten den «Nichtfranzosen».

15.2 Das deutschschweizer Naturell

Wie im vorherigen Kapitel angesprochen gibt es zahlreiche Dialektregionen, deren Bevölkerung charakteristische Naturelle entwickelt haben. Natürlich wird oft versucht, positive und negative Eigenheiten einer Gemeinschaft in der Literatur oder in den Medien übertrieben hervorzuheben, um darauf aufmerksam zu machen oder um sie zu karikieren.

In Deutschland sind die Bayern ein fröhliches, Weißbier trinkendes Volk in Lederhosen und Dirndl. Die Hamburger sind das vornehme, hanseatisch zurückhaltende Pendant. Die Schwaben aus dem «Musterländle» sind sparsame, Spätzle essende Häuslebauer. Die Reihe könnte beliebig fortgesetzt werden.

Als Ausländer in der Schweiz hört man oft von den Einheimischen, wenn sie von bestimmten Begebenheiten erzählen und den Satz zum Beispiel erklärend mit einem: «'S isch halt en Zürcher gsi», beenden. Das soll wohl zu verstehen geben: «Die sind halt so oder eben nicht so wie wir.»

Die «Zürcher» sind sehr aufgeschlossen. In der Stadt trifft man häufig auf kunterbuntes Publikum. Die Stimmung ist großstädtisch und weltoffen. Wo sonst in der Schweiz wäre wohl eine «Street Parade» durchführbar?

Den «Bernern» sagt man eine gewisse Gemütlichkeit nach. Die «Innerschweizer», geprägt durch die nahe Bergwelt, sind eher konservativ und traditionell orientiert. Die «Bündner» werden als «kulturell komplex» und «gesellschaftlich etwas sperrig» bezeichnet (Wiederkehr, 1996, S. 107). Die «Basler», «Thurgauer», «Aargauer», «St. Galler» und «Schaffhauser» sind durch ihren grenznahen Wohnraum nicht mehr so «ursprünglich, typisch» geprägt, wie die zentraleren Nachbarkantone. Der «Appenzeller Humor» und die direkt-demokratische Volksabstimmungen (Landsgemeinde) sind bekannt.

Ihnen allen ist aber eines gemeinsam: die auffallend freundliche, aber Fremden und Fremdem gegenüber zurückhaltende Art.

In dem Buch «Gebrauchsanweisung für die Schweiz» von Thomas Küng (1996) findet sich ein sehr aussagekräftiger Kommentar bezüglich der Schweizer Mentalität:

> Bei einer gemeinsamen Liftfahrt mit einem Unbekannten überrascht er Sie mit einem Grüezi und dann nochmals damit, dass es dabei bleibt. Im Zug setzen sie sich mit Vorliebe in leere Abteile, und wenn sie sich zu anderen setzen müssen, überlassen sie es meist jenen, ein Gespräch zu beginnen. So warten sie von Zürich bis Genf auf ein Wort des Gegenübers, das die langweilige Reise ein wenig verkürzen könnte, steigen schließlich in Genf aus und bestätigen sich dann selbst, dass sie so kontaktscheu seien.

Am Besten veranschaulicht wird das typische Schweizer Naturell durch «wahre Gschichtli» aus dem täglichen Leben.

15.2.1 Leute kennen lernen

Der Neuanfang in der Schweiz ist nicht leicht. Um neue Leute kennen zu lernen, braucht es manchmal viel Zeit. Hier ist es nicht üblich, dass man einfach jemanden, den man sympathisch findet, spontan anspricht oder anlächelt. Auch wenn man im so genannten *Usgang* ist, braucht man darauf nicht zu hoffen. Bei Freunden in privater Atmosphäre sind die Chancen größer, Leute näher kennen zu lernen. In Zürich ist es natürlich leichter als in den abgelegeneren Regionen. Auch Singles, die flexibler sind als Familien, haben es etwas einfacher. Doch bei der Entscheidung für die Schweiz sollten Sie bedenken, dass Sie Freunde und Familie in weiter Entfernung zurücklassen und vielleicht das erste Jahr sehr isoliert sind. Häufig finden Sie aber im Kollegenkreis nette Leute, mit denen Sie nach Dienstschluss etwas unternehmen können.

15.2.2 Die Verabredung von «Jetzt auf Nachher»

Ein neu hinzugezogener norddeutscher Hausbewohner, der beim Joggen einen Schweizer Mitbewohner bei der Ausübung der gleichen Sportart gesehen hat, fragt diesen vor dem Hauseingang ganz unverblümt: «Hast du Lust nachher mit mir zusammen zu laufen?» Natürlich geht der junge Schweizer Mann erst einmal erstaunt auf Distanz: *«Eeh, jo nei, das muess i mir no überlegge.»* Diese offene und direkte Art zu fragen mag zwar in Deutschland zum Erfolg führen, doch hat sich der ausländische Zugereiste im vorliegenden Beispiel wohl noch nicht mit dem Kapitel «Land und Leute» auseinandergesetzt. Auch wenn der Fremdling noch so sympathisch ist, wird man dem näheren Kontakt erst einmal zurückhaltend und abwartend begegnen. Man weiß schließlich nicht so genau, wer einen da angesprochen hat. Außerdem mag die sprachliche Barriere oder die Furcht vor Verständigungsschwierigkeiten die Spontaneität bremsen. «Sicher muss ich mich während des Joggens noch auf das Schriftdeutsch konzentrieren, um ein zwangloses Gespräch aufrecht zu erhalten», denkt der Schweizer und verschiebt das Ganze lieber auf einen späteren Zeitpunkt.

Von «Jetzt auf Nachher» klappen Verabredungen nicht so einfach – auch nicht unter Landsleuten, die sich zum ersten Mal begegnen. Die erste Zeit in der Schweiz ist deshalb für viele Ausländer nicht ganz leicht, weil man sich oft etwas isoliert fühlt. Doch geben Sie sich und den Einheimischen etwas Zeit – sobald Sie ihr Vertrauen und ihr Herz gewonnen haben, sind Schweizer sehr gute Kameraden.

15.2.3 Der schnelle Entschluss

Im Sprachunterricht der Volkshochschule wurden die Teilnehmer gefragt, ob es sie stören würde, wenn eine angehende Sprachlehrerin im Hintergrund dem Unterricht beiwohnen würde. Während ich sofort nickte und dachte «kein Problem», fingen die Schweizer Teilnehmer an zu diskutieren: «*Das chunnt ä bizzli plötzlech*» und «*Was macht die dänn da?*» Ich war erstaunt, dass man so eine lapidare Frage zum zentralen Thema machen konnte. Doch es entspricht der Schweizer Mentalität, alles genau zu überdenken, bevor man einen Entschluss fasst. Das verzögert zwar einige Dinge, aber letztendlich kann jeder seine Argumente in Ruhe vortragen – man diskutiert alles durch und trifft eine gemeinsame Entscheidung. Mit schnellen Entschlüssen ist fast nie zu rechnen. Bitte drängen Sie niemanden nach der Art: «Mensch, der Fall ist doch klar wie Kloßbrühe, darüber müssen wir jetzt nicht stundenlang diskutieren – ratz fatz – hopp oder topp.» Damit werden Sie als Entscheidungshilfe nicht ernst genommen – und Sie machen sich obendrein unbeliebt.

15.2.4 Persönlichkeiten des öffentlichen Lebens

Nirgendwo sonst können sich Prominente und Politiker so unkompliziert in der Öffentlichkeit bewegen wie in der Schweiz. Oft begegnet man einem Stadtpräsidenten in den öffentlichen Verkehrsmitteln. Kein Problem – Angriffe und Anrempelungen sind nicht zu erwarten. Man sieht sich und geht seines Weges. Eine Massenhysterie, wie sie manchmal ausbricht, wenn ein Popstar in Deutschland ist, wird es in der Schweiz nicht geben.

Ein Schweizer berichtete mir: «*De Michael Schuemacher, de ka bi eus ganz ruhig ins Café sitze, da wot cheine öbbis von em – me luegt scho e wenig, aber me het scho äs schlächts Gwüsse, wenn men en um es Autogramm bitte würd.*»

15.2.5 Humor

Sehr oft hat man den Eindruck, dass der deutsche Humor in der Schweiz überhaupt nicht ankommt. Eine kleine flapsige Bemerkung, um eine bestimmte Situation aufzuheitern, endet damit, dass man verständnislos angesehen wird. Im Gegenzug finden wir Schweizer Witze häufig nicht zum Lachen. Das hat sicherlich mit sprachlichen Verständigungsschwierigkeiten zu tun, aber nicht ausschließlich. Hier treffen mitunter zwei unterschiedliche Mentalitäten und Welten aufeinander – Humor inbegriffen.

15.2.6 Tankstellentourismus

Vielleicht ist Ihnen schon aufgefallen, dass in der Schweiz weniger Tankstellen zu Shoppingcentern ausgebaut sind als im Ausland. Wer also zu nachtschlafender Zeit noch etwas für den kleinen Hunger besorgen möchte, muss eine etwas längere Anfahrt zu einer solch raren Tankstelle in Kauf nehmen. Diese Tankstellen wurden hauptsächlich für die Touristen zu kleinen Lebensmittelläden umfunktioniert. Es entspricht nicht der Schweizer Natur, vielfach teure Häppchen an der Tankstelle zu erwerben. Warum auch? Eingekauft wird im *Lädeli* nebenan. Dort ist auch der Benzolgehalt der Lebensmittel niedriger…

15.2.7 Ski- und Hüttenzauber

Die Schweizer Bergwelt lädt zum Verweilen ein. Im Sommer und im Winter findet man hier Erholung, frische Luft und ein atemberaubendes Panorama.

Der Ski- oder Wanderausflug in der Schweiz unterscheidet sich aber von der Atmosphäre, dem Service und der Unterkunftsausstattung anderer Alpenländer. Während in Österreich, Südtirol und Bayern schon auf der Piste «a ziemliche Gaudi» durch zünftige Musik veranstaltet wird, geht es in der Schweiz ruhiger zu. Auch die Pisten-Rowdys sind hier zurückhaltender, und die «Après-Ski-Partys» gehören weniger zum Pflichtprogramm als in den Nachbarländern. Der Service ist natürlich sehr gut – das Personal, welches die Gäste betreut, ist sehr freundlich und bemüht, einen angenehmen Aufenthalt zu ermöglichen.

15.2.8 Über Geld spricht man nicht

Schweizer tragen ihren Reichtum nicht zur Schau. Man fährt lieber einen komfortablen Wagen der Oberklasse als einen Rolls-Royce, bei dem Passanten dazu animiert werden, die Kühlerfigur abzureißen. Protzen ist tabu. Die stattlichen Villen liegen gut versteckt, man kleidet sich elegant, aber nicht aufdringlich und lässt eher diskret, zum Beispiel durch die teure Uhr am Handgelenk, erkennen, dass man ein paar Franken mehr besitzt als der Durchschnittsbürger.

15.3 Sport und Spiele

15.3.1 Schwingen

Schwingen ist ein Schweizer Nationalsport. Es handelt sich dabei um einen Kleiderkampf, der ein gegenseitiges Kräftemessen ist, ohne jegliche Aggression. Die heutige Art des Schwingens dürfte rund 200 Jahre alt sein.

Begonnen hatte wohl alles bei den Sennen, die sich zuerst einfach nur ohne jegliche Regeln balgten. Erst mit der Zeit bemerkten sie, dass bestimmte Griffe und Wendungen mehr Erfolg brachten, als das planlose Herumreißen. Die älteste bildliche Darstellung eines «Hoselupf» aus dem 13. Jahrhundert in der Kathedrale von Lausanne stellt ein Schwingerpaar in den «Griffen» dar. Die älteste geschichtliche Überlieferung stammt aus dem Jahr 1215. Damals wurden anlässlich der Versöhnung zwischen dem Herzog von Zähringen und dem Freiherrn Burkhart Schwingerspiele veranstaltet.

Wenn ein flinker Wettkampfgegner fest am «Grifffassen» war, bestand die Möglichkeit, dass er seinen Gegner hochzog und im Kreise schwingend mit hohem Wurf besiegte. Daher der Name «Schwingen». Da das Kräftemessen in vergangenen Zeiten häufig auszuarten begann und in Faustkämpfen endete, wurde das Schwingen zeitweise in manchen Kantonen verboten. In Nidwalden war das Schwingen sogar bis 1908, volle 226 Jahre, untersagt. Durch mündliche Überlieferung wurden die

Regeln weitergegeben und vor Wettkampfbeginn von den Kampfrichtern nochmals erläutert.

Ähnliche Zweikampfspiele sind auch aus Island und dem Salzburger Land überliefert.

(Quelle: N. N., 1995)

15.3.2 Hornussen

Was für Außenstehende wie eine einfache Variante von Cricket oder Baseball aussieht, heißt in der Schweiz *Hornussen*. Das Mannschaftsspiel, dessen Ursprünge im Dunkeln liegen, war als spielerischer Zeitvertreib im 17. Jahrhundert im ganzen Emmental (BE) verbreitet. Seit 1900 hat es sich immer mehr von einem Spiel zu einem Sport entwickelt. Um in Höchstform zu sein, trainieren viele Spieler mehrmals pro Woche.

Die Spielregeln sind vergleichsweise einfach: Zwei Mannschaften zu 18 Spielern stehen sich gegenüber. Die Spieler der einen Mannschaft schlagen den *Nouss* oder *Hornuss* vom Bock (Abschlagvorrichtung) mit einem *Stecken* (langes elastisches Schlaggerät, an dessen Ende das *Träf* (Treffholz) befestigt ist) möglichst weit ins gegnerische *Ries* (Spielfeld). Die Spieler der anderen Mannschaft müssen versuchen, mit der *Schindel* (dem Abfangbrett) das mit einer Geschwindigkeit von zirka 180 km/h heransausende Geschoss «abzutun», d. h. den Nouss herunterzuschlagen, ehe er den Boden des Ries berührt. Gelingt ihnen dies nicht, fällt also der Nouss zu Boden, ohne eine Schindel zu berühren, wird der abtuenden Mannschaft «eine Nummer geschrieben». Der schlagenden Mannschaft wird die Schlagweite in Form von Punkten gutgeschrieben. Die Schlagweite wird anhand von Markierungen im Ries ermittelt. Nachdem die 18 Mann der ersten Mannschaft ihre Hornussen geschlagen haben, wird gewechselt: Jetzt sind sie an der Reihe mit «abtun». Ein Spiel besteht aus zwei solchen Durchgängen, d. h. jede Mannschaft schlägt zweimal und ist zweimal im Ries, um abzutun. Gewonnen hat die Mannschaft, die weniger Nummern hat – unabhängig von der Punktezahl. «Damit wird die Gemeinsamkeit des Abtuns, des sich Verteidigens, über die eigene, individuelle Schlagleistung gestellt.» (Eidgenössischer Hornusserverband, 2002) So gesehen kann man das Spiel mit Recht als typisch schweizerisch bezeichnen: Die Verteidigung (des angestammten Lebensraums, der Freiheit, der rechtlichen und politischen Unabhängigkeit) hat in der Schweiz Tradition.

(Quellen: Eidgenössischer Hornusserverband, 2002; Hornusser Epsach, 2001)

15.3.3 Fahnenschwingen

Es gibt verschiedene Theorien, wie das «Fahnenschwingen» in die Schweiz gekommen ist. Magische und animistische Epochen der Alt- und Jungsteinzeit mit ihren heidnischen Weltbildern werden angeführt. Ebenso wird vermutet, dass heimkehrende Söldner im 16. bis 18. Jahrhundert das Fahnenschwingen in die Urschweizer Berggebiete gebracht haben.

Das Fahnenschwingen war eine magische Banngeste der Sennen und Hirten im Ring und ein Betruf. Man nimmt an, dass mit dem Fahnenschwingen eine Sühnehandlung mit der blutroten Fahne durchgeführt wurde. So etwas war in der römischen Antike und im Altertum üblich. Die Hypothese wird gestärkt durch einen alten Spruch: *Mir wend d' Fahne drüber schwinge* – «Wir wollen die Fahne darüber schwingen». Daneben waren die Fahnenschwinger aber durchaus interessiert, an Festen den Zuschauern eine kunstvolle Darbietung zu präsentieren.

Heute wird das Fahnenschwingen auch wettkampfmäßig durchgeführt. Jeder Vortrag eines Wettkämpfers dauert drei Minuten. Die Schwünge und Übungsteile sind rechts und links auszuführen. Jeder beginnt mit einer Punktzahl von 30, wobei bei jedem unterlaufenen Fehler Punkte abgezogen werden. Die Schweizer- oder Kantonsfahne von 120×120 Zentimeter wird vor einer Jury einzeln oder im Duett geschwungen. Der Durchmesser des äußeren Kreises beträgt 150 Zentimeter, der des inneren Richtkreises 60 Zentimeter.

15.3.4 Alphornblasen

Das Alphorn ist eine lange konische Holztrompete mit abgebogenem Becherteil. Es hat keine Ventile, Klappen oder Grifflöcher: Der Bläser erzeugt, je nach seinen Fähigkeiten, 13 bis 22 Naturtöne über drei oder vier Oktaven nur mit seinen Lippen, deren Vibration über das Mundstück übertragen wird.

Alphörner werden aus Tannenholz hergestellt. Bis vor etwa hundert Jahren schälte man junge, an der Wurzel krumm gewachsene Tannen, halbierte sie der Länge nach, höhlte sie aus und band sie mit Holz- oder Weidenstreifen zusammen. Die heutigen Alphörner werden aus zusammengesetzten Tannenklötzen in bestimmter Länge gehauen, nach wie vor halbiert und mit dem Hohlmeißel ausgehöhlt. Zur Umwicklung nimmt man Peddigrohr.

Das etwas kürzere, gewundene Alphorn, wie es zum Beispiel seit Beginn des 19. Jahrhunderts in der Zentralschweiz verwendet wird, nennt man «Büchel».

Die Ursprünge des Alphorns reichen bis ins 14. Jahrhundert zurück. In fast allen Alpengebieten, außer im Tessin, diente es früher den Hirten im Sommer als Signalinstrument. In der kalten Jahreszeit erbettelten sie sich mit ihrem Spiel das Essen. Nachdem es im 18. Jahrhundert in Vergessenheit geraten war, erlebte das Alphorn durch die Älplerfeste von Unspunnen (Interlaken, Berner Oberland) 1805 und 1808 einen Aufschwung. Als Folge davon nahm das «Bettelblasen» überhand, so dass Alphornspielen bekämpft wurde und nahezu verschwand. Erst der Pflege des 1910 gegründeten Eidgenössischen Jodlerverbandes ist es zu verdanken, dass das Alphorn als Amateurinstrument heute wieder in der ganzen Schweiz geblasen wird.

Die Stimmung ist genormt; deshalb kann das Instrument auch im Ensemble (Duo, Trio oder Quartett) und im Chor gespielt werden. Das Alphorn findet sich neuerdings sogar im Ethnojazz und Ethnorock wieder.

(Quelle: Bachmann, 2002)

15.3.5 Der 1. August

Die vorgenannten Bräuche werden insbesondere in ländlichen Gegenden das ganze Jahr über praktiziert. Einmal im Jahr werden sie aber besonders hochgehalten: am schweizerischen Nationalfeiertag, dem 1. August. Die «Bundesfeier» oder schlicht *Eerschtouguscht* («erstaugust») ist ein echtes Volksfest. Höhenfeuer, Feuerwerk, Festtagsgeläut und patriotische Reden erinnern an den Rütlischwur und die Gründung der alten Eidgenossenschaft als Folge davon. Kinder tragen freudestrahlend ihre Lampions vor sich her und brennen «bengalische Zündhölzer» und Wunderkerzen ab. Die Nationalflagge (weißes Kreuz auf rotem Grund) weht neben den Kantonsfahnen von öffentlichen und privaten Gebäuden. Es gibt auch jedes Jahr ein Festabzeichen der Stiftung Pro Patria zu kaufen. Diese Stiftung nimmt mit dem Verkauf der Abzeichen und Sonderbriefmarken jährlich rund drei Millionen Franken ein, die sie für soziale Zwecke und Projekte der Kulturförderung einsetzt. Auf allen Festplätzen gibt es Wurst (*Cervelat, Klöpfer, Bratwurscht, Schüblig*) und Brot, und wer Lust hat, kann zu *Huudigääggeler* (leicht abschätzig für «Schweizer Volksmusik») oder anderen musikalischen Stilrichtungen das Tanzbein schwingen. Es ist ein Fest, an dem man die sonst so ernst scheinenden Schweizer kaum wieder erkennt, so ausgelassen begehen sie es.

15.3.6 Jass – *das* Schweizer Kartenspiel

Wenn vier Schweizer zusammentreffen, die einander kennen, dauert es meist nicht lange, bis einer von ihn fragt: *«Chlopfe mer en Jass?»* – «Jassen wir?» Karten, ein Jassteppich (Spielunterlage) und die Schiefertafel samt Kreide (zum Aufschreiben der Punkte) werden in vielen Restaurants leihweise zur Verfügung gestellt.

Man spielt mit *französischen* Karten oder mit «deutschen» (*deutschschweizer*) Karten. Die französischen haben die Farben *Schuufle* (wörtlich: Schaufel = Pik), *Egge* (Karo), *Chrüüz* (Kreuz) und *Härz* (Herz); das Spiel hat 36 Karten (Ass, König, Dame, Bube, 10 bis 6). Bei den «deutschen» Karten heißen die Farben: *Eichel, Schilte, Rose* und *Schelle*. Ein «deutsches» Kartenspiel hat ebenfalls 36 Karten (Ass bis 6). Das «deutsche» Spiel hat statt der *Dame* den *Ober*. Der Bube heißt hier *Under* und die 10 heißt *Banner*.

Tabelle 15-1 gibt einen Überblick über die gebräuchlichsten Ausdrücke beim Jassen.

Interessant ist die Tatsache, dass die Verbreitungsgebiete der Karten zwar nicht «von Kanton zu Kanton unterschiedlich» sind, wohl aber ein markanter West-/ Ost-Gegensatz entlang einer klaren Linie erkennbar ist. Die Grenze verläuft – von Norden nach Süden – durch den Kanton Aargau, entlang der Kantonsgrenze Aargau/Luzern, Bern/Luzern, Wallis/Uri. Gespielt wird im Gegenuhrzeigersinn.

Es gibt viele Spielarten. Am beliebtesten ist der «Schieber», der im Allgemeinen von vier Personen gespielt wird, wobei jeweils zwei Spieler eine Partei bilden. Die Partner sitzen einander über Kreuz gegenüber, so dass immer abwechslungsweise ein Spieler der einen und ein Spieler der anderen Partei ausspielen muss.

Tabelle 15-1: Begriffe beim «Jassen»

abruume/abdische	Punkte machen/abräumen
de Bock	Karte, die nicht mehr «gestochen» werden kann (Bockkarte)
en Jass chlopfe	jassen
de Matsch	die Siegerpartei erzielt alle Punkte (Partie)
s Näll	Neun der Trumpffarbe
de Trumpfpuur	Under/Bube der Trumpffarbe
d Rövansch	Rückspiel (frz. *revanche*)
d Schtöck	König und Ober/Dame der Trumpffarbe
vergää	Karten falsch austeilen
verwerfe	unwichtige Karte spielen, wenn die Gegner die Runde gewinnen. Dadurch können sich beide Partner zeigen, in welcher Farbe sie stark sind.
de Wiis	aufeinanderfolgende Karten (z. B. 7, 8, 9) der gleichen Farbe oder vier Karten mit gleichen Bildern (zum Beispiel vier Könige)
de Büüter de Gwafföör (Coiffeur, v. frz. *quoi faire?* – was machen?) de Sidi Baraani de Differänzler	Jassarten
Tschau Sepp	Kartenspiel, das mit Jasskarten gespielt wird

(nach: Marti, 1997; Imhof, 2001)

15.4 Straßenverkehr

Wenn Sie nicht gleich zu Anfang Ihres Schweizaufenthaltes viel Geld für Strafzettel ausgeben wollen, sollten Sie sich genau an die folgenden Schweizer Verkehrsregeln halten:

- Die Benutzung der schweizerischen Autobahnen ist gebührenpflichtig (Vignette CHF 40.–).
- Die Höchstgeschwindigkeit auf Autobahnen beträgt 120 km/h.
- Innerhalb der Ortschaft beträgt die Höchstgeschwindigkeit 50 km/h. In städtischen Wohnquartieren sind häufig 30 km/h-Zonen anzutreffen. Auf Landstraßen sind 80 km/h erlaubt.
- Der zulässige Alkoholgrenzwert liegt bei 0,8 Promille.

Im Unterschied zu deutschen Gepflogenheiten im Straßenverkehr gilt es ferner, Folgendes zu beachten:

- Autobahnen und Schnellstraßen sind mit grünem Hintergrund beschildert.
- Achtung bei der Autobahnausfahrt! Es gibt keine Baken wie in Deutschland, bei denen man anfangen muss zu blinken, wenn man abfährt. Die Abfahrt eines vorausfahrenden Wagens erfolgt meist etwas überraschend.

- An den Zapfsäulen der Tankstellen stehen diese drei Begriffe (zwei davon können manchmal kurz irritieren): Diesel (das ist klar), dann «Benzin 95 Oktan» das ist «Super bleifrei» und «Benzin 98 Oktan», das ist dann «Super bleifrei plus».
- Den Straßenzustandsbericht erfährt man unter der Telefonnummer 163.
- Die meisten Alpenpässe sind von November bis Mai gesperrt.
- Die Nummernschilder der in der Schweiz registrierten Autos geben Aufschluss darüber, in welchem Kanton das Fahrzeug registriert ist (vgl. **Tab. 15-2**):

Tabelle 15-2: Die Namen Kantone der Schweiz und ihre Abkürzungen

Aargau	AG
Appenzell Ausserrhoden	AR
Appenzell Innerhoden	AI
Bern	BE
Basel Landschaft	BL
Basel-Stadt	BS
Fribourg (Freiburg)	FR
Genève (Genf)	GE
Glarus	GL
Graubünden	GR
Jura	JU
Luzern	LU
Neuchâtel (Neuenburg)	NE
Nidwalden	NW
Obwalden	OW
Schaffhausen	SH
Schwyz	SZ
Solothurn	SO
St. Gallen	SG
Thurgau	TG
Ticino (Tessin)	TI
Uri	UR
Vaud (Waadt)	VD
Valais (Wallis)	VS
Zug	ZG
Zürich	ZH

Das Kennzeichen FL steht nicht für einen 27. Kanton, sondern bezeichnet das Fürstentum Liechtenstein, das als souveräner Staat von den Schweizer Kantonen SG und GR umgeben ist und im Osten an Österreich grenzt.

15.5 Versteckte Täler und unbekannte Passstraßen

Zwei Drittel des Landes sind Berge, Eis, Fels und Alpweiden – 11 Prozent der Bevölkerung leben in Bergregionen. Die Deutschschweizer Bergwelt fängt jedoch nicht am Grenzübergang an. Viele Kantone sind flach, manche leicht hügelig und nur in der Ferne lassen sich die Bergketten erahnen.

Es gibt viele Reiseführer, die auf die bekanntesten Naturschönheiten des Landes verweisen und die Wege dorthin beschreiben. Die weniger bekannten Täler, Passstraßen und Hochalmen lernt man jedoch erst richtig kennen, wenn man in deren Nähe lebt und sich Zeit nimmt, diese eingehend zu erkunden. Wo überhaupt eine Straße hin führt, ist sie oft so schmal und kurvenreich, dass man sie nur im «Einbahn-Takt» befahren kann.

Zwei Beispiele aus der Zentralschweiz mit unterschiedlichem Regelmodus:

15.5.1 Isenthalstraße

Vom Dorf Isleten am Ende des Urner Sees (südliches Ende des Vierwaldstättersees), windet sich ein schmales, 10 km langes Sträßchen nach Isenthal und St. Jakob hinauf. Am Beginn des Aufstiegs weist ein Schild auf bestimmte Uhrzeiten hin, an denen der Postbus dort ankommt bzw. losfährt. Da das *Postauto* und ein Auto nicht genügend Platz haben, um einander zu kreuzen, kann man nur zu den auf der Tafel angegebenen Uhrzeiten losfahren. Die Wartezeiten sind jedoch nicht lang. Während der Auffahrt hat man einen atemberaubenden Blick auf den Urner See. Für die Rückfahrt gelten dieselben Regeln.

15.5.2 Melchsee-Frutt

Wer von Melchtal bei Kerns im Halbkanton Obwalden zur Hochalm «Melchsee-Frutt» hinauf fahren möchte, muss schon etwas mehr Zeit mitbringen. Bei der vielfach gewundenen Straße, die vorbei an den Felswänden der Brünig-Passhöhe führt, sind vom Bergdorf Melchtal bis zur Frutt 1000 Höhenmeter zu überwinden.

Eine Ampelanlage regelt den Auf- und Abfahrmodus. Während der geraden vollen Stunde bis vierzig Minuten danach, kann man hinauffahren und nur zu jeder ungeraden Stunde wieder hinunter. Oben erlebt man Natur pur. Freilaufende Kühe, kleine Bergseen und glasklare Luft.

In dem Buch «Die reizvollsten Motorradtouren der Schweiz» (Biedermann, 1995) werden auch Touren durch weniger bekannte Seitentäler vorgestellt, die es in sich haben.

Wer nicht motorisiert ist und nicht mit dem Fahrrad einen Pass bezwingen mag, hat auch die Möglichkeit, auf Schusters Rappen die Landschaft zu erleben: Das Wanderwege-Netz ist sehr gut ausgebaut. Auf den gelben Wegweisern am Ausgangspunkt stehen nicht nur die Zielorte sondern auch die jeweilige Marschdauer. Unterwegs sorgen gelbe Rauten und immer wieder ausführlichere Hinweisschilder dafür, dass Sie nicht vom richtigen Weg abkommen. (Dennoch ist es ratsam, eine Landkarte mitzunehmen.) Kleinere Seilbahnen oder Zahnradbahnen helfen Ihnen häufig, große Höhenunterschiede zu überwinden. Mit Erstaunen werden Sie feststellen, dass die Gondeln oft unbemannt und nur am Eingang der Seilbahnstation mit einem Telefon ausgestattet sind. Sie fordern die Seilbahnkabine telefonisch an und steigen ein. Bezahlt wird, wenn Sie oben angekommen sind. Dasselbe gilt für die Zahnradbahnen. Manchmal genügt im wahrsten Sinne des Wortes «zweimal klingeln» und das Wägelchen rattert daher. Erschrecken Sie bitte nicht über den Steilheitsgrad mancher Bahnen. Konzentrieren Sie sich auf die Landschaft und schauen Sie nicht nach unten!

Achten Sie auf kleine, in der Karte gelb und weiß eingezeichnete Passstraßen; diese warten außer mit einer beeindruckenden Aussicht und freilaufendem Vieh (Ziegen, Schafe, Kühe, vereinzelt Pferde) auch mit verborgenen Sennhütten auf. Dort bekommt man häufig frischen Bergkäse und ein Glas Milch «direkt ab Kuh (oder Ziege)» aufgetischt. Der «Glaubenbielenpass», der von Sörenberg nach Giswil im Kanton Luzern führt, ist so ein Pass. Gleich nebenan befindet sich der «Glaubenbergpass», bei dessen Überquerung einem noch nicht so viele Fahrzeuge entgegenkommen und der auch die Sicht auf ein herrliches Panorama freigibt.

Einige Straßen führen in einsame, in Reiseführern kaum erwähnte Täler, in denen man hohe Wasserfälle bewundern kann und noch sehr viele alte Holzbauernhäuser zu sehen bekommt, wie zum Beispiel das *Muotatal* im Kanton Schwyz.

Nützen Sie Ihre freien Tage, um sich die «verborgene Schweiz» anzusehen.

15.6 Essen und Trinken

15.6.1 Das tägliche Brot

Das Brot ist in der Regel heller, leichter und luftiger, als wir es von zu Hause gewohnt sind, und wird mit Hefe anstatt mit Sauerteig zubereitet. Auch Vollkornbrot wird anders zubereitet und schmeckt anders als in Deutschland.

Andere Länder, andere Sitten. Wer beim Bäcker oder im Supermarkt kein Brot findet, das ihm schmeckt, der versuche sein Glück im Bioladen oder im Reformhaus. Dort gibt es hochwertige Vollwertbrote, Bio-Brote oder aus bio-dynamischen Zutaten hergestellte Brote in verschiedenen Größen. Laut einem Artikel in der *Basler Zeitung* vom 2. Mai 2002 gibt es in der Schweiz über 250 Brotsorten im Angebot, und monatlich kommt eine neue Sorte hinzu.

Die meisten Grundnahrungsmittel sind in der Schweiz teurer als in Deutschland. Sie belasten aber ein Schweizer Einkommen weniger, weil die Grundlöhne in der Schweiz im Allgemeinen ebenfalls höher sind als in Deutschland. Die typischen Schweizer Käsesorten, die auch an deutschen Käsetheken zu kaufen sind, erhält man in der Schweiz auch im Warenhaus – vakuumverpackt, etwas preisgünstiger und äußerst schmackhaft. Käse ist in der Schweiz ein sehr beliebtes Nahrungsmittel und wird sowohl roh als auch in Form zahlreicher Käsespeisen genossen (s. unten, Einige Schweizer Spezialitäten, S. 129). Um den Konsumenten eine gesunde Ernährung zu erleichtern, sind auf jedem Yoghurt, auf jeder Nudelpackung, auf jeder Flasche Mineralwasser – kurz auf allen handelsüblichen Nahrungsmittelpackungen sowohl die Zutaten (bis zu den Aromastoffen, Stabilisatoren und Konservierungsmitteln) als auch die Nährwerte aufgedruckt. Diese Informationen enthalten in der Regel auch Hinweise, wenn zur Herstellung eines Produktes gentechnisch veränderte Organismen (GVO) verwendet wurden.

15.6.2 Essen und Trinken in der Schweiz

Ovomaltine, Rivella, Thomy Senf und Nescafé, Schweizer Käse und Schokolade braucht man im Ausland nicht näher vorzustellen. Aber was essen und trinken die Eidgenossen zu Hause, am eigenen Tisch?

Die Schweizer Küche ist *währschaft* (kräftig, echt), will sagen, sie ist vielleicht nicht so fein ausgeklügelt wie die französische, aber nahrhaft. Nachfolgend finden Sie eine kleine «Menuauswahl»:

Frühstück (de Zmorge)

Jus	Fruchtsaft
Birchermüesli	Gemisch aus Haferflocken, Kondensmilch und etwas Wasser, Zitronensaft und geraffelten Äpfeln
mit Rahm	mit Schlagsahne
Mütschli	Brötchenart
Schlumbi	Brötchenart
Schwöbli	Brötchenart
Semmeli	Brötchenart
Gipfeli	Hörnchen; Croissant
Weggli	Brötchen
Zopf, Züpfe	weiches Weißbrot aus Hefeteig, das in Zopfform geflochten ist
Konfi	Marmelade, Confitüre
Ankche	Butter
Schale	eine Tasse Milchkaffee
Kaffe crème	Kaffee mit flüssiger (Kaffee-) Sahne
Tee crème	Tee mit flüssiger (Kaffee-) Sahne
Chocolat, Schokolade, Schoggi	Kakao, heiß oder kalt

Wurst sucht man auf Schweizer Frühstückstischen häufig umsonst, dagegen wird Käse angeboten, außerdem Flockenmischungen, Cornflakes, Yoghurt und Quark.

Mittagessen

Traditionellerweise ist das Mittagessen die Hauptmahlzeit der Schweizerinnen und Schweizer. Die Zeiten, in denen sich die ganze Familie am Mittagstisch versammelte, gehören aber auch hier bald der Vergangenheit an. Denn obwohl die Distanzen zwischen Arbeits- und Wohnort immer noch verhältnismäßig klein und Tagesschulen nach wie vor die Ausnahme sind, hat der gesellschaftliche Wandel auch vor der Schweiz nicht halt gemacht: Mit der steigenden Mobilität ist es keine Seltenheit, dass jemand in Basel wohnt und in Bern oder Zürich arbeitet. Flexiblere Arbeitszeiten haben dazu geführt, dass viele Leute sich in der Mittagspause nur eine kleine Zwischenverpflegung zu sich nehmen, um dann am Abend früher Feierabend zu machen und eine warme Mahlzeit zu genießen. Auch die klassische Hausfrau und Mutter, die das Essen zu Hause zubereitete und bereit hielt, wenn Mann und Kinder heim kamen, hat mittlerweile Seltenheitswert. So sind immer mehr Menschen auf Restaurants, Imbissbuden und Take aways angewiesen.

Fleisch

Seit der BSE-Krise muss in der Schweiz sowohl in Lokalen als auch beim Fleischer und im Supermarkt das Herkunftsland des Fleisches deklariert werden. Die beliebtesten Fleischlieferanten sind Schwein, Rind und Kalb. Von diesen werden verschiedene Stücke in unterschiedlichen Zubereitungsarten serviert. Sehr beliebt sind *Voressen* (Gulasch, Ragout) und *G'hackets* (Hackfleisch), nicht zuletzt, weil sie mindestens früher als besonders preiswert galten. Unter einem *Plätzli* versteht man hierzulande ein Schnitzel. *Gschnätzlets* wiederum sind klein geschnittene («geschnetzelte») Fleischstücke. *Fleischvögel* sind keine Vögel aus Fleisch, sondern Fleischrouladen. Hühnerfleisch heißt *Poulet*.

Beilagen

Neben den jahreszeitlich aktuellen Gemüsesorten sind Kartoffeln in verschiedenen Zubereitungsformen, Reis und Nudeln die beliebtesten Beilagen zu den Hauptgerichten. Als übergeordnete Bezeichnung für Nudeln verwendet man in der deutschsprachigen Schweiz *Teigwaren*; mit *Nüdeli* bezeichnet man lange, schmale, flache Bänder. Die breite Ausführung nennt man *Nudeln*. Unter den zahlreichen anderen Teigwarensorten seien hier nur die *Hörnli* speziell erwähnt. Wer sie erfunden hat, ist nicht bekannt. Auch in Süddeutschland kennt man die Bezeichnung «Hörnli». In der Schweiz gehören sie zu den beliebtesten Leibgerichten der einheimischen Bevölkerung. Es handelt sich um kleine (zirka 1 bis 2 cm lange), gebogene Röhren, deren Durchmesser leicht variieren kann.

Reis wird meist in Form von Trockenreis oder Risotto gereicht. Dafür verwendet man unterschiedliche Reissorten. Risotto ist ein feuchter, klebrig-schwerer Reis, der in der italienischen Schweiz sehr beliebt ist und dort am besten schmeckt. Ebenfalls aus der Südschweiz stammt die Polenta, ein Maispürée, das gerne zu Kaninchenbraten (*Chüngel*) serviert wird. Kartoffeln findet man sowohl auf dem Familientisch als auch in Gaststätten in verschiedenen Darreichungsformen: als Salzkartoffeln, Bratkartoffeln, *Kartoffelstock* (Kartoffelpürée), *Gschwellti* (Pellkartoffeln), *Röschti* (geraffelte und gebratene Kartoffeln), Kroketten und natürlich Pommes frites.

Ratatouille ist eine pikante Gemüse-Beilage aus *Peperoni* (Paprikaschoten), Zucchetti, Auberginen und Tomaten.

Getränke

Alle Getränke aufzuzählen, die sich auf Schweizer Speisekarten finden, würde zu weit führen. Wir beschränken uns an dieser Stelle auf einige Besonderheiten und Spezialitäten:

Wein wird in Dezilitern (dl) gemessen und ausgeschenkt. Offenweine werden also nicht als «Viertele», sondern als *Einerli* (1 dl), *Zweierli* (2 dl), *Dreierli* (3 dl) und *Halbeli* (5 dl, ein halber Liter) serviert. Ein «Schorle» ist *e gschprüzte Wiisse*; *es Einerli uf es Zweierli gschprüzt* heißt 1 dl Weißwein wird mit Wasser auf 2 dl verdünnt, entsprechend stärker ist *es Zweierli uf es Dreierli grschprüzt*: Hier werden 2 dl Wein mit 1 dl Wasser ergänzt. *Es Cüpli* ist ein Glas Sekt oder Champagner. Vor allem in den 80er Jahren hofierte jede Kunstgalerie und jede Modeboutique, die etwas auf sich hielt, ihre Gäste bei Vernissagen und Modeschauen mit Cüpli. Mittlerweile erfreut sich dieses Getränk vor allem in (Wein-) Bars großer Beliebtheit.

Bier wird im Offenausschank gezapft oder in Flaschen serviert. Es gibt, neben vielen ausländischen Biersorten, einheimisches helles und dunkles Bier (Malzbier). Auch hier gibt es verschiedene Maße, die teilweise – Sie ahnen es schon – von Kanton zu Kanton wieder andere Bezeichnungen haben. Ein «Radler» heißt hierzulande *Panaché* (= frz. «gemischt») – auch in der Deutschschweiz.

Im Sektor der alkoholfreien Getränke sind vor allem einige Mineralwasser zu erwähnen, beziehungsweise deren Bezeichnungen, mit denen Ausländerinnen und Ausländer häufig nichts anfangen können. Unser Apfelsaft sorgt beispielsweise in Schweizer Restaurants immer wieder für Verwirrung: Hier sagt man (*Süess-*) *Moscht* (Süssmost); es gibt aber auch *Suure Moscht,* vergorener Apfelsaft) und *Öpfelwii* (Apfelwein, *cidre*). Apfelsaft-Schorle ist weniger bekannt als in Deutschland, aber man kann sich auch behelfen, indem man Mineralwasser und Apfelsaft selbst mischt. Zu unterscheiden wäre ferner zwischen dem klaren, kohlesäurehaltigen Apfelsaft und dem trüben (*trüebe Moscht*), der meist frisch gepresst pasteurisiert, aber nicht mit Kohlensäure versetzt wird; dadurch ist er weniger lange haltbar. *Suuser* (Sauser) ist junger Traubensaft im Gärstadium, der noch kaum alkoholhaltig ist (Neuweißer); leider muss man heute ziemlich weit gehen, um noch irgendwo unpasteurisierten Sauser zu bekommen, der aus eigener Traubenlese stammt: Meist handelt es sich um Tiroler Sauser, der pasteurisiert wurde und fast gleich süß schmeckt wie gewöhnlicher Traubensaft.

Eine sympathische Tradition, die viele Lokale in die heutige Zeit gerettet haben, ist die Tatsache, dass ein Glas Himbeersirup für kleine (aber wirklich nur kleine!) Kinder nichts kostet.

Desserts und Süßspeisen

Vorsicht mit Kuchen bzw. dem Schweizer Wort *Chueche*! Meist handelt es sich um eine Wähe – *Chääschueche* (oder eben die kleine Ausgabe: *Chääschüechli*) ist kein

Käsekuchen, wie wir ihn kennen (das ist in aller Regel die Quarktorte), sondern Käsewähe. Für die «Wähe» gibt es mindestens drei verschiedene Wörter: *Chueche*, *Waie* oder *Wäie* und *Dünne*. Die Kunst besteht darin herauszufinden, welches wo verwendet wird: *Waie/Wäie* ist auf die Nordwestschweiz begrenzt, *Dünne* sagt man mehrheitlich in der Ostschweiz, und *Chueche* gilt in allen übrigen Landesteilen der deutschsprachigen Schweiz. *Meringues (Merängge)* nennt man eine Masse aus sehr steifem Eiweißschnee und Zucker, die im Ofen ausgebacken wird. Idealerweise sollte sie weiß bis höchstens elfenbeinfarbig bleiben und beim Kauen nicht zerbröseln, sondern in den Zähnen leicht kleben bleiben – also nicht nur eine Kalorienbombe, sondern auch noch ein Plombenkiller! Schokoküsse heißen häufig noch immer – politisch ganz unkorrekt – *Mohrechöpf* (Mohrenköpfe); dafür weiß jedes Kind, was damit gemeint ist. Karamell- und Grießpudding sind *Caramel-* resp. *Grießköpfli*, Speiseeis nennt man in der Schweiz *Glacé* (Betonung auf der ersten Silbe!).

Abendbrot

Diese Mahlzeit heißt in der Schweiz Abend- oder Nachtessen. Wer am Mittag eine warme Mahlzeit zu sich genommen hat, isst abends meist nur noch eine Kleinigkeit. Häufig besteht sie aus – aufgewärmten – Resten vom Vortag. Beliebt ist auch das *Café complet*: Milchkaffee mit Brot, Käse, Wurst, Butter und Marmelade, Yoghurt.

Einige Schweizer Spezialitäten

Röschti

Dieses beliebte Kartoffelgericht kann man sowohl aus rohen als auch aus vorgekochten Kartoffeln zubereiten. Diese werden an der *Röschtiraffel* zu flockenartigen Stäbchen zerkleinert und mit Butter oder Bratöl in einer flachen Bratpfanne zu einem goldenbraunen Kuchen gebraten. Es gibt verschiedene Varianten: Mit *Speckwürfeli*, mit Schinken, Käse und/oder Spiegelei.

Chäässchnitte

Käsespezialitäten sind so etwas wie ein Markenzeichen der Schweiz. Neben Käse-Fondue (in der Schweiz spricht man schlicht von *Fondue*) und *Raclette*, den beiden Käsespezialitäten aus der französischsprachigen Schweiz, sind auch *Käseschnitten* beliebt. Das Grundrezept ist ganz einfach: Eine Brotscheibe, wenn möglich mit Weißwein beträufelt, wird mit dünnen Käsescheiben belegt und im Ofen überbacken. Auch hier gibt es zahlreiche Varianten.

Chääs und Gschwellti

Käse und Pellkartoffeln genießen vor allem im privaten Rahmen einen hohen Stellenwert als Abendessen. In der Mitte steht eine Käseplatte mit einer reichhaltigen Auswahl an Weich-, Halbhart- und Hartkäse inländischer und ausländischer Herkunft sowie Butter, dekoriert mit Trauben, Oliven, sauren Gürkchen *(Cornichons)* Perlzwiebeln usw. Dazu werden heiße Pellkartoffeln im Körbchen gereicht, und natürlich darf auch der Weißwein nicht fehlen. Dieses Essen hat wie Raclette den Vorteil, dass es sich in kurzer Zeit zubereiten lässt (wer gar keine Zeit hat, ehe die Gäste kommen, noch die Käseplatte zu belegen, kann sie sich auch im Fachgeschäft bestellen und abholen oder liefern lassen). Lediglich der Nachschub an Pellkartoffeln sollte immer frisch zubereitet und nachgereicht werden, damit die Kartoffeln nicht pampig und/oder kalt werden. So muss niemand in der Küche stehen und kochen, während sich die Gäste gemütlich unterhalten.

Hörnli und G'hackets

In Butter gebratenes Hackfleisch und *Hörnli* (Nudeln) sind ein traditionelles Schweizer Gericht. Das Ganze wird mit geriebenem Käse bestreut, und dazu werden lauwarmes Apfelmus oder gekochte Apfelschnitze serviert!

Älplermaggronen

Ebenfalls ein «deftiges» Essen, von dem man schnell satt wird und das außerdem, wenn es richtig zubereitet wird, hervorragend schmeckt! Es handelt sich hier um einen Gratin, dessen Hauptzutaten neben den *Hörnli* Kartoffeln, Käse, Zwiebeln und Sahne sind.

Capuns

… sind eine Spezialität aus Graubünden. Die Zubereitung ist sehr aufwändig, aber wenn sie gelingen, schmecken sie lecker. Der Name leitet sich von der Form ab: Diese Krautwickel erinnern entfernt an gemästete, gefüllte und gebratene Hähnchen (rätorom.: *capun, chapun;* vgl. dt. (Mast-) Kapaun). Sie haben in Wirklichkeit nichts mit Brathähnchen oder anderem Geflügel zu tun. Die Hauptzutaten bestehen aus Bündner Salsiz (eine Dauerwurst, ähnlich wie Salami), Speck, Bündnerfleisch, Rohschinken, Lauch und Zwiebeln sowie verschiedenen Gewürzkräutern; in Butter gedünstet werden diese Zutaten unter einen Teig aus Mehl, Milch, Eiern und ganz wenig Salz gemengt. Diese Masse wiederum wird in blanchierte Mangoldblätter gewickelt, welche man kurz in Butter anbrät, mit Bouillon ablöscht, mit Rahm verfeinert und schließlich mit fein geschnittenem, gebratenem Rohschinken und geriebenem Käse bestreut anrichtet.

Polenta

Die Grundzutaten für diese Tessiner Spezialität und ihre Zubereitung sind einfach: Grobes Maisgrieß wird mit Wasser auf- und etwa eine Stunde zu einem Brei eingekocht. Eine richtige Tessiner *Polenta* wird über offenem Feuer in einem Kupferkessel zubereitet, wobei Kenner sagen, sie schmecke nur richtig gut, wenn sie beim Kochen etwas anbrennt! Während ein Kupferkessel und offenes Feuer im «gewöhnlichen» Haushalt schwierig aufzutreiben sein dürften, lässt sich nur schwer vermeiden, dass die Masse beim Kochen am Pfannenboden anklebt und man den Topf gründlich scheuern muss; die angeklebten Reste lassen sich jedoch leicht entfernen, wenn man über Nacht kaltes Wasser im Topf stehen lässt.

Die detaillierten Rezepte für diese und viele weitere Spezialitäten finden Sie auf den folgenden Internetseiten (letzter Zugang 8. Juli 2002):
http://www.schweizer-kochrezepte.ch/rezepte/schweiz.html
http://www.foodnews.ch/news/rezepte/CH_Rezepte.html

Teil 4

Pflege und Medizin

16 Krankenpflege in der Schweiz

Wer sich für einen Beruf in der Gesundheits- und Krankenpflege entscheidet, verbindet damit häufig sehr hohe ethische und soziale Ideale. Anders als bei der Entscheidung für ein Medizinstudium – bei der auch der Prestigegedanke oftmals eine große Rolle spielt – ist die Berufswahl im Bereich «Pflege» noch eher von einer «Berufung» geprägt. Berufseinsteiger lassen sich vom Gedanken des Helfens leiten, wollen – fachlich kompetent und einfühlsam – kranken Menschen in ihrem Krankheitsprozess beistehen und zu deren Genesung beitragen.

Romantische Vorstellungen, Arztserien und Romane lassen oft ein unrealistisches Bild von der Arbeit in einem Krankenhaus entstehen. Doch wären sich viele zu Anfang ihres Berufseinstieges schon darüber im Klaren, was der Beruf am Krankenbett für den einzelnen Pflegenden physisch und psychisch bedeutet, wären die Krankenpflegeschulen wohl mit noch weniger Auszubildenden besetzt.

Im Laufe der Berufsjahre wird man erkennen, dass man von seinen Idealvorstellungen Abstand nehmen muss. Immer enger geschnürte Budgets der Krankenkassen, der öffentlichen und privaten medizinischen Einrichtungen führen zu Personaleinsparungen und zu reduzierten therapeutischen Maßnahmen, die mit dem Slogan «so viel wie nötig – so wenig wie möglich» propagiert werden.

Es ist viel geschrieben worden über die Berufsflucht des Krankenpflegepersonals und deren Ursachen, über das Burn-out-Syndrom, über die multiplen Belastungsfaktoren, die durch das «Arzt-Patient-Angehörige-Kollegen-Quartett» entstehen. Man findet jedoch kaum Literatur darüber, wie man zu den Oasen in der Pflege gelangt, in denen man sich – geprägt durch seine eigene Pflegephilosophie – wohl fühlt.

Krankenhäuser, die in ihrem Pflegeleitbild eine bestimmte Religion oder eine gewisse Geisteshaltung zum Ausdruck bringen, bieten in der Regel einen Rahmen, um Pflege als Beruf so ausüben zu können, dass das Wohl von Pflegendem und Gepflegtem gleichermaßen im Vordergrund steht. Doch nicht jeder identifiziert sich mit Rudolph Steiners anthroposophischer Weltanschauung oder mit einer Arbeit in einer karitativen beziehungsweise diakonischen Einrichtung.

Da kommen eher Gedanken an ein Land auf, von dem man schon viel gehört und gelesen hat und dessen Ruf hervorragend zu sein scheint: Die Schweiz – das Vorbildland der Pflege.

16.1 Besonderheiten in der Pflegephilosophie

Vielleicht ist die ständige Konfrontation in Berufen der Pflege und Medizin mit dem ewigen Kreislauf der Geburt, des Leidens und des Todes und dessen Projektion auf sich selbst ein Grund dafür, dass dieser Berufszweig geradezu prädestiniert ist für die Schaffung philosophischer Grundlagen und Orientierungen. An keinem anderen Platz im Berufsleben wird einem tagtäglich so sehr bewusst, wie vergänglich und verletzlich wir sind.

Die Pflege anderer und die Selbstpflege der Pflegenden kann in ihrer Ausübung nur dann zur Zufriedenheit aller führen, wenn man sich Gedanken über die optimale Umsetzung macht. Eine medizinische Einrichtung, welche die Zufriedenheit ihrer *Mitarbeiter und Kunden* zum Leitbild erhebt, handelt philosophisch.

Die Schweiz ist ein Land, das in Sachen Krankenpflege schon immer ein Vorreiter war, so auch in der Entwicklung von Pflegeleitbildern, die einer entsprechenden *Firmenphilosophie* zugrunde liegen.

Die Arbeitsplätze im Gesundheitswesen der Schweiz werden attraktiver denn je gestaltet, auch um den besorgniserregenden Hinweis des Schweizerischen Berufsverbandes für Gesundheits- und Krankenpflege über die schwindende Anzahl von Auszubildenden ernst zu nehmen.

Die Zahl der ausländischen Pflegekräfte in der Schweiz ist sehr hoch. Das Ergebnis der Volkszählung von 1990 ergab einen Ausländeranteil von 25 Prozent im Pflegebereich. Man geht heute von einer Erhöhung auf bis zu 30 Prozent aus.

Der Grund, weshalb Schweizer sich eher für andere Berufszweige entscheiden, ist wahrscheinlich, dass der Verdienst in anderen Berufen um einiges höher ist und die Arbeitszeiten geregelter sind. Jedenfalls weist dieses Land eine große Lücke im Pflegepersonalbestand auf, die es zu schließen gilt.

Ausländische Pflegekräfte, die nach neuen Wegen suchen, fragen sich natürlich, was die wesentlichen Elemente sind, welche die Schweizer Gesundheits- und Krankenpflege so hervorheben, so anders und so interessant machen. Nachfolgend möchte ich auf die einzelnen «Besonderheiten» eingehen und sie kurz erläutern.

16.1.1 Das Pflegeleitbild

Mit dem Leitbild stellt sich eine Institution hinter einen entsprechenden Gedanken und einen Stil, der alle Bereiche in einer medizinischen Einrichtung wie ein roter Faden durchzieht. Man geht auf Handlungsgrundsätze im Selbstverständnis eines Krankenhauses ein, auf Ziele, die man für die Patientenzufriedenheit erreichen will; richtet sich an Mitarbeiter, die sich wegen der attraktiven Arbeitsbedingungen im Betriebsklima wohl fühlen sollen; gibt eine Stellungnahme zur Marktorientierung, zur Wirtschaftlichkeit und zu den Finanzen ab; strebt eine zufriedenstellende Zusammenarbeit mit den Krankenkassen, den Beleg- und zuweisenden Ärzten an. Nicht zuletzt soll auch die Bevölkerung durch Öffentlichkeitsarbeit angesprochen und informiert werden.

Jeder Mitarbeiter verpflichtet sich mit dem unterschriebenen Arbeitsvertrag, sein Handeln nach den Grundsätzen des Leitbildes auszurichten. Damit diese Verpflichtung nicht zur reinen Pflicht wird oder gar ganz aus dem Blickfeld der täglichen Arbeit gerät, bieten die meisten Arbeitgeber entsprechende Leistungsanreize an.

16.1.2 Die Pflege des Pflegenden

Jeder in der Pflege Beschäftigte weiß, dass er gut daran tut, sich nicht selbst zu vernachlässigen, um seine Kräfte und Reserven nicht ausschließlich am Krankenbett zu verausgaben. Viele Arbeitgeber bieten dem Krankenpflegepersonal deshalb entsprechende Möglichkeiten an, sich in verschiedenen Gruppen zu regenerieren. So genannte «Humorgruppen» oder «Northern-Walking-Gruppen» sollen Geist und Körper frei machen von erlebtem Stress.

Humor als therapeutische und soziale Kompetenz kann, wenn man der Fachliteratur Glauben schenken will, tatsächlich entwickelt und gefördert werden. Man belässt es hierbei nicht bei der alten These, dass der Mensch eben ein eher ernstes oder humorvolles Wesen mit in die Wiege gelegt bekommen hat, sondern versucht, den Humor jedes Einzelnen zu thematisieren und ihn aus der Reserve zu locken.[4]

Das relativ neue Fachgebiet der «Gelotologie» (Lachforschung) weist nach, dass Humorreaktionen das Immunsystem beeinflussen, dass Lachen Schmerz reduzieren, Stressabbau, Durchblutung und Verdauung fördern oder helfen kann, den Blutdruck zu senken. Die Ergebnisse und Ansätze in diesen Bereichen sind vielversprechend. (Hain, 2001).

Im sportlichen Bereich ist das «*Northern Walking*» (eine Form des zügigen Laufens mit langen Stöcken) für Mitarbeiter und Patienten gleichermaßen gesundheitsfördernd. Das Besondere ist die mit dem Behandlungsteam und den Patienten gemeinsam ausgeübte Bewegung.

Manche Krankenhäuser stellen ihren Mitarbeiterinnen und Mitarbeitern Trainingsräume zur Verfügung oder bieten kostengünstig medizinische Massagen oder physiotherapeutische Behandlung an.

Während des Rapports finden in einem regelmäßigen Zeitabstand so genannte «Befindlichkeitsrunden» statt. Hier besteht zum Beispiel die Möglichkeit, auf Spannungen im Team aufmerksam zu machen oder auf seine eigene augenblickliche Verfassung zu sprechen zu kommen.

16.1.3 Krankenpflege – praktiziert in anderen Mentalitäten

Wie Pflege am kranken Menschen definiert und praktiziert wird, welche Bereiche mit einfließen und in welcher Form die Familien mit in den Handlungsablauf integriert werden, ist kulturell unterschiedlich und in jeder Mentalität charakteristisch verwurzelt.

---

4 vgl. zum Beispiel Bischofberger (2002)

«Sind wir so anders als ihr?», fragen mich Schweizer oft, wenn wir auf kulturelle Unterschiede zu sprechen kommen.

Der Geist, der mentalitätsbedingt durch die Schweizer Spitäler weht, ist ein *Leisetreter*. Lautes ist ihm verhasst und hierarchisches Gehabe fremd. Er nickt anerkennend vor «Fachfrauen und -männern» und verbeugt sich auch vor dem Reinigungspersonal. Selten trifft er auf genervtes Pflegepersonal, dessen Ventil sich am Unterassistenten entlädt.

Das Gefüge scheint sich auf eine spezielle Art und Weise zu arrangieren – so wie es die vielen Volksstämme im Land untereinander tun. Ein Vielvölkerstaat kann nur durch Respekt dem Andersartigen gegenüber reibungslos funktionieren. Doch Gefügeverschiebungen gibt es auch hier. Die Verschiebenden sind meistens die Mentalitätsfremden aus dem umliegenden Ausland. Wem es nicht gelingt, sich langsam an das System heranzutasten, der macht am Anfang seiner Tätigkeit durchaus so manche zurückweisende und spannungsgeladene Erfahrung.

In der Schweiz erfährt man eine wohl einzigartige Wahrung der Persönlichkeits- und Intimsphäre des Patienten. Im Patientenzimmer beschränkt sich die Kommunikation ausschließlich auf den pflegerischen und therapeutischen Ablauf und auf das patientenbezogene Gespräch. Persönliche Gespräche zwischen den Pflegenden werden nicht im Patientenzimmer geführt. Es wird auch peinlichst genau darauf geachtet, dass die Türen in den Patientenzimmern bei jeglicher pflegerischen Verrichtung und ärztlichen Untersuchung geschlossen bleiben.

In diesen Handlungsweisen spiegelt sich der Respekt gegenüber den Patienten wider. Ebenso erfährt das Pflegepersonal Respekt von ärztlicher Seite; selbst Kleinigkeiten, wie das Entsorgen des ärztlich verursachten Mülls, wird von den Verursachern persönlich erledigt.

Abbildung 16-1: «Silencionische Idylle.» ©Elmar Frink

16.1.4 Das Qualitätslabel

In Branchen außerhalb des Gesundheitswesens wird Qualität schon lange durch die international anerkannte ISO-Norm sichergestellt. Im Pflegebereich hingegen verfügte man bisher weder national noch international über adäquate Qualitäts-messmethoden. Jedes Krankenhaus, jede medizinische Einrichtung definierte ihre Pflegequalität selbst.

Der Schweizer Berufsverband für Krankenpflege (SBK) hat diesen Mangel bereits in den 1980er Jahren erkannt. Engagierte Krankenschwestern und -pfleger entwickelten mit wissenschaftlicher Begleitung ein neues und weltweit einzigartiges Konzept: das *Care Quality Label*. Im August 2000 wurde die aus dem SBK hervorgegangene *Concret AG* als Akkreditierungsstelle vom Bund offiziell anerkannt.

Das Qualitätslabel der *Concret AG* ist – gleich wie ISO auf der Unternehmens-ebene – Ausdruck für die Erfüllung strenger Qualitätsnormen (Schweingruber, 2000). Für eine medizinische Institution ist die Zertifizierung ein Leistungsnach-weis, der sich auch für die Imagepflege verwenden lässt. Kostensenkung und Sicher-stellung des Leistungsniveaus sind ebenfalls wichtige Aspekte dieser Qualitäts-messung.

Für die Zertifizierung werden sämtliche Pflegeeinheiten durch so genannte «Er-hebungen» überprüft. Eine Erhebung dauert dreieinhalb Tage und wird von zwei Fachexperten durchgeführt. Im Patientenzimmer, sozusagen an Ort und Stelle, wird der Tagesablauf beobachtet und protokolliert. Die Pflegenden werden durch Ge-spräche in die Erhebung mit einbezogen, die Pflegedokumente werden ausgewertet und das Ergebnis wird am Schluss in einem mündlichen und schriftlichen Bericht der ganzen Abteilung präsentiert.

Der mündliche Bericht ist das Kernstück der Erhebung. Wenn es zu einem kon-struktiven Gespräch kommt, können nachhaltige Veränderungen die Folge sein. Falsch gesetzte Prioritäten und Abläufe und falsch eingesetztes Personal können sich qualitätsschwächend auswirken. Auf einfache Weise können oft Verbesserun-gen erzielt werden.

Ein paar Monate später erfolgt eine Nachkontrolle in Form von *Audits*. Wenn alle Anforderungen erfüllt sind, erfolgt die Zertifizierung.

Pflege wird durch diese Messmethode nicht einfach auf ein starres Raster redu-ziert, sondern berücksichtigt im Besonderen die qualitativen Gesichtspunkte. Die Vorteile der Erhebung sind:

- Verbesserungen in der professionellen Zusammenarbeit
- die Einbringung von konstruktivem Feedback durch eine neutrale Stelle
- konkrete Verbesserungsvorschläge
- das Aufzeigen von Weiterbildungsbedürfnissen
- wertvolle Hinweise für die Klinikleitung auf das Pflegeniveau ihrer Institution.

Das große Engagement der einzelnen Schweizer Spitäler und medizinischen Ein-richtungen, Mitarbeitern ein angenehmes Betriebsklima und Rahmenbedingungen zu schaffen, in denen sie sich wohl fühlen, hat der Schweizer Gesundheits- und Krankenpflege einen herausragenden Ruf beschert. Die «Mitarbeiterpflege» steckt vor allem in Deutschen Kliniken noch in den Kinderschuhen. Zahlreiche frisch examinierte Deutsche Krankenschwestern und -pfleger lassen sich von der Neugierde nach diesem Land leiten und wagen einen Sprung in das «gelobte Land».

16.2 In der Ruhe liegt die Kraft – über die Zeit für den Patienten

Zeit ist uns so vertraut, dass wir sie schon als selbstverständlich hinnehmen. Zeit ist ein transzendentaler Begriff. Sie ist Vergangenheit, Gegenwart und Zukunft. Zeit ist etwas Kostbares, weil wir immer weniger davon haben.

Die moderne Welt ist geprägt von festen Zeiten, in denen sich Abläufe periodisch wiederholen. Man beginnt den Tag zu einer bestimmten Zeit und spult nach der Zeit die eingeübten und erwarteten Rituale ab. Zeit für sich selbst muss man sich manchmal stehlen. Offiziell ist es in einem vollbepackten Arbeits- und Familienleben nicht möglich, viel Zeit für sich zu haben.

Doch der Körper verlangt nach Zeit, in der er sich regenerieren kann. Durch den Schlaf holt er sich Zeit. Wer wenig schläft, wenig ruht, ständig arbeitet, dauernd in Bewegung ist – den zwingt die engste Verbündete der Zeit dazu, sich diese zu nehmen – *die Krankheit*. Die Krankheit wiederum braucht Zeit, um gepflegt und therapiert zu werden und schließlich zu heilen.

Menschen in großen Städten Amerikas gehen zügigen Schrittes durch die Straßen. Menschen in südlichen Regionen fahren oftmals abenteuerlich schnell mit ihrem Auto. Menschen in Deutschland trippeln in der Warteschlange meistens ungeduldig von einem Fuß auf den anderen. Da fallen sie natürlich auf, die Schweizer. Sie fallen auf, weil sie kaum ungeduldig und entnervt schauen und trippeln, weil sie diszipliniert Auto fahren und unauffällig gehen. Sie haben sich nämlich etwas bewahrt, worüber sich das Ausland gerne amüsiert, aber sie insgeheim beneidet – sie haben noch ein bisschen mehr *Zeit*.

Zeit ist für eine gute Pflege unerlässlich. Die Umsetzung modernster Pflegetheorien und Konzepte kann nur dann funktionieren, wenn genügend Handlungsfreiraum zur Verfügung steht. Leider ist dieser Handlungsfreiraum in vielen Kliniken nicht vorhanden, da die Ausgabeneinsparung einer Klinikverwaltung meistens mit der Personalreduktion beginnt.

Kranke Menschen erfahren notgedrungen keine «personengerechte Pflege» mehr. Liliane Juchli (1991) definierte den Begriff der personengerechten Pflege, der Patienten und Pflegende gleichermaßen mit einbezieht.

Krankenschwestern- und Pfleger können unter solchen Bedingungen nur noch das Nötigste in der Pflege erledigen und sind gezwungen, Prioritäten zu setzen, um den Patienten zumindest in Ansätzen gerecht zu werden.

Die mangelnde Zeit wirft die Pflege zurück in ihre Anfänge: Waschen – Essen austeilen – Medikamente verabreichen – Gespräche beginnen und abwürgen – Trost spenden und Mut zusprechen mit schnellen Gesten und Worten.

Ideen und Vorgehensweisen, um einen befriedigenden Pflegeprozess in Gang zu bringen, verpuffen im Nichts und werden immer mehr zu unrealisierbaren Wunschvorstellungen. Ein Kreislauf beginnt: In der Bevölkerung wächst das Unbehagen vor einem Krankenhausaufenthalt, der Pflegeberuf erleidet seit Jahren einen fortschreitenden Imageverlust, junge motivierte Pflegekräfte flüchten erschöpft und ausgebrannt in andere Berufszweige oder in Berufsnischen der Pflege.

Die Nischen der «Pflegemüden» sind vorwiegend in der Managementebene und in den Ausbilderfunktionen angesiedelt. Diese Pflegefachgebiete genießen einen großen Bewerberansturm. Das Resultat ist, dass man zwar viele Organisatoren und Lehrende gewinnt, aber die Basis am Krankenbett immer weiter ausgedünnt wird.

Pflegende, die sich nach einem Land wie der Schweiz umsehen, hoffen in der Regel, nicht nur neue Erfahrungen zu sammeln, sondern auch andere Voraussetzungen für die Umsetzung ihrer Vorstellungen von Pflege vorzufinden.

Wer sich im Ausland bewirbt, schaut sich häufig gleich mehrere Spitäler an und arbeitet am Schnuppertag eine Schicht lang in der Abteilung mit, für die er/sie sich interessiert. Schon an diesem einen Tag lernt man erstaunliche Unterschiede zum Pflegealltag in vielen deutschen Kliniken kennen. Die Beispiele beziehen sich auf Erfahrungen des Arbeitsablaufes auf verschiedenen Schweizer Intensivstationen.

16.2.1 Die Zeit für den Patienten

Der Grundpflegevorgang wird in den meisten Schweizer medizinischen Einrichtungen mit sehr viel Zeit verbunden. Wer mit Ruhe pflegt, wirkt beruhigend.

Das Waschen eines Patienten wird nicht nur als Reinigungshandlung angesehen, sondern als Gelegenheit, all die erlernte Kunst der ganzheitlichen Pflege mit einfließen zu lassen. Kommunikation, soweit sie das Befinden des Patienten zulässt, findet Raum, ebenso die Durchführung von atemtherapeutischen Maßnahmen, Einreibungen, das Anbringen von Wickeln und kinästhetische Bewegungsabläufe bei der Mobilisation. Im Gespräch mit ausländischen Mitarbeitern erfährt man immer wieder, dass es ihnen am Anfang schwer gefallen ist, sich an das gemäßigtere Tempo zu gewöhnen. Doch je länger sie in der Schweiz arbeiten, desto ungewöhnlicher erscheint ihnen bei einem Heimataufenthalt die dort gewohnte Betriebsamkeit.

Viele Spitäler streben auf den Intensivstationen an, eine Pflegekraft für einen Patienten einzuteilen. Dies lässt sich jedoch nicht immer realisieren. In der Regel betreut eine Pflegekraft zwei Intensivpatienten, bei Engpässen natürlich mehr.

Die Patienten, die ja vielerorts schon als Kunden und mancherorts sogar als Gäste bezeichnet werden, geben ein reges «Feed-back» über die genossene Pflege und Betreuung. Die meisten empfinden die ihnen gewidmete Zeit und die Freundlichkeit als wichtigstes Genesungserlebnis.

Sich zu einem Patienten setzen, um ein Gespräch zu führen, wird von den Kollegen als zur Arbeit gehörend angesehen und eher positiv gewertet. Hier ist nicht die Person am angesehensten, die wie von der Tarantel gestochen ständig umherläuft und Hektik verbreitet, sondern die Person, die durch ihr ruhiges kompetentes Wesen glänzt. Die vorhandene Zeit schult außerdem die Geduld.

Wer kennt die Situation nicht, in der wieder einmal der neuaufzunehmende Patient, der angemeldete Patient aus dem OP und die Komplikation eines Langzeitpatienten auf einmal kommen? Trotzdem erlebt man in der Regel ein freundlich-ruhiges «Krisenmanagement». Selbst bei hohen Arbeitsspitzen nehmen sich das Schweizer Pflegepersonal und die Ärzte Zeit, um mit Patienten zu sprechen. Auch wenn der Patient noch so undeutlich spricht oder sein Anliegen in fast unleserlicher Schrift auf einem Blatt Papier darlegt, wird geduldig und einfühlsam versucht, Wort und Schrift zu dekodieren.

Im Zuge des Spardruckes im Schweizer Gesundheitswesen haben der Nationalrat Paul Günter (Chefarzt und Stiftungsrat) und Großrätin Annemarie Kempf Schluchter, Berner Präsidentin des Schweizerischen Verbandes des Krankenpflegepersonals, im Sommer 2001 eine Umfrage durchgeführt, welche die Erwartungen der Bevölkerung an einen Krankenhausbetrieb neben der fachlich kompetenten Betreuung zu ermitteln suchte. Das Ergebnis der Umfrage lautete: «Zeit und nochmals Zeit.» (Günter, 2001)

«Die Umfrage war Teil einer Veranstaltungsreihe zum Thema Kostenentwicklung im Gesundheitswesen. Im Wesentlichen forderten die befragten Personen:
- Zeit, damit sich Patienten beim Spitaleintritt besser orientieren können
- Zeit für das vertrauensbildende Gespräch zwischen Ärzten und Kranken
- Zeit, in der Ärzte ihre Behandlungsmethode erklären und legitimieren
- Zeit für eine Atmosphäre von Geborgenheit und Sicherheit
- Zeit, damit die Patienten im Spitalbetrieb wahr genommen und ernst genommen werden
- Zeit für Gespräche, die Nachfragen und Erklärungen möglich machen.»
(Günter, 2001)

Für Herrn Günter und Frau Kempf Schluchter bedeutet dies, dass die Spitäler Konzepte entwickeln müssen, die den grundlegenden Bedürfnissen der Kranken Rechnung tragen. Wörtlich lautet das Resümee: «Offensichtlich haben die Sparübungen der letzten Jahre den Heilungsfaktor «Zeit» vernichtet.» (Günter, 2001)

Günter und Kempf Schluchter wollen sich dieser Misere annehmen und in national und kantonal abgestimmten Vorstößen Gegensteuer geben.

16.2.2 Zeit für Teamsitzungen und Tages- bzw. Wochenbesprechungen

Die Zeit der Kollegen untereinander ist ebenso wichtig wie die Zeit, die man den Patienten widmen möchte. In monatlichen Teamsitzungen kann man in einem größeren Rahmen und in Ruhe alle stationsinternen Informationen weitergeben. Hier ist Raum, um über aufgetretene Problematiken zu sprechen, spezielle Aufgabengebiete an einzelne Mitarbeiter zu verteilen, über Neuerungen zu diskutieren und pflegerische Themenbereiche intensiv aufzugreifen. In manchen Spitälern finden vor oder nach der allgemeinen Übergabe am Mittag, je nach Bedarf tägliche Kurzbesprechungen statt, bei denen über wichtige Vorkommnisse gesprochen wird. In den Wochenbesprechungen, in denen man kurze Anliegen hervorbringen kann, wird auch auf die Befindlichkeit des Teams und des Einzelnen eingegangen. Durch diese Besprechungsdichte erreicht man eine optimale Abdeckung der Kommunikationsebene unter den Mitarbeitern.

16.2.3 Zeit für den ärztlichen Dialog

Die Kommunikation zwischen dem Pflegepersonal und den Ärzten nimmt ebenfalls Zeit in Anspruch, um gemeinsam das Beste für den Patienten zu erreichen. Um Missverständnisse auszuschließen und übergreifend zu agieren, ist es sehr wichtig, die Behandlungspläne und ärztlichen Verordnungen gemeinsam durchzusehen. Da Krankenschwestern und -pfleger mehr Zeit als die Ärzte am Krankenbett des Patienten verbringen, sind sie neben dem Patienten selbst die wichtigsten Informanten über den Zustand des kranken Menschen. Diese Kommunikationsbasis funktioniert in der Schweiz sehr gut. Mediziner und Pflegende verstehen sich als ein Behandlungsteam, das zum Wohle des Patienten kooperiert.

16.2.4 Zeit für Angehörige

Angehörige wollen betreut sein. Sie befinden sich oft in einer hilflosen Position – überfordert mit dem Leid und der Krankheit eines Angehörigen und mit vielen ungeklärten Fragen belastet.

Die Angehörigenbetreuung und Miteinbeziehung in das Krankheitsgeschehen wird in den meisten medizinischen Einrichtungen mit Bravur gemeistert. Angehörige gelangen durch ein großzügiges Besuchszeitenmodell vermehrt in die Nähe ihres Familienmitgliedes. Informationen über das Krankheitsgeschehen, den Behandlungsablauf und die Prognose werden von den Ärzten in aller Regel sehr freundlich und behutsam gegeben.

Die Zeit, die Menschen durch eine Erkrankung erhalten, gibt ihnen Raum zum Nachdenken: «*Reculer pour mieux sauter*» (wörtlich: sich zurücklehnen, um besser springen zu können) verschafft ihnen eine fruchtbare Phase des Stillliegens, des Neuorientierens. Manche Patienten sind fähig, aus ihrer Erkrankung etwas zu lernen, was sie sonst nicht gelernt hätten. Manche erleben ihr Leiden als Ferment auf dem Weg der Individualisierung. Leidenszeiten sind Etappen im Werden der Persönlichkeit. Die Zeit, die Pflegende und Ärzte den Patienten, die sie betreuen, widmen, unterstützt deren Kampf gegen die Erkrankung und, wenn sie genügend vorhanden ist, auch die Zufriedenheit des Betreuungsteams.

16.3 Personalschlüssel

Die Pflege hat in ihrer Entwicklung in den letzten 50 Jahren einen regelrechten Quantensprung gemacht.

War früher noch die Betreuung von bis zu 50 Betten in Sälen die Regel, so ging man allmählich über in die Funktionspflege, bis zur heute im Trend liegenden Bezugspersonenpflege. Reichten vor 30 Jahren kurze Notizen über die Kreislaufparameter, so werden heute Pflegeanamnesen und Pflegediagnosen gestellt und ausführlich dokumentiert. Diese Entwicklungen führten dazu, dass man sich Gedanken darüber machen musste, wie der Personalschlüssel den Gegebenheiten anzupassen war.

16.3.1 Pflegepersonalbedarfsberechnung nach Exchaquet und Züblin

Die erste größere Arbeit über Pflegepersonalbedarfsberechnungen in der Schweiz erstellten Exchaquet und Züblin 1975 im Pflegesektor, die sich mit zahlenmäßigen Quantifizierungen des Stellenbedarfes auseinander setzten. Mit dieser Berechnung konnten erste, auch auf Forschungsarbeiten gestützte, Stellenpläne erstellt werden. Zentrale Faktoren für die Stellenplanberechnung waren:

- Anzahl der Patienten
- Patientenkategorien (Abhängigkeitsgrad 1 bis 3)
- Dauer der direkten und indirekten Pflege
- hauswirtschaftliche Arbeiten
- Anwesenheit der Pflegenden am Arbeitsplatz

Diese Faktoren haben sich bis heute weitgehend erhalten. Neu hinzugekommen sind die Aufgaben in der Ausbildung.

16.3.2 Leistungserfassung für die Gesundheits- und Krankenpflege (LEP)

Die Abkürzung LEP steht für «Leistungserfassung in der Pflege». LEP ist eine wissenschaftlich fundierte Methode, die aus statistischen Erfassungs- und Darstellungsverfahren für die Gesundheits- und Krankenpflege besteht.

LEP stellt als Management- und Controllinginstrument Prozessdaten für die Führung, die betriebsinterne Planung und Optimierung sowie die Kostenrechnung zur Verfügung. In enger Zusammenarbeit mit Sozialwissenschaftlern und Pflegenden wird LEP seit über zehn Jahren entwickelt und kontinuierlich aktualisiert.

Das Universitätsspital in Zürich und das Kantonsspital in St. Gallen arbeiteten an einer einheitlichen Methode zur Erfassung des Pflegeaufwandes eng zusammen. Zuerst entstand daraus die Geschäftsstelle LEP.

Im Jahr 2000 wurde diese Geschäftsstelle in eine selbständige Firma, die LEP AG, umgewandelt. Sie ist für die Einführung und Betreuung der Methode LEP zuständig.

Gründe für den Einsatz von LEP:

- Ein professionelles Management braucht sachliche Informationen. LEP stellt eine solide Datenbasis für die Planung, Steuerung und Auswertung der pflegerischen Arbeit in Organisationseinheiten beliebiger Größe zur Verfügung.
- Die zu erfassenden Leistungskategorien und ihre Definitionen werden durch Experten aus der Pflege definiert und formuliert.
- Die systematische und standardisierte Erhebung der Pflegeleistung nach LEP ermöglicht es den Pflegenden, ihre Arbeit für sich, aber auch für Dritte (Verwaltung, Ärzte, Kostenträger) innerhalb und außerhalb des Spitals oder der Klinik transparent zu machen. LEP zeigt aussagekräftig und nachvollziehbar auf, dass weder die Bettenbelegung noch die medizinische Diagnose zuverlässige Gradmesser für die Arbeitsbelastung der Pflegenden sind.
- LEP ermöglicht es, die Arbeitsbelastung einzelner Organisationseinheiten miteinander zu vergleichen und auszugleichen.
- Die Berechnung von Stellenplänen kann auf der Basis von LEP-Daten vorgenommen werden.
- Die Kostentransparenz ist sowohl für die interne Mittelverteilung im Spital oder in der Klinik als auch für die Verhandlung mit externen Stellen von großer Bedeutung. LEP kann als Grundlage zur Berechnung von Fallkosten und zur Nachkalkulation von Pflegekosten verwendet werden.
- LEP kann dafür eingesetzt werden, dass die einem Leistungserbringer entstehenden Kosten im Pflegebereich aufgrund der tatsächlichen Beanspruchung seitens der Patienten und Patientinnen verrechnet werden können.
- LEP unterstützt die Professionalisierung der Pflege. Das Instrument bietet der Forschung in der Pflege die Möglichkeit, auf eine große Datenbasis zurückzugreifen.

(Brügger, Bamert, Maeder, 2000)

16.3.3 Fallpauschalen

Bereits 1998 erarbeiteten die Kantonspitäler Aargau, St. Gallen und Luzern für einzelne Krankheitsbilder typische Patientenpfade, bei denen der Pflegeaufwand in die Kostenrechnung eingeflochten wurde. Diese Grundlagen ermöglichten Berechnungen für fallbezogene Kostenrechnungen. Durch standardisierte Behandlung lässt sich so eine Kosten-Nutzenrechnung aufstellen. Von großem Interesse sind die Fallpauschalen für die Kostenträger. Da vor allem multimorbide Patienten komplexe Pflege- und Sozialprobleme haben, sind nur generelle Kostenangaben möglich.

16.3.4 Controlling

Tätigkeitsanalysen und Zeitraumstatistiken bieten eine Fülle von Kontrollmöglichkeiten. Diese Information über spezifische Leistungskomponenten zeigt in der Verbindung von Kosten und Behandlung, wo Einsparungspotenziale liegen.

16.3.5 Nursing data

Das Projekt «Nursing data» befasst sich mit der Frage nach einem gesamtschweizerisch einheitlichen Pflegedatensatz (insbesondere Pflegediagnosen und Pflegeleistungen). Das Ziel von «Nursing data» ist es, ein Erhebungssystem zu empfehlen, welches die Integration der Pflegedaten in die Gesundheitsstatistik ermöglicht.

Das Projekt wird von der Sanitätsdirektorenkonferenz (SDK), dem Bundesamt für Statistik (BFS), dem Schweizer Berufsverband der Krankenschwestern und Krankenpfleger (SBK) und der Schweizerischen Vereinigung der Pflegedienstleiter (SVPLK) finanziert.

Eine Begleitgruppe unterstützt die Arbeit des Lenkungsausschusses und der Projektleitung. Die Mitglieder der Begleitgruppe sind Experten aus den Bereichen der Pflege und Pflegeklassifikation. Ihre Erfahrung und ihr Wissen bringen sie mit ein, um bestehende Systeme und Methoden zu berücksichtigen und um konsensfähige Lösungen zu erarbeiten.

Lange Zeit ist die Arbeit des Pflegepersonals als selbstverständlich betrachtet worden, und das Pflegepersonal galt als verlängerter Arm der Ärzteschaft und ausführendes Organ ihrer Entscheidungen. Die Notwendigkeit, Kosten transparent zu machen und zu begründen, macht die Ausarbeitung eines allgemeinen Konzeptes zur Integration der Pflegedaten in die Gesundheitsstatistik der Schweiz erforderlich.

Instrumente, die verwendet werden, um Pflegedaten zu erfassen, haben in den allermeisten Fällen zum Ziel, den Arbeitsaufwand im Hinblick auf die Personaldotation oder den Auszug der Leistungen für die Fakturierung zu ermitteln.

Doch wie wird das Modell in die Praxis umgesetzt?

- In der ersten Phase wird die Situation des Patienten beobachtet. Nicht nur eigene Referenzmethoden wie Pflegetheorien und psychologische Ansätze werden von den Fachleuten verwendet, sondern auch Ergebnisse von Ärzten, Diätspezialisten und Neuropsychologen. Das klinische Bild wird an Hand der Informationen erstellt und analysiert.
- In der zweiten Phase werden diagnostische Aspekte und Ziele formuliert, die es zu behandeln gilt. Die Besonderheit der Pflege beruht auf der Rolle der Pflegeperson, die diese bei den zu Pflegenden übernehmen muss. Das Pflegepersonal muss sowohl die Ressourcen der zu pflegenden Person als auch allfällige Problemquellen erkennen können. Andere Fachpersonen, die an der Betreuung des Patienten beteiligt sind, werden parallel dazu das gleiche diagnostische Vorgehen anwenden. Diese berufliche Interdependenz wirkt wie ein «Halo-Effekt», in dem die Interventionen der Einen die Interventionen der Anderen beeinflussen.
- In der dritten Phase erbringt das Pflegepersonal aufgrund des diagnostischen Phänomens bestimmte Pflegeleistungen. Diese Interventionen werden in der Schweiz synthetisch durch die 5 Funktionen der Ausbildungsrichtlinien des SRK beschrieben (siehe Kapitel 14.1, Grundlagen der Qualifikation, S. 100).

- Die Ergebnisse bilden die letzte Phase des klinischen Verfahrens. Diese Ergebnisse sind nichts anderes als die am Anfang beobachtete Wirklichkeit A, die durch die Interventionen in den Zustand B verwandelt wurde.
(Curriculum Medizinische Informatik, 1999)

Bei der Betrachtung der einzelnen Personalberechnungssysteme kommen praktische Fragen auf:
- Wie sieht der personelle Alltag in Schweizer Spitälern für die einzelnen Pflegepersonen in der Realität aus?
- Inwieweit werden die präsentierten Ergebnisse der Personalberechnungssysteme auf dem Stellenplan berücksichtigt?
- Gibt es tatsächlich gravierende Unterschiede zu anderen Ländern hinsichtlich der Anzahl der im jeweiligen Pflegebereich eingeteilten Personen?

In der Regel verhält es sich so, dass auf Schweizer Pflegestationen ein relativ großzügiger Personalschlüssel angewendet wird, soweit keine finanziellen Krisen einer medizinischen Einrichtung auftreten und der Personalpool, aus dem man schöpfen kann, vorhanden ist.

Der Personalbestand ist ein großes Problem. Der «Tagesanzeiger» vom 17. August 1999 schreibt wörtlich:

Ja, es gibt Führungspersonen in Heimen und Spitälern, die keine einzige Reserve für Personalausfälle haben. Ist eine Pflegende krank, müssen beispielsweise vier Schwerkranke vom Team zusätzlich übernommen werden, obschon der Stellenschlüssel auf 12 bis 14 Patienten nur zwei Fachkräfte und eine Hilfskraft (angelernt) zulässt.

Pflegebedarfsberechnungen werden sehr ernst genommen und die Ergebnisse auch personell umgesetzt, soweit man Pflegepersonal für die ausgeschriebenen Stellen findet.

Die Schweiz hat, wie alle umliegenden Länder auch, Mühe, entsprechendes Fachpersonal anzuwerben, da der Pflegeberuf für viele junge Menschen der heutigen Zeit unattraktiv geworden ist. Vom Imageverlust und von den Maßnahmen, die man dagegen ergreifen kann, handelt das folgende Kapitel.

16.4 Berufliches Ansehen

Das Ansehen des Pflegeberufes in der Gesellschaft ist laut Umfragen nicht sehr hoch. In der Schweiz wird eine Person, die in der Pflege arbeitet, jedoch noch mehr gewürdigt als zum Beispiel in Deutschland. Hat zwar der Beruf als solcher, durch die für Schweizer Verhältnisse geringe Bezahlung und die unattraktiven Arbeitszeiten, ein angekratztes Image, ist hingegen die Pflegeperson für ihr soziales Wirken geachtet.

Das Berufsbild wird im Wesentlichen geprägt von der Pflegekraft selbst und von den Medien. In den Anfängen schritt die Krankenschwester noch mit gestärkter Bluse, wadenlangem Rock und blendend weißer Schürze einher. Gekrönt war sie mit einer kleinen weißen Schachtel auf dem Kopf, der Schwesternhaube. Noch in den 1980er Jahren geisterten solche Schwesternhauben in den Krankenpflegeschulen herum. Die Berufskleidung hat sich zwar in ihrer «Haute Couture» gelockert, aber die Art und Weise, wie Pflegeberufskleidung getragen wird, ist – so konservativ es klingen mag – manchmal zu locker.

Das demoskopische Institut in Allensbach (D) präsentierte das Resultat der Berufsprestige-Skala 2001 (Allensbacher Berufsprestige-Skala 2001): Die fünf prestigeträchtigsten Berufe sind Arzt, Pfarrer/Geistlicher, Hochschulprofessor, Rechtsanwalt und Unternehmer. Der Arztberuf schlägt mit 74 Prozent alle anderen Berufe haushoch. Der Pfarrer folgt an zweiter Stelle erst mit 38 Prozent. Der Pflegeberuf wurde gar nicht erst erwähnt.

Hans Geser, Soziologieprofessor an der Universität Zürich, schreibt in seinem Aufsatz über «Wissens- und Berufsstrukturen im gesellschaftlichen Wandel» (1998), dass interessanterweise diejenigen Berufe hohes Ansehen in der Gesellschaft genießen, deren Fähigkeiten sich nicht nur auf formale Bildungsqualifikationen abstützen, sondern auch auf Talente und Begabungen, die nicht planmäßig erzeugbar sind.

Reines Wissen und formales Anwenden dieses Wissens genügen also nicht mehr, um sich Anerkennung zu verschaffen. Vielmehr spielen Faktoren wie Originalität und Kreativität, persönliche Ausstrahlung, intuitive Einfühlung oder charakterliche Integrität eine Rolle.

In der oben erwähnten Berufsprestigeskala wurden fast ausschließlich akademische und künstlerische Berufe aufgeführt. Wie aber sieht es mit Imagefragen aus, die sich eine nichtakademische Berufsgruppe im Bereich Handwerk, Banken, Handel, Baugewerbe und Gesundheitswesen stellt? Hier gibt es eine erstaunliche

Abbildung 16-2: «Früher und heute.» ©Elmar

Feststellung. Keine Berufsgruppe *leidet* so sehr unter ihrem Image, wie Kranken-schwestern und -pfleger. Handwerker, Straßenbauer, Kauffrauen und -männer sowie Bankangestellte haben keine großen Imageprobleme zu verzeichnen. Jeder dieser Berufszweige wird von der Bevölkerung gebraucht und dementsprechend, wenn auch unauffällig, geschätzt.

Wo liegt der Unterschied?

Im Beruf der Gesundheits- und Krankenpflege wird von der Gesellschaft mehr erwartet als nur eine Dienstleistung.

Wenn eine Pflegeperson auf der Sozialstation morgens zu Frau Bürgi kommt, um ihr eine Insulininjektion zu verabreichen, dann erwartet Frau Bürgi nicht nur eine Spritze, sondern auch ein aufmunterndes Gespräch und eventuell die Erledigung von ein paar zusätzlichen kleineren Handgriffen. Kommt hingegen ein Maler in eine Wohnung, so wird von ihm niemand ein einfühlsames Gespräch erwarten. Er kann, egal wie er gelaunt ist, wortlos die Wände streichen. Auch eine Bankangestell-te wird zu ihrem Kunden nach dem Aushändigen eines Geldbetrages am Schalter nicht noch sagen: «Das muss aber jetzt schön für Sie sein, den Tag mit so viel Geld in den Händen zu beginnen.»

Länderübergreifende Faktoren, die in der Gesellschaft zu einem negativen Bild in Bezug auf das Pflegepersonal in den Berufen der Gesundheits- und Krankenpflege, Altenpflege, Rehabilitations- und Behindertenpflege führen, sind hauptsächlich:

- mangelnde Zeit für den Patienten
- mangelndes Einfühlungsvermögen in die Situation des Patienten
- Unfreundlichkeit gegenüber dem Patienten
- schlechte Laune, die sich im Berufsalltag nach außen kehrt
- hastiges Erledigen pflegerischer Verrichtungen, welches zu Unsicherheiten beim Patienten führt
- vor dem Patienten ausgetragene Spannungen und Konflikte zwischen Ärzten und Pflegeteam
- Äußerungen des Patienten über Schmerzen oder Übelkeit, die nicht ernst genom-men werden
- genervter Umgang mit besorgten Angehörigen
- keine Wahrung der Intimsphäre des Patienten
- laut geführte Gespräche oder Gelächter der Pflegepersonen untereinander, be-sonders im Nachtdienst
- Pflegepersonal, das nach Zigarettenqualm riecht oder gar rauchend von den im Bett liegenden Patienten beobachtet wird
- ungepflegtes Erscheinungsbild der Pflegenden oder provokantes Erscheinungs-bild (rot lackierte Fingernägel, hohe klackernde Absätze an Schuhen)
- unsicheres Verrichten von Pflegemaßnahmen
- unsterile Arbeitsweisen (lange, offene Haare beim Verbandswechsel, zu Boden gefallenes Material, das am Patienten wieder verwendet wird).

An diesen Punkten wird ganz deutlich ersichtlich, wie sehr die Pflegenden selbst wesentlich dazu beitragen können, ihrem Berufsbild Glanz oder nachteilige Prägung zu verleihen.

Lösungsansätze, die von den einzelnen Berufsverbänden für ein positiveres Berufsbild vorgeschlagen werden, betreffen meist:
- die Neuformulierung der Berufsbezeichnung
- die stärkere Einbindung der Pflege in den therapeutischen Prozess
- die Eigenständigkeit und Unabhängigkeit des Berufsbildes.

In der Schweiz stellen sich die examinierten Pflegekräfte beider Geschlechter meistens mit Frau X und Herr Y vor. Dadurch wird schon eine gewisse Distanz zum Patienten geschaffen. Das männliche Gegenstück zur Krankenschwester, der Krankenbruder existierte ja noch nie als Berufsbezeichnung, und er stellte sich auch noch nie mit «Bruder Lars» vor. Manche sind der Auffassung, dass der Titel «Krankenschwester» mit dem Begriff der Aufopferung verbunden wird, so dass ein Bild von der selbstlosen Dienerin entsteht, die sich ohne Rücksicht auf ihre eigenen Bedürfnisse für die Patienten einsetzt. Eine Konsequenz daraus ist die neue, seit Juli 2002 geltende Berufsbezeichnung «Pflegefachfrau/Pflegefachmann».

Während die Krankenpflege ursprünglich als Heilhilfsberuf ausgelegt war, wird inzwischen der therapeutische Charakter der Pflege betont. Die Aufnahme der Pflege in das therapeutische Team, das sich gleichberechtigt um das gesundheitliche Wohl des Patienten kümmert, wird als entscheidender Punkt zur Verbesserung des Ansehens erkannt. In der Schweiz ist diese Aufnahme schon weitgehend erfolgt, da das Pflegepersonal, wie im Kapitel 13.8, Nichtanerkennung von Ausbildungen, angesprochen, weiter reichende Kompetenzen hat.

Ein weiterer Ansatz wäre die Erreichung der Eigenständigkeit und Unabhängigkeit des Berufsbildes, was durch eine Trennung der Tätigkeitsfelder von Krankenpflegepersonal und anderen Berufsgruppen des Gesundheitsbereiches erreicht werden könnte. Es gibt Spitäler in der Schweiz, in denen sich der Hotellerie-Service um die Austeilung des Essens kümmert. Das Krankenpflegepersonal hat in dieser Zeit die Möglichkeit, sich anderen Dingen zuzuwenden. Immer mehr kommt die Forderung auf, auf Grund des ansteigenden administrativen Teils der Pflegearbeit Stationssekretärinnen einzustellen. Vor allem größere Funktionsbereiche in Schweizer Spitälern haben diese Stellen in ihrer Einheit besetzt.

Wer als Ausländer in der Schweizer Gesundheits- und Krankenpflege tätig ist oder für eine gewisse Zeit tätig war, erntet im Herkunftsland oft anerkennende Blicke und bekommt interessierte Fragen gestellt. Die Schweiz gilt in Fachkreisen nach wie vor als das Vorbildland für den Pflegeberuf. Auch im Lebenslauf liest sich der berufliche Auslandseinsatz in der Schweiz für den zukünftigen Arbeitgeber sehr angenehm.

Worauf basiert die Anerkennung des umliegenden Auslandes für der Ausübung des Pflegeberufes in der Schweiz?

- Die Löhne werden als erstes Kriterium genannt. Gemäß einer Erhebung beträgt der Bruttomonatslohn einer diplomierten Pflegeperson (nach kantonalem Besoldungsreglement) im Durchschnitt zwischen mindestens 4100 und maximal 6320 Franken brutto (im Schnitt nach 12 bis 18 Jahren Berufserfahrung). In Privatkliniken sind die Löhne häufig höher. Die Löhne der Berufsanfänger haben zwischen 1995 und 2000 um 3,9 Prozent zugenommen: Die Teuerung im gleichen Zeitraum betrug allerdings 4,4 Prozent, also erlitten die Pflegenden einen Reallohnverlust (Weyermann, Brechbühler, 2001, S. 168).
- Der großzügig gehandhabte Personalschlüssel, vor allem in den Funktionseinheiten, wird an zweiter Stelle angeführt (vgl. Kapitel 16.3, Personalschlüssel, S. 144).
- Auf dem dritten Platz rangiert die berühmte Schweizer Mentalität, die durch ihre ruhige Art und Freundlichkeit von sich reden gemacht hat.

Ausländische Pflegepersonen entscheiden sich daher mitunter nicht nur aus Gründen der Erweiterung ihrer fachlichen Kenntnisse und der Auslandserfahrung als solcher, sondern auch wegen der besseren Annerkennung ihres Berufsstandes für einen Arbeitsplatz in der Schweiz.

16.5 Die Aus- und Weiterbildung in der Gesundheits- und Krankenpflege

Seit Beginn der 90er Jahre wird in der Schweiz nicht mehr von «Krankenpflege» gesprochen, sondern von «Gesundheits- und Krankenpflege» oder aber die kurze, alles umfassende Form «Pflege» benutzt.

Bei der aktuellen Definition orientiert sich die Schweiz an derjenigen der Weltgesundheitsorganisation (WHO). Die Berufskrankenpflege wird vom Schweizer Berufsverband der Krankenschwestern und Pfleger (SBK) folgendermaßen definiert:

Die Gesundheits- und Krankenpflege befasst sich mit den Auswirkungen und Folgen von aktuellen und potenziellen gesundheitlichen Beeinträchtigungen und ihrer Behandlungen auf das Alltagsleben einzelner Menschen, ihrer Angehöriger und von Gruppen.

Die Gesundheits- und Krankenpflege leistet einen wichtigen Beitrag zur Gesundheitsförderung und Gesunderhaltung. Die beruflich Pflegenden motivieren Menschen, gesundheitserhaltende und gesundheitsfördernde Verhaltensweisen zu übernehmen. Sie unterstützen diese Menschen, ihren Alltag und den sich daraus ergebenden Veränderungen anzupassen. (SBK, 1998)

16.5.1 Aufnahmeprüfung

Für die meisten Pflegeschulen muss eine Aufnahmeprüfung absolviert werden, zu der man sich ab dem 16. Lebensjahr anmelden kann. Hier werden persönliche und intellektuelle sowie sprachliche Fähigkeiten geprüft. Für alle, die noch kein Praktikum absolviert haben, sind mancherorts mehrtägige Selektionspraktika vorgesehen.

16.5.2 Vorschule für Krankenhausberufe

Nach der obligatorischen Schulzeit (neun Schuljahre für das Diplomniveau 1 und Sekundarschulniveau für das Diplomniveau 2) ist es von Vorteil, eine Vorschule für Krankenhausberufe zu absolvieren.

16.5.3 Die Grundausbildung

Seit 1992 wird die Grundausbildung nach den «Bestimmungen für die Diplomausbildungen in der Gesundheits- und Krankenpflege» des Schweizerischen Roten Kreuzes durchgeführt. Es werden zwei Ausbildungsformen angeboten: das *Diplomniveau 1*, mit dreijähriger Dauer und das *Diplomniveau 2*, mit vierjähriger Dauer. Dann gibt es noch den Kurs für *die Pflegeassistentin/den Pflegeassistenten*, mit einjähriger Dauer. Zu Beginn der Ausbildung muss das 18. Lebensjahr vollendet sein.

Das *Diplomniveau 1* beinhaltet als Ausbildungsziel die Pflege von vorwiegend erwachsenen Menschen verschiedener Altersstufen in Heimen. Mit zur Ausbildung gehören Einsätze in anderen Pflegegebieten. Die Tätigkeitsfelder der Berufsausübung konzentrieren sich auf Pflegesituationen mit in der Regel voraussehbaren Entwicklungen und kontinuierlichem Verlauf, in denen die erworbenen Kompetenzen direkt anwendbar und übertragbar sind.

Das *Diplomniveau 2* beinhaltet als Ausbildungsziel die Pflege von Kindern und Erwachsenen verschiedener Alterstufen im Krankenhaus, in der Psychiatrie und im Langzeitbereich. Man lernt Pflegesituationen mit raschen Veränderungen zu beherrschen, die nicht eindeutig voraussehbar und von unterschiedlicher Komplexität sind.

Die Lehrgänge sind so konzipiert, dass nach Abschluss des Diplomniveaus 1 den geeigneten Kandidatinnen und Kandidaten der Einstieg in das vierte Jahr zum Abschluss des Diplomniveaus 2 offen steht.

Grundlagen der pflegerischen Ausbildung sind:
* Lernbereich 1: Grundlagen der Pflege
* Lernbereich 2: Pflege des Menschen zu Hause (Spitex[5])
* Lernbereich 3: Pflege des Menschen im Spital
  (bekannte und voraussehbare Situationen)
* Lernbereich 4: Pflege des Menschen in Heimen und psychiatrischen Institutionen
* Lernbereich 5: Pflege des Menschen im Spital (nicht eindeutig voraussehbare, wechselnde und komplexe Situationen).

Die theoretische Ausbildung nimmt ein Drittel der Gesamtausbildungszeit in Anspruch, die praktische Ausbildung zwei Drittel.

---

5 Mit Spitex bezeichnet man in der Schweiz die ambulante Pflege zu Hause, die «spital-externe» Pflege. vgl. auch Kapitel 16.7, S. 156

16.5.4 Abschlussprüfung – Diplom

Der Diplomabschluss besteht aus vier Teilen:
1. Beurteilung des letzten Praktikums
2. schriftliche Abschlussarbeit
3. praktisches Examen im Spital
4. mündliche Prüfung.

16.5.5 Prüfungswiederholung

Jeder Teil der Abschlussprüfung kann wiederholt werden. Es gibt noch eine zweite Chance. Während des Kurses zum Diplomniveau 2 besteht die Möglichkeit, auf Diplomniveau 1 abzuschließen und später noch ein Zusatzjahr für das Diplomniveau 2 anzuhängen.

Der Anteil der Auszubildenden, welche die Pflegeausbildung nach Schuleintritt wieder abbrechen, ist sehr hoch (siehe **Abb. 16-3**).

16.5.6 Weiterbildung

Für die fachliche Fort- und Weiterbildung gibt es verschiedene Anbieter:
- Die Fachausbildungen für die Funktionsbereiche finden in den größeren Spitälern statt. Dazu gehören: Die Fachausbildung für *Intensivpflege, Anästhesie, Notfallpflege* und für den *Operationsbereich*.
- Die *höhere Fachausbildung Stufe 1 und 2* zur Pflegeexpertin findet in den Bildungszentren von Zürich und Lausanne statt (siehe auch Kapitel 13.9, Unterschiede bei den Fachausbildungen, S. 97).
- Das «Weiterbildungszentrum für Gesundheitsberufe SRK (WE'G)» in Aarau und das «Institut romand des sciences et des pratiques de la santé et du social (IRSP)» in Lausanne bieten ebenfalls höhere Fachausbildungen an und zusätzlich die Weiterbildung für Berufschullehrer und Kaderfunktionen im Pflegebereich, wie Stationsschwester und -pfleger und Pflegedirektor. Im WE'G wird auch ein Stu-

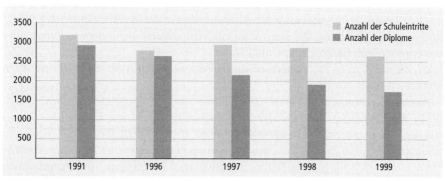

Abbildung 16-3: Anzahl der Schuleintritte und absolvierten Diplome (Quelle: SRK-Statistik. Nach: Weyermann, U.; Brechbühler, M.; 2001)

diengang der Universität Maastricht angeboten, der mit einem *Master in Nursing Science* abschließt.

- Die Weiterbildung zur *Gesundheitsschwester* kann am «Interdisziplinären Spitex-Bildungszentrum (ISB)» in Zürich, an der «Krankenpflegeschule Lindenhof» in Bern und an der «École romande de soins infirmiers La Source» in Lausanne absolviert werden.

- Seit Anfang 2000 gibt es an der medizinischen Fakultät der Universität Basel, im «Institut für Pflegewissenschaften», die Möglichkeit des Studiums der Pflegewissenschaften, das mit einem «Master» abschließt und die Möglichkeit zur Promovierung bietet.

Zahlreiche private und öffentliche Institutionen bieten ebenfalls interessante Fort- und Weiterbildungsprogramme an.

Den qualifizierten Pflegekräften bietet sich ein großes Tätigkeitsfeld. In erster Linie arbeiten sie in Krankenhäusern, Pflegeheimen, Ambulatorien und in der Spitex. Zunehmend sind sie auch für Krankenversicherungen (Case Management), Gesundheitszentren, Arztpraxen, Hospize und in der betrieblichen Gesundheitsförderung tätig.

Ausgewiesene Pflegepersonen können seit Inkrafttreten des Krankenversicherungsgesetzes (KVG) freiberuflich tätig sein und mit den einzelnen Kassen direkt abrechnen, nachdem sie dem zwischen dem SBK und dem Konkordat der Schweizerischen Krankenversicherer (KSK) abgeschlossenen Tarifvertrag beigetreten sind.

16.6 Langzeitpflege in Heimen

Das Bundesgesetz über die Krankenversicherung vom 18. März 1994 (Krankenversicherungsgesetz, KVG) fasst in Art. 39 Abs. 3 unter dem Oberbegriff *Spitäler und andere Einrichtungen* «Anstalten, Einrichtungen oder ihre Abteilungen, die der Pflege und medizinischen Betreuung sowie der Rehabilitation von Langzeitpatienten und Patientinnen dienen», zusammen.

Pflegebedürftige Menschen jeden Alters werden in diesen Einrichtungen gepflegt und betreut – Personen, die von Geburt an eine schwere Behinderung haben oder in jungen Jahren durch einen Unfall Dauerschäden erlitten haben, ebenso wie Betagte, die auf Grund ihrer altersbedingten Erkrankungen nicht mehr alleine leben können.

Nach einer Studie von Latzel (1997) kann davon ausgegangen werden (statistische Angaben über die Zahl der Pflegebedürftigen sind nur unzureichend vorhanden), dass die Schweiz gegenwärtig rund 150 000 pflegebedürftige Personen unterschiedlichen Alters zählt. Davon beanspruchen über 86 000 Menschen die stationären Langzeitpflege- und Betreuungsleistungen in Kranken- und Pflegeheimen und in Altersheimen mit Pflegeabteilungen, sowie 64 000 Personen die ambulanten Spitex-Dienste. (Mösle, 2001, S. 172)

An das im stationären Bereich arbeitende Pflegepersonal dieser Betreuungseinrichtungen werden hohe Anforderungen gestellt. Da die zu erbringenden Leistungen auch wirtschaftlichen Anforderungen genügen müssen, ist diese Tätigkeit in ihrer Aufgabenstellung sehr anspruchsvoll.

Im Alters- und Pflegeheimbereich hat in den letzten Jahren eine Professionalisierung und Modernisierung stattgefunden. Die Heime richten ihr Dienstleistungsdenken vermehrt nach innovativen und kundenorientierten Bedürfnissen der pflegebedürftigen Menschen aus.

Der «Heimverband Schweiz» brachte im Jahr 1997 die «Grundlagen für verantwortliches Handeln in Alters- und Pflegeheimen – Ethik-Richtlinien der Heime» heraus:

Recht auf Würde und Achtung

Wir setzen uns dafür ein, dass in unserem Heim die Voraussetzungen geschaffen werden, dass Würde und Achtung aller Menschen im Heim gewährleistet werden.

Recht auf Selbstbestimmung

Wir anerkennen das Recht jedes Menschen im Heim auf grösstmögliche Selbstbestimmung.

Recht auf Information

Jeder Mensch im Heim hat das Recht, über alles, was ihn betrifft, ausführlich, verständlich und rechtzeitig informiert zu werden.

Recht auf Gleichbehandlung

Wir setzen uns dafür ein, dass das Leben im Heim frei von Diskriminierung jeder Art ist.

Recht auf Sicherheit

Wir setzen uns für Sicherheit für alle im Heim ein.

Recht auf qualifizierte Dienstleistungen

Wir streben an, im Heim Dienstleistungen jeder Art auf einem Niveau zu bieten, das dem jeweiligen Stand der Praxis und der Wissenschaft entspricht.

Recht auf Wachstum der Persönlichkeit

Wir setzen uns dafür ein, dass sich alle Menschen im Heim weiterentwickeln können.

Recht auf Ansehen

Wir setzen uns dafür ein, dass alle Menschen im Heim in der Gesellschaft geachtet und ernst genommen werden.

(Heimverband Schweiz: Grundlagen für verantwortliches Handeln in Alters- und Pflegeheimen. Zürich, 1997. zit. nach Mösle, 2001, S. 176)

Um diese ethischen Betreuungsrichtlinien in die Realität umsetzen zu können, braucht es ausreichend motiviertes, fachlich geschultes und einfühlsames Pflegepersonal. Der Bedarf an Pflegepersonal für die Langzeitpflege wird in den nächsten Jahren drastisch ansteigen.

Was die Betagtenpflege betrifft, so ist die Schweiz mit einem Anteil von rund 15 Prozent der 65-jährigen und älteren Personen im Vergleich zu anderen europäischen Ländern momentan noch in einer komfortablen demographischen Situation. Doch wird sich die Situation der Leistungsempfänger in den nächsten zwei Jahrzehnten beinahe verdoppeln: Während der Anteil der erwerbstätigen Personen zurückgeht, erreichen immer mehr Menschen das Rentenalter; mit zunehmender Lebenserwartung wächst auch die Zahl jener, die gebrechlich oder krank werden.

Der soziale Wandel der Familienstrukturen führt dazu, dass es immer weniger potenziell pflegende Angehörige geben wird. Geringere Kinderzahlen, weniger enge Paarbeziehungen, die sich in immer geringer werdenden Eheschließungen und höheren Scheidungsraten manifestieren, ziehen weniger Familienmitglieder nach sich, die zur Pflege bereit sind. Die zunehmende geographische Mobilität trennt alt gewordene Eltern von ihren Kindern.

Die beruflichen Bedingungen des in der Langzeitpflege tätigen Pflegepersonals werden sich zwangsläufig verbessern müssen, da dieser Beruf in der Zukunft mit der eben genannten Prognose hoch geschätzt, aber rar sein wird. Die Frage, die sich angesichts derartiger Perspektiven aufdrängt, ob und wie unsere Gesellschaft sich den «Luxus» der professionellen Langzeitpflege alter Menschen auf die Dauer leisten kann, können wir an dieser Stelle nicht erörtern.

16.7 Spitex – Pflege zu Hause

Die Begriffe «Sozialstation» oder «ambulanter Pflegedienst» sucht man in der Schweiz vergeblich. Hier heißt diese Form der externen Pflege «Spitex» (von spit[al]-ex[tern]).

Die weitere Versorgung des Patienten wird von dieser Organisation in Form von pflegerischer Betreuung zu Hause fortgeführt.

Die Spitex wurde 1996 in den Leistungskatalog des Krankenversicherungsgesetzes aufgenommen(vgl. Mazenauer, 2001, S. 205). Damit wollte der Gesetzgeber erreichen, dass stationäre und ambulante Versorgung gleichgestellt werden.

Die Spitex-Organisationen fördern, unterstützen und ermöglichen durch ihre Dienstleistungen die Betreuung hilfsbedürftiger Personen zu Hause, in ihrer gewohnten Umgebung. Die Spitex verhält sich nach dem «Subsidiaritätsprinzip», das bedeutet, dass sie als übergeordnete Einheit (fachkompetente Pflegepersonen) nur solche Aufgaben übernimmt, zu deren Wahrnehmung die nicht so kompetenten Einheiten (in dem Fall die Familie des pflegebedürftigen Menschen und der Pflegebedürftige selbst) nicht in der Lage sind.

Der Spitex-Verband der Schweiz repräsentiert als Dachverband die 26 kantonalen Spitexverbände und deren rund 750 gemeinnützige Spitex-Organisationen. Er ging 1995 aus dem Zusammenschluss der Schweizer Vereinigung der Hauspflegeorganisationen (SVHO) und der Schweizerischen Vereinigung der Gemeindekrankenpflege und Gesundheitspflegeorganisationen hervor. Er vertritt die Spitex-Interessen in der Öffentlichkeit, gegenüber Politikern und Partnerorganisationen.

16.8 Rehabilitation

Bis zum 31.12.1995 kannte das gültige Kranken- und Unfallversicherungsgesetz der Schweiz den Begriff «Rehabilitation» nicht. Erst im Januar 1996 bestimmte das Krankenversicherungsgesetz die Rehabilitation als Grundleistung der sozialen Krankenversicherung.

Die Schweizer Rehabilitationsmedizin hat viele Wurzeln. In der Orthopädie der Vorkriegszeit wurden die ersten Anfänge der Rehabilitationsmedizin gemacht. In den damaligen, nicht operativ ausgerichteten, orthopädischen Spitälern wurden Rehabilitationsbehandlungen für muskuloskelettale und neurologische Erkrankungen durchgeführt. Durch die Fortschritte der orthopädischen Chirurgie veränderten sich diese Einrichtungen zu Spezialkliniken. An einigen größeren Spitälern wurden die orthopädischen Werkstätten beibehalten, wobei eine direkte Angliederung einer Abteilung für Rehabilitation eher die Ausnahme war. An den chirurgischen Kliniken verlor die Rehabilitation zunehmend an Bedeutung, sie wurde in die Rheumakliniken ausgelagert.

Das eidgenössische Rheumagesetz von 1946 führte dazu, dass mit Hilfe von eidgenössischen Subventionen in vielen traditionellen Badekurorten neuzeitliche Rheumakliniken eingerichtet wurden. Im selben Zeitraum entstanden Kliniken für pneumologische, kardiologische, neurologische und traumatologische Rehabilitation.

Bäderkliniken wurden in den letzten 20 Jahren schrittweise zu eigentlichen Rehabilitationskliniken für das muskuloskelettale System um- und ausgebaut, da man zu der Einsicht kam, dass bei der Behandlung von rheumatischen Erkrankungen Thermalbäder und Massagen nur einen Teil der Behandlung darstellen. (Schneider, Knüsel, 2001, S. 193)

16.8.1 Definition der Rehabilitation

Rehabilitation ist der koordinierte Einsatz medizinischer, sozialer, beruflicher, technischer und pädagogischer Maßnahmen zur Funktionsverbesserung, zum Erreichen einer größtmöglichen Eigenaktivität, zur weitestgehend unabhängigen Partizipation an allen Lebensbereichen, damit der Betroffene in seiner Lebensgestaltung so frei wie möglich ist.

16.8.2 Rehabilitationspflege

Die Rehabilitationspflege ist gekennzeichnet durch die gezielte Betreuung und Anleitung der Patienten, mit dem Ziel der Selbstständigkeit in der Verrichtung der Aktivitäten des täglichen Lebens. Sie hilft den Patienten, sich mit neuen Lebenssituationen auseinander zu setzen und Lösungswege für Probleme zu suchen und aufzuzeigen. Sie fördert die Selbstständigkeit der Patienten durch *Hilfe zur Selbsthilfe*. Durch die Zusammenarbeit aller am Genesungsprozess Beteiligten ist eine zeitgemäße Rehabilitation umsetzbar.

Als Folge der föderalistischen Struktur des schweizerischen Gesundheitswesens liegen keine verlässlichen Zahlen zum Rehabilitationsangebot vor. Eine Erhebung des stationären Rehabilitationsangebotes wurde 1997 im Rahmen der «Arbeitsgemeinschaft Leistungserbringer – Versicherer für wirtschaftliche und qualitätsgerechte Rehabilitation», durchgeführt. Diese Erhebung ergab, dass schätzungsweise 4200 Rehabilitationsbetten in der Schweiz betrieben wurden. (Schneider/Knüsel, 2001, S. 194)

16.9 Berufsorganisationen

- Der größte Verband im Gesundheitswesen ist der *Schweizer Berufsverband der Krankenschwestern und Krankenpfleger* (SBK).
  Die Qualität der Pflege zu sichern, zu fördern und mit eigens entwickelten Instrumenten zu messen, ist das oberste Ziel des SBK. Für die Mitglieder strebt der SBK an, die bestmöglichen sozialen und wirtschaftlichen Rahmenbedingungen auszuhandeln, die den Pflegenden ermöglichen, ihren Beruf motiviert und mit Freude über möglichst viele Jahre hinweg auszuüben.
- Der *Schweizer Berufsverband der Geriatrie-, Rehabilitations- und Langzeitpflege* (SBGRL) setzt sich für eine qualitativ hochstehende Pflege in Alters- und Pflegeheimen ein. Vor allem die Entwicklung der Geriatrie-, Rehabilitations- und Langzeitpflege und die zeitgemäße Pflege sind ihm ein Anliegen. Der Berufsverband nimmt die Rechte und Interessen der Berufsangehörigen wahr und kämpft für die Aufwertung der Geriatriepflege in der Öffentlichkeit.
- Der *Spitex-Verband* ist im Jahr 1995 aus dem Zusammenschluss der *Schweizerischen Vereinigung der Hauspflegeorganisationen* (SVHO) und der *Gemeindekranken- und Gesundheitspflegeorganisationen* (SVGO) hervorgegangen. Der Schweizer Spitex-Verband setzt sich in der Gesundheits- und Sozialpolitik dafür ein, die Dienstleistungen der Spitex zu fördern und durch Professionalisierung im öffentlichen Bewusstsein zu verankern.
- Der *International Council of Nursing* (ICN), mit Sitz in Genf, ist der Weltbund der Krankenschwestern und -pfleger, in welchem 122 nationale Berufsverbände der Pflege organisiert sind, die weltweit rund 1,5 Millionen Pflegepersonen vertreten. Der ICN besteht seit 1899 und ist die internationale Stimme der Pflege. Das Ziel des ICN ist es, den Zugang zur pflegerischen Versorgung und die Qualität der Pflege sicherzustellen, so wie es in der WHO-Strategie «Gesundheit für alle» festgeschrieben ist.

16.10 Fachmedien

Die bekanntesten Schweizerischen Pflegezeitschriften, die zum Teil von den Berufsorganisationen ins Leben gerufen wurden, sind:

- *Krankenpflege/Soins infirmiers/Cure infermieristiche*
  Fachzeitschrift des SBK für qualifizierte Pflegepersonen. Erscheint monatlich und ist dreisprachig.
- *NOVA*
  Fachzeitschrift für Geriatrie-, Rehabilitations- und Langzeitpflege und offizielles Organ des SBGRL. Erscheint 11-mal im Jahr, mit Beiträgen in deutscher, französischer und italienischer Sprache.
- *Pflege*
  Einzige wissenschaftliche Zeitschrift für Pflegeberufe im deutschsprachigen Raum. Erscheint 6-mal im Jahr.
- *Pflegen zu Hause*
  Ratgeber-Zeitschrift für den ambulanten Bereich. Sie richtet sich an pflegende Angehörige und Spitex-Mitarbeiter. Erscheint 8-mal im Jahr.
- *PR-INTERNET*
  Unter «http://www.pr-internet.com», erscheint die Fachzeitschrift für Pflege-Pädagogik, -Management und -Informatik. Erscheint monatlich als Print- und als Online-Ausgabe.

17 Männer in den Pflegeberufen der Schweiz – über die Minderheit in der Frauendomäne

In Schweizer Spitälern und medizinischen Einrichtungen fällt eines auf: Pflegende Männer begegnen einem nicht nur selten, sondern manchmal überhaupt nicht. Es gibt durchaus größere Spitäler, die insgesamt nur drei Krankenpfleger angestellt haben, manche sind sogar zu 100 Prozent mit einer rein weiblichen Pflegeliga besetzt.

Bedenkt man, dass eine der ältesten bekannten Pflegepersonen ein Mann war, erstaunt diese Tatsache. Schon der freundliche Herr aus Samaria zeigte durch sein barmherziges Handeln, dass Männer durchaus in der Lage sind, einfühlsam und kompetent zu helfen.

17.1 Ursachen des geschlechtsspezifischen Berufsbildes

Dass sich gerade in der Schweiz in der Vergangenheit so wenig Männer entschließen konnten, den Beruf des Krankenpflegers zu ergreifen, liegt sicherlich auch an dem bis Ende 1996 geltenden Militärgesetz. Für Militärdienstpflichtige bestand bis dahin keine Möglichkeit, zivilen Ersatzdienst zu leisten. Somit hatten junge Männer kaum die Gelegenheit, wie zum Beispiel in Deutschland, durch den zu leistenden Zivildienst Berufe des Gesundheits- und Sozialwesens kennen zu lernen.

Der zuerst nur den Nonnen vorbehaltene Krankenpflegeberuf wurde Anfang des 19. Jahrhunderts zu einem «weltlichen Beruf für bürgerliche Frauen» (Bischoff, 1994). Dass die Krankenpflege noch bis vor fünfzig Jahren ein reiner Frauenberuf war, ist durch folgende Fakten begründbar:

- Die «weibliche Krankenpflege» musste die menschliche Seite der abstrakten naturwissenschaftlichen Hilfsfunktionen der Medizin übernehmen.
- Die Arbeitskraft der Frau war kostengünstiger. Durch die damalige Erziehung waren Frauen ausbeutbarer und ökonomischer einsetzbar als Männer, dabei oftmals noch passiver und widerstandsloser.
- Krankenpflege präsentierte sich als «hausarbeitsnahe Pflege» und wurde somit eher der Frau zugetraut als dem Mann.

Im Zuge der Frauenbewegung hat sich die Wissenschaft zwar Geschlechterfragen zugewandt, oft wurde aber die männliche Dimension ausgeblendet. Erst in neuerer Zeit wird die Männlichkeitsforschung aktuell, deshalb gibt es in diesem Bereich sehr wenig Daten.

Dem Mann schreibt man vor allem in kapitalistischen, wettbewerbsorientierten Produktionsbetrieben bestimmte Eigenschaften zu: Durchsetzungsfähigkeit, Kampfgeist, ein konstruktives gemäßigtes Aggressionspotenzial und gesunden Egoismus. Diese «männlichen» Eigenschaften lassen sich nach landläufiger gesellschaftlicher Meinung oft nicht mit dem Berufsbild der Pflege vereinbaren. Männer in Frauenberufen begegnen viel Unverständnis. Es scheint für viele klar zu sein, dass ein Mann, der herkömmlichen männlichen Rollenmustern folgt, keine soziale Arbeitstätigkeit wählen wird. Männer, die den Beruf des Krankenpflegers ausüben, müssen sich im Team, in dem sie arbeiten, und in der Gesellschaft *emanzipieren*.

Auch heute noch klingt es für die meisten Eltern besser zu sagen: «Meine Tochter wird Ärztin», als «Mein Sohn lernt Krankenpfleger». Die Ablehnung für diesen Beruf erfahren also viele Auszubildende der Pflege beiderlei Geschlechts schon in ihrem Elternhaus. Noch mehr Ablehnung aber erfahren tatsächlich die Männer.

Einige Soziologen sehen die Beweggründe, warum Männer diesen Beruf wählen, in deren Biographien:

- frühe Übernahme eines Rollendienstes: Aufpassen auf Geschwister
- Defiziterlebnisse in Bezug auf männliche/väterliche Vorbilder
- Nicht-wahrgenommen-Werden als Kind und Jugendlicher durch Eltern und Freunde.

Natürlich gibt es auch sehr viele Krankenpfleger, auf welche diese Theorie ganz und gar nicht zutrifft, die einfach ohne ersichtliche außergewöhnliche Beweggründe Freude am Erlernen des Pflegeberufes haben. Diese Männer, die ihre Männlichkeit auch nach ihrer Berufswahl nicht hinterfragen und mit eventuellem Unverständnis locker und rhetorisch gekonnt umgehen, werden erstaunlicherweise auch sehr schnell akzeptiert. Probleme im Umgang mit Pflegern haben die meisten Krankenschwestern oftmals mit jenen Männern, die sich ständig produzieren und hervortun müssen, um in ihrer Männlichkeit ernst genommen zu werden.

17.2 Wo sind nur die Männer hin? Pflegebereiche, mit denen sich Männer gehäuft identifizieren

Christine Williams, eine der bedeutendsten Forscherinnen im Bereich «Männer in Frauenberufen», stellt fest, dass Männer im Krankenpflegeberuf eine *Segregationsstrategie* (lat. Absonderung einer Menschengruppe aus gesellschaftlichen Gründen) verfolgen:

- Männer suchen sich häufig innerhalb des Frauenberufes einen Teilbereich, der männlich geprägt ist.

Krankenpfleger sind deshalb vor allem in der Schweiz im Anästhesiebereich anzutreffen, weil sie dort große Handlungsfreiräume haben und hauptsächlich von ärztlichen Mitarbeitern umgeben sind. Verstärkt sind sie auch auf Notfall- und Intensivpflegestationen sowie psychiatrischen Abteilungen präsent.

- Die Betonung des Männlichen wird die zweite Strategie genannt, wobei Männer das Einsetzen körperlicher Kraft, ihr technisches Verständnis oder den Bekanntheitsgrad der Institution, in der sie arbeiten, hervorkehren.
- Drittens erfolgt manchmal eine Umbenennung des Berufes. Ein Lehrer mutiert zum Ausbilder, ein Sozialarbeiter zum Psychotherapeuten und ein Krankenpfleger zum Luftrettungspfleger.
- Verweigerung typisch weiblicher Arbeitsinhalte, wie zum Beispiel putzen.

(Williams, 1989)

Auf diese Weise können sich Männer in Frauenberufen von ihren Kolleginnen abgrenzen und ihre geschlechtsspezifische Rolle aufrecht erhalten.

Autoren neuerer Studien sind sich darüber einig, dass Männer ein stärkeres Bedürfnis als Frauen haben, sich während der Arbeit zu produzieren. Dies zeigt sich sowohl, wenn sie in der Minderheit sind, wo sie versuchen, sich mit verschiedenen Mitteln von ihren Kolleginnen abzugrenzen, als auch in Berufen, in die Frauen erst langsam eindringen und in welchen sie nicht so zahlreich vertreten sind. Umgekehrt wäre es natürlich interessant zu wissen, ob Frauen in Männerberufen sich nicht auch mächtig ins Zeug legen, um zum Beispiel ihre technischen Kompetenzen an den Mann zu bringen.

Dadurch dass in der Schweiz ein Mangel an männlichen Pflegepersonen herrscht, ist auch das Berufsklima auf den Pflegestationen und Funktionseinheiten überwiegend weiblich geprägt. Ein ausgewogenes Geschlechterverhältnis bringt nicht nur in gemischten Schulklassen eine andere Atmosphäre in den Raum, sondern auch im Berufsleben Erwachsener. Ein reiner «Frauenhaufen» legt manchmal Verhaltensweisen an den Tag, deren Kreislauf oft nur ein männlicher Kollege durchbrechen kann.

18 Berufe im Gesundheitswesen der Schweiz

Bis zur Mitte des 20. Jahrhunderts wurde jeder Gesundheitsberuf der Pflege zuge-rechnet – unterschieden wurde nur zwischen den gut ausgebildeten Schwestern und den weniger ausgebildeten Wärtern. Die Gesundheitsberufe der heutigen Zeit ent-standen durch Abspaltung und Differenzierung des Pflegeberufes. Ein klassisches Beispiel ist das der «Röntgenschwester», aus der die «Radiologie-Assistentin» wurde.

Was die Ansiedlung spezialisierter Gesundheitsberufe betrifft, so hinkt die Schweiz gegenüber dem europäischen Umfeld hinterher.

18.1 Entstehung

Als Folge der Fortschritte der medizinischen Kenntnisse und der bahnbrechenden Entdeckungen und Möglichkeiten der modernen medizinischen Wissenschaft wurde eine Spezialisierung einzelner pflegerischer Fachgebiete unumgänglich.

Trotzdem beobachtet man im Gesundheitswesen oft gegensätzliche Entwicklun-gen: Das Bedürfnis nach neuen hochspezialisierten Ausbildungen kollidiert mit dem Bestreben, den Patienten ganzheitlich zu betreuen.

Die rasante technische Entwicklung der wissenschaftlich-medizinischen Erkennt-nisse und der technischen Möglichkeiten verlangen nach fachlicher Spezialisierung. In der Inneren Medizin unterscheidet man Onkologiefachpflegepersonen, Stoma-therapeuten, Sondenexperten … Das Fachgebiet ist fragmentiert in autonome Fachbereiche, die immer anspruchsvollere fachliche Ausbildungen notwendig ma-chen.

18.2 Soziale und therapeutisch-technische Berufe

Man unterscheidet zwischen zwei großen Bereichen: den sozialen Gesundheits-berufen und den therapeutisch-technischen Berufen, wobei die Grenzen manchmal fließend sind. Ausbildungen, die das Schweizerische Rote Kreuz im Auftrag der Schweizerischen Sanitätsdirektorenkonferenz regelt und überwacht, sind mit «(SRK)» gekennzeichnet.

Soziale Berufe im Gesundheitswesen der Schweiz:
- Arzt- und Zahnarzthelferinnen und -helfer
- Ergotherapeutin und -therapeut (SRK)
- Gesundheits- und Krankenpflege Niveau I (SRK)
- Gesundheits- und Krankenpflege Niveau II (SRK)
- Gesundheitsschwester/-pfleger (SRK)
- Gerontologe, Gerontologin
- Hauspflegerin und Hauspfleger
- Hebamme (SRK)
- Krankenschwester und -pfleger in allgemeiner Krankenpflege (SRK)
- Krankenschwester und -pfleger in psychiatrischer Krankenpflege (SRK)
- Krankenschwester und -pfleger in Kinderkrankenpflege, Wochen- und Säuglingspflege (SRK)
- Pflegeassistenz (SRK)
- Rettungssanitäterin und -sanitäter (SRK).

Therapeutisch-technische Berufe:
- Apothekenhelferin und -helfer
- Apothekerin und Apotheker
- Arzt/Ärztin
- Augenoptikerin und -optiker
- Bandagistin und Bandagist/Orthopädistin und Orthopädist
- Chiropraktikerin und Chiropraktiker
- Dentalhygienikerin und -hygieniker (SRK)
- Drogistin und Drogist
- Ernährungsberaterin und -berater (SRK)
- Fachleute für medizinisch-technische Radiologie (SRK)
- Heilpraktikerin und -praktiker
- Med. Masseurin und Masseur (SRK)
- Medizinische Laborantin und Laborant (SRK)
- Orthoptistin und Orthoptist (SRK)
- Physiotherapeutin und Physiotherapeut (SRK)
- Podologin und Podologe (SRK, in Vorbereitung)
- Technische Operationsassistentin und -assistent (SRK)
- Tierärztin/Tierarzt
- Zahnärztin/Zahnarzt
- Zahntechnikerin und -techniker.

Die Schweiz muss ein Viertel des jährlich benötigten Personals im Ausland anwerben. Es werden deutlich weniger Berufsleute ausgebildet, als benötigt werden. Dies ist darauf zurückzuführen, dass einerseits in den einzelnen Berufen nicht genügend Anwärter vorhanden sind und zum anderen auch Ausbildungsplätze fehlen. Vor allem der Möglichkeit der praktischen Ausbildung sind enge Grenzen gesetzt.

In einzelnen Berufszweigen wie der Ergo- und Physiotherapie führte das zu einem rigorosen Numerus clausus.

Gerade in den nichtakademischen Berufen des Gesundheitswesens finden qualifizierte Ausländer in allen Sparten der Gesundheitsberufe ein ausgedehntes Netz an Stellenangeboten vor.

19 Medizin und Mediziner – vom Charakter der Schweizer Heilkunde und ihrer Macher

> Denn wo sind Ärzte der modernen Menschheit, die selber so fest und gesund auf ihren Füßen stehen, dass sie einen andern noch halten und an der Hand führen könnten?
> *Friedrich Nietzsche*

Nietzsche drückt hier die Sehnsucht aller Patienten nach einem Arzt mit Vorbildcharakter und Stärke aus – einem Arzt, der die Person des Vertrauten, des Beraters und des Heilers in sich vereint.

Auch die Pflegenden wünschen sich einen instruierenden Arzt, mit dem sie sich und ihre Ziele identifizieren und *gemeinsam* zum Wohl des Patienten arbeiten können. Im Schweizer Krankenhausalltag bemerkt man schon nach kurzer Zeit, dass die ärztlichen Verhaltensweisen gegenüber den Patienten und dem Pflegepersonal im Allgemeinen von großem Respekt und Geduld geprägt sind.

19.1 Kommunikation am Krankenbett

Professor Dr. med. Frank Nager, Chefarzt am Kantonspital Luzern und Kulturpreisträger 1996 der Innerschweiz, schreibt in seinem Buch «Gesundheit, Krankheit, Heilung, Tod» (1997, S. 65):

> Bei manchen Ärztinnen und Ärzten hat sich die Kultur der Wahrnehmung, der «Auskultation» (ich meine hier nicht jene mit dem Stethoskop, sondern jene mit den «Ohren des Herzens») verbessert, dementsprechend auch ihre Kommunikationsfähigkeit und ihre ärztliche Sprache. Sie beherzigen, dass ihr Wort dem Skalpell des Chirurgen entspricht: Potentiell ebenso heilsam wie zerstörerisch. Die Heilkraft des Wortes, aber auch seine Toxizität entfaltet sich nirgends eindringlicher als bei der Vermittlung von «schlechten Nachrichten».

Verbale und nonverbale Patientensignale werden in diesem Land von Ärzten während der Visite oder der Sprechstunden noch vermehrt gehört und verstanden. Das Zauberwort heißt auch hier wie in der Pflege: Zeit.

Der tägliche Besuch am Krankenbett ist hier noch ein fairer Dialog zwischen dem Therapeuten und dem kranken Menschen. Fair deshalb, weil der Arzt dem Patienten die Möglichkeit gibt, sich trotz erschwerter Bedingungen auszudrücken.

Mit «erschwerten Bedingungen» sind kommunikationshemmende Faktoren gemeint, wie zum Beispiel:

- Intubation
- geistige Verwirrtheit
- verwaschene Sprache
- sensorische/motorische Aphasie
- Gehörlosigkeit
- Hörschwäche.

Beim Vorhandensein einer oder mehrerer der aufgezählten Faktoren muss der Arzt, um in einen echten Dialog mit dem Patienten zu treten, sehr viel Feingefühl, Geduld, Zeit und manchmal Hilfsmittel (zum Beispiel Buchstabentafel) mitbringen, um zu den Anliegen des ihm anvertrauten Menschen vorzudringen. Oft schließt sich mit Hilfe des betreuenden Pflegepersonals der Kommunikationsbogen.

Während meiner beruflichen Praxis in der Schweiz habe ich kaum einen Arzt erlebt, der sich nicht die Mühe gemacht hätte, seine Patienten verstehen zu lernen. Deshalb kann ich ein Praktikum oder eine Festanstellung im Gesundheitswesen der Schweiz für angehende oder fertig ausgebildete ausländische Mediziner nur wärmstens empfehlen.

Natürlich ist auch hier nicht das Paradies auf Erden und, wie bei Allem, verbergen sich hinter einer solchen Kommunikationskultur nicht nur Vor- sondern auch Nachteile.

Vor allem im Praxisalltag der Haus- und Fachärzte muss der Patient sehr viel Wartezeit mitbringen. Eine «Hauruck-Abfertigung» entspricht nicht dem Stil der Schweizer Mediziner. Doch das Warten lohnt sich, denn schließlich profitieren alle vom eingehenden anamnestischen Gespräch und der ausführlichen Besprechung.

Die Kultur der ärztlichen Sprache wird im Medizinstudium – hier wie dort – wenig gefördert. Kortikale Fähigkeiten werden den kordialen vorgezogen, weshalb es am einzelnen Mediziner liegt, letztere zu fördern. Dies allerdings ist den meisten Schweizern mit Bravour gelungen.

Neben den routinierten Gesprächen gibt es noch solche, gegen die sich so mancher alteingesessene Mediziner sträubt: «Die Wahrheit am Krankenbett». Delegieren, Ausflüchte, Aufschieben, oder gar die barmherzige Lüge sowie die nüchterne Übermittlung erbarmungsloser Statistiken – alle diese taktischen Informationspraktiken findet man hier kaum.

Diagnose ist das Handwerk, Therapie eine Kunst und die Prognose eine Gabe der Götter. Mit dieser These könnte man schon eher die Schweizer Verhältnisse umschreiben. Zwar sind die «Götter in Weiß» hier auch nur aus Fleisch und Blut, aber die meisten besitzen zweifelsohne die Gabe des «einfühlsamen Gesprächs».

Sicher besteht auch in der Schweiz die Kontroverse: Lüge versus Wahrheit am Krankenbett. Unterschiedliche Auffassungen darüber herrschen vor allem in den verschiedenen medizinischen Fachdisziplinen. Hier steht die heiltechnisch orientierte Chirurgie der inneren Medizin gegenüber; doch in der Regel werden die Karten aufgedeckt.

In den nördlichen Ländern Europas und in den USA überwiegt die Tendenz zu sehr offener Information, die fast brutal anmuten mag, während man in südlichen Ländern die «schlechten Nachrichten» eher herunterspielt oder verheimlicht.

Zumindest ist es ein schwieriger Balanceakt, die «schlechte Nachricht» so behutsam zu vermitteln, dass die Hoffnung in die richtige Bahn gelenkt und nicht ganz vernichtet wird. Es liegt nun an dem begleitenden Team, die Dauer der unbekannten Lebensstrecke gemeinsam mit dem Patienten zu meistern und menschenwürdig zu gestalten.

19.2 Umgang mit dem Pflegepersonal und den medizinischen Assistenten

Würde man einem stillen Beobachter die Aufgabe stellen, in kürzester Zeit herauszufinden, wer der Chef im Medizinerrudel ist – er würde wahrscheinlich daran scheitern.

Ein Schweizer Chefarzt kündigt sein Kommen nicht mit lautem Schritt oder Geschrei an, und sein Gehabe wird aller Wahrscheinlichkeit nach nicht überheblich sein. Ebenso sind die Ärzte im Umgang untereinander sehr moderat und im Verhalten gegenüber dem Pflegepersonal nicht allzu hierarchisch geprägt.

Es gibt auch so gut wie keine fliegenden Skalpelle und wütend herumbellende Chirurgen in den Operationssälen.

Die Schweiz ist ein Land mit traditionellen Werten und Wertvorstellungen, die im umliegenden Ausland vielleicht als konservativ und antiquiert angesehen werden, jedoch im Umgang untereinander Respekt und Achtung zu Tage fördern. In Deutschland kannte ich noch einige Chefärzte, vor denen die Assistenten gezittert haben; wenn sie sich während der Visite an die Wand lehnten, bekamen sie zu hören: «Die Wand steht auch ohne Sie, stehen Sie gerade!» Stets war man bemüht, den obersten Arzt nicht in einen cholerischen Anfall zu steuern und die einzelnen Fachärzte untereinander zu versöhnen.

In der Schweiz ist dies alles nicht nötig. Den Visiten können Pflegepersonal, Patienten und betreuende Ärzte entspannt entgegensehen.

Schwestern und Pfleger werden von den Ärzten geschätzt, sind sie doch diejenigen, die den meisten Kontakt zu den «Kunden» haben. Pflegende stellen oftmals die Brücke dar, die es dem Arzt ermöglicht, zu den Informationen vorzudringen, die ein abgerundetes Bild von den Symptomen und der allgemeinen Verfassung des Patienten ergeben.

Auch die Unterassistenten werden nicht von übergeordneten Ärzten gegängelt und in der Öffentlichkeit denunziert.

Natürlich ist es vermessen zu behaupten, Fehlverhalten würde nie vorkommen, doch das Realbild vieler Erlebnisse zeigt tatsächlich auf, dass in der Schweiz ein erstaunlich positiver Umgang unter den einzelnen Gruppen im Gesundheitswesen herrscht.

19.3 Umgang mit Schmerz

Noch nie gab es so viele schmerzkranke Menschen wie heute, obwohl die medizinische Versorgung in der Geschichte zu keinem Zeitpunkt so gut war.

In der Schweiz wird im stationären Krankenhausalltag das Thema «Schmerz» sehr ernst genommen. Vor allem auf den «Akutstationen», auf denen Patienten notfallmäßig und intensiv betreut werden müssen, gehört es zum erklärten Ziel, dem Patienten einen möglichst schmerzfreien Aufenthalt zu gewährleisten. Im Gegensatz dazu wird in Deutschland die Schmerzintensität häufig noch nach «wenig, mittel und stark» klassifiziert und oberflächlich dokumentiert.

Leiden soll für das Therapie- und Behandlungsteam messbar gemacht werden. Es gibt eine Vielzahl von angewandten Verfahren der Schmerzmessung:

Anhand von «Schmerzskalen» soll der Patient die Intensität seiner Schmerzen aufzeigen.

Mit der so genannten «visuell analogen Schmerzskala (VAS)» kann die Schmerzstärke auf einer Linie eingetragen werden. Sie reicht von «kein Schmerz», bis «größter unerträglicher Schmerz» oder «quälender Schmerz». Die VAS wird in unterschiedlichen Formen angewandt. Sie kann waagrecht, senkrecht oder in einem Kreisbogen gezeichnet sein.

Schon bei Kindern wird diese Skala eingesetzt. Sie ist mit Gesichtern versehen, die lachen oder die Kummer zeigen und die zusätzlich mit einem Zeiger versehen sind, den das Kind auf das entsprechende Gesicht stellen kann.

Die Abkürzungen für die Schmerzskalen sind unterschiedlich, so findet man auch des öfteren die «numerische Analogskala (NAS)» vor. Die Skala von 0 bis 10 beginnt bei «schmerzfrei», und endet bei «stärkste vorstellbare Schmerzen» (Bruzek, 1997).

Der «Schmerzfragebogen» wird meistens bei chronischen Schmerzpatienten eingesetzt.

Hier werden Fragen gestellt wie:

- Wann haben die Schmerzen begonnen?
- Wo treten die Schmerzen auf?
- Welcher Art sind die Schmerzen?
- Wie stark sind die Schmerzen?
- Wie häufig treten die Schmerzen auf?
- Wann treten die Schmerzen gehäuft auf?

Ein «Schmerztagebuch» hilft vor allem zu Beginn einer Behandlung, den Schmerz in seiner Gesamtheit und unter Berücksichtigung umgebender Faktoren zu analysieren.

Im Alltag auf einer postoperativen Station sieht die spezielle Schmerztherapie als erste Priorität das Abfangen von Schmerzspitzen vor. Dies gelingt durch die sanfte

Gabe von hochwirksamen Analgetika vor dem Abflauen der Narkotika. Durch die danach einsetzende Schmerzverbalisierung des wachen Patienten mittels der Schmerzskala kann in periodischem Abstand der aufkeimende Schmerz erneut «low-dose» analgetisch behandelt werden.

Die angegebenen Werte der Schmerzskala werden exakt dokumentiert und die eingesetzten Analgetika dadurch begründbar gemacht.

19.4 Reanimationsbereitschaft und neue Reanimationsrichtlinien

Auf dem Notfallaufnahmebogen vieler Schweizer Spitäler ist die Frage: Reanimation ja/nein aufgeführt. Diese Frage wird konsequent beantwortet. Ausschlaggebend dafür, ob sie mit ja oder mit nein beantwortet wird, sind in der Schweiz das Alter und die Prognose sowie der Wunsch des Patienten.

Hier erlebt man eine klare Stellungnahme zu diesem sehr heiklen Thema. Während in Deutschland schon sehr viele Kriterien zusammenkommen müssen, damit in roten Lettern ein «REA NEIN» auf der Patientenkurve vermerkt wird, gibt es hier klare Richtlinien, die konsequent zu eindeutigen Anweisungen führen.

In Deutschland praktiziert man eher das «Leben erhalten um jeden Preis». Zum Beispiel erlebte ich auf der Intensivstation eines Transplantationszentrums, dass man einem Mann noch eine vierte Leber implantieren wollte, nachdem er die dritte implantierte Leber abgestoßen hatte. Der Versuch blieb ihm erspart: Der Patient starb vorher. Es ist auch keine Seltenheit in Deutschland, dass man versucht, fast 100-jährige Patienten nach einem Herz-Kreislaufstillstand wiederzubeleben. So etwas würde es in der Schweiz nicht geben. Man hat in diesem Land den Eindruck, dass die Mediziner wissen, wo sie aufhören sollten und wo ethische Grenzen sind.

Der *Swiss Resuscitation Council* (SRC) führt neue Richtlinien für die kardiopulmonale Reanimation ein. Die Aktualisierung und Harmonisierung mit europäischen und amerikanischen Standards dient der Vereinheitlichung der Abläufe. Die Forderungen nach Ausbildung aller Laien in der Früh-Defibrillation werden durch den SRC öffentlich gemacht. Zweck des SRC ist es:

- die Qualität der kardiopulmonalen Reanimation in der Schweiz zu verbessern und damit mehr Leben zu retten
- die Prinzipien der Rettungskette im prähospitalen sowie im hospitalen Bereich zu verbreiten
- die Abstimmung und Koordination der Wiederbelebungsmaßnahmen innerhalb der schweizerischen Institutionen, welche die Wiederbelebung zum Ziel haben (*unité de doctrine*)
- der Kontakt und die Koordination mit den entsprechenden internationalen Organisationen
- internationale und evidenzbasierte CPR-Richtlinien zu beachten.

Vierzig Jahre nach der Einführung der Reanimation in der Schweiz soll jeder Bürger in «BLS-AED (Basic Life Support – Automatische Externe Defibrillation)» instruiert werden.

Die neuen CPR-Richtlinien weisen folgende Besonderheiten auf:

* Die Reihenfolge ABCD (Atemwege – Beatmung – Circulation/Compression und Defibrillation) ist verbindlich; an jede Stufe werden ebenfalls verbindlich Folgehandlungen geknüpft, und erst dann wird zum nächsten «Buchstaben» geschritten.
* Die Beatmung kann unter schwierigen Umständen in den ersten 6 bis 12 Minuten zugunsten der Thoraxkompression (früher Herzmassage) ausgelassen werden.
* Das Verhältnis von Thoraxkompression zu Beatmung beträgt neu *15:2*, unabhängig ob mit der 1- oder 2-Helfer-Methode.
* Es wird eine rasche Defibrillation durch Laien und AED angestrebt, Kinder ab 8 Jahren und Erwachsene sollen entsprechend instruiert werden.
* Die Telefonnummer 144 wird als Standard-Notruf propagiert.
* Als Standard-Website wurde die Adresse «www.resuscitation.ch» eingerichtet, auf welcher neben den Richtlinien auch Links zu nationalen und internationalen Organisationen zu finden sind.

(Swiss Resuscitation Council, 2001)[6]

19.5 Integration der Komplementärmedizin

Die Schweiz steht im europäischen Vergleich bezüglich der Komplementärmedizin und dem Gesundheitsrecht, insbesondere dem Krankenversicherungsrecht, sehr vorteilhaft da. Seit dem 1. Juli 1999 sind die folgenden Methoden der ärztlichen Komplementärmedizin Pflichtleistungen der obligatorischen Grundversicherung:

* Akupunktur
* anthroposophische Medizin
* Homöopathie
* Neuraltherapie
* Phytotherapie.

Die Akupunktur wurde aus historischen Gründen vorbehaltlos der Leistungspflicht unterstellt, die restlichen vier Methoden nur temporär. Sie werden von der Grundversicherung nur bis zum 1. Juli 2005 sicher übernommen. Die Leistungspflicht danach hängt von der Evaluation ab (Brandner/Künzi, 2001, S. 88).

---

6 Die Frage muss erlaubt sein, ob Kinder im Alter von acht Jahren tatsächlich in der Lage sind, diese Instruktionen im Notfall umzusetzen.

Für das breitgefächerte Feld der «nicht-schulmedizinischen» Behandlungsmethoden hat sich die Bezeichnung «Komplementärmedizin» durchgesetzt. Früher wurden diese Heilmethoden unter dem Begriff «Alternativmedizin» zusammengefasst. Dieser Begriff wird jedoch heutzutage abgelehnt, weil diese Heilmethoden keine Alternativen darstellen, sondern Ergänzungen zur schulmedizinischen Behandlung. Die Komplementärmedizin kommt dann verstärkt zur Anwendung, wenn schulmedizinische Methoden ineffizient sind.

In der «Union komplementärmedizinischer Ärztegesellschaften» sind die verschiedenen Ärztegesellschaften auf dem Gebiet der Komplementärmedizin zusammengeschlossen:

Assoziation Schweizer Ärztegesellschaften für Akupunktur und Chinesische Medizin (ASA); Schweizer Verein Homöopathischer Ärztinnen und Ärzte (SVHA); Schweizerische Ärztegesellschaft für Manuelle Medizin (SAMM).

Die «Union» ist ein repräsentativer und fachlich kompetenter Ansprechpartner für Behörden, Krankenversicherer und Mediziner auf dem ganzen Gebiet der Komplementärmedizin. Die Union hat Kriterien für die Überprüfung der Wirksamkeit komplementärmedizinischer Methoden erarbeitet, die nach der oben genannten Übergangsfrist einen Wirkungsnachweis fordern.

Als Voraussetzungen für die Entschädigung durch die Krankenkassen wurden folgende Bedingungen formuliert und von der Ärztekammer am 24. September 1998 angenommen:

- Nur Ärztinnen und Ärzte mit FMH-Titel (FMH = Verbindung der Schweizer Ärztinnen und Ärzte) und anerkanntem Fähigkeitsausweis werden durch die Krankenkassen entschädigt.
- Die Fähigkeitsausweise werden im Auftrag der FMH durch die jeweiligen ärztlichen Fachgesellschaften abgegeben und periodisch rezertifiziert.

(Naterop, 1999)

Mehr noch als im Krankenhaus bedarf es der komplementärmedizinischen Integration in der freien Praxis. Hier, wo eine Vielzahl von Patienten mit psychosomatischen, psychovegetativen, neurotischen, depressiven, funktionellen Störungen und vitalen Erschöpfungssymptomen die Hausärzte aufsuchen, ist die eigentliche Domäne dieser Heilverfahren.

In der Schweiz ist der Brückenschlag von der akademischen Medizin zur komplementären Heilpraxis weitestgehend gelungen. Es gibt zwar immer wieder Vertreter der einen oder der anderen Seite, für welche die Gegensätze, wegen ihrer grundsätzlichen Geisteshaltung und Denkweise, wegen ihres Welt- und Menschenbildes und ihrer Auffassung von Gesundheit, Krankheit und Heilung, so unüberwindlich erscheinen, dass sie Schulmedizin und Komplementärmedizin nicht miteinander vereinbaren können.

Die klassische Medizin von heute hat lange Jahre vieles versäumt. Sie war zu ökonomisch und auf Effizienzsteigerung ausgerichtet, dabei zu wenig ökologisch und human. Sie hatte den Zusammenhang mit der Überlieferung älterer Gesundheitslehren verloren. Vergessene Urwahrheiten alter heilkundlicher Konzepte (zum Beispiel der tibetischen, der traditionellen chinesischen und der ayurvedischen Medizin) muss eine menschengerechte Medizin einfach wiederentdecken.

19.6 Feminisierung der Medizin

Seit etwas mehr als 100 Jahren werden in der Schweiz Frauen zum Medizinstudium zugelassen. 1934 betrug der Anteil der praktizierenden Ärztinnen noch 7,7 Prozent. Heute zählt ihr Anteil 28,4 Prozent, in der Altersgruppe der 25- bis 29-Jährigen sogar 49,2 Prozent. Allerdings ist ihre Sichtbarkeit nach wie vor gering. Einerseits ist dies auf die häufige teilzeitliche Berufstätigkeit zurückzuführen, andererseits auf die Untervertretung von Frauen in Karrierepositionen (Hänggeli, Jau, Eicher, Bradke, 2001, S. 43).

Bei den Medizinerinnen lassen sich in der Schweiz berufliche Trendfachrichtungen nachweisen. Am stärksten sind sie in der Kinder- und Jugendpsychiatrie vertreten, während in den chirurgischen Fachdisziplinen eindeutig die Männer dominieren (vgl. **Abb. 19-1**).

Deutliche Unterschiede zwischen den Geschlechtern finden sich bereits in der Berufstätigkeit. Ärztinnen richten ihren Schwerpunkt ab einem Alter von 35 Jahren vermehrt auf die Familie aus. Nur wenige arbeiten nach der Geburt eines Kindes weiter, während bei den Ärzten der Familienzuwachs meist keinerlei Einfluss auf ihre weitere Berufstätigkeit hat.

Die Karriereambitionen sind unterschiedlich. Ein Viertel der Frauen strebt keinen Facharzttitel an, im Gegensatz zu 6 Prozent der Männer, die dies nicht in

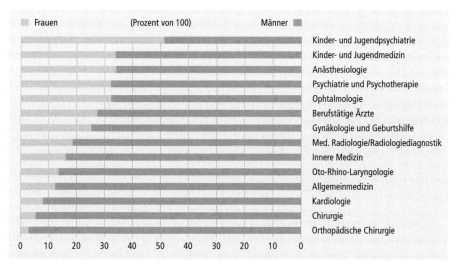

Abbildung 19-1: Prozentuale Verteilung von Frauen und Männern in medizinischen Fachdisziplinen der Schweiz (Nach: Hänggeli, C.; Jau, J.; Eicher, E.; Bradke, S.,2001)

Angriff nehmen. Ärztinnen fühlen sich eher dazu verpflichtet, integrierter zu planen und berufliche und familiäre Ziele zu vereinen.

Karrierewünsche haben Ärztinnen ebenso wie Ärzte. Seltener streben sie aber Leitungsfunktionen oder Habilitationen an. Ihre Zielsetzung beschränkt sich meist auf den Facharzttitel.

Es hat sich gezeigt, dass in der Schweiz Ärztinnen, die mit einem Arzt verheiratet sind, ihre Ausbildung doppelt so häufig abbrechen, wie Ärztinnen mit Ehemännern aus anderen Berufen. Sie übernehmen dafür einen Anteil der beruflichen Infrastruktur ihres Ehemannes. Ärzte hingegen haben zu 44 Prozent Partnerinnen aus paramedizinischen Berufen. Die Heirat mit einer Krankenschwester oder Physiotherapeutin erlaubt es dem Arzt eher, während seiner Weiterbildungsphase die familiären Aufgaben zu delegieren.

Die Arbeitszufriedenheit von Schweizer Ärztinnen ist nach einer Untersuchung als «hoch» einzustufen, ebenso wie bei den Ärzten (Buddeberg-Fischer, 2001).

Das ist, im Vergleich zu Deutschland, ein sehr erstaunliches und positives Ergebnis.

19.7 Psychiatrie und Psychotherapie

Nach den heute noch geltenden Bestimmungen können in der Schweiz nicht nur Fachärzte für Psychiatrie und Psychotherapie, sondern auch alle anderen praktizierenden Ärzte ohne entsprechende Ausbildung Psychotherapien durchführen und diese bei den Krankenkassen verrechnen.

Die Gesamtrevision des Ärztetarifes (TARMED) sieht eine Beschränkung der Verrechnung von psychotherapeutischen Behandlungen auf diesbezüglich qualifizierte Ärzte vor. Kurzfristig dürfte sich jedoch auch nach In-Kraft-Treten von TARMED nur wenig ändern. Das «Prinzip der Besitzstandswahrung» soll nämlich weiterhin gelten, d. h. dass praktizierende Ärzte, die bisher Psychotherapien verrechnet haben, dies auch weiterhin tun dürfen, während bei neu praktizierenden Ärzten der Nachweis einer qualifizierten Psychotherapie-Ausbildung verlangt wird.

In der Schweiz ist die Zahl der niedergelassenen, praktizierenden Psychiater deutlich höher als in Deutschland, Österreich und Frankreich. 1999 praktizierten 2,4-mal so viele Psychiater wie 1984. Noch stärker war die Zunahme der nicht ärztlichen Psychotherapeuten in diesem Zeitraum – genau 14,7-mal so viele. Man geht davon aus, dass es in den kommenden Jahren doppelt so viele nicht ärztliche Psychotherapeuten geben wird wie Fachärzte für Psychiatrie und Psychotherapie (Meyer & Hell, 2001).

Obwohl der Nettoverdienst der Psychiater wesentlich tiefer als jener der praktizierenden Ärzte aus anderen Fachdisziplinen ist, sind die Kosten pro psychiatrischem Behandlungsfall beim Facharzt für Psychiatrie ungefähr viermal höher als bei Behandlungen in der Allgemeinarztpraxis, weil die psychiatrischen Therapien lange dauern. Deshalb üben die Krankenkassen auf die Psychiater zunehmend

Druck aus, um lange Psychotherapien zu verkürzen. Auch in der Schweiz dominieren seit dem zweiten Weltkrieg die sehr lange dauernden tiefenpsychologisch-psychoanalytischen Methoden. Erst seit Beginn der 90er Jahre werden vermehrt kognitiv-verhaltenstherapeutische Verfahren angewendet (Meyer & Hell, 2001).

Häufig werden in psychiatrischen Praxen so genannte «YAVIS»-Patienten behandelt: relativ junge (young), attraktive, verbal begabte, intellektuelle und sozial erfolgreiche (successful) Personen, die sich freiwillig, motiviert und kooperativ über einen längeren Zeitraum psychotherapeutisch behandeln lassen wollen.

Der Titel «Psychologe/Psychotherapeut» ist in der Schweiz nicht geschützt, nur ein Teil der Kantone erteilt eine Praxisbewilligung. Eine Verrechnung zulasten der obligatorischen Grundversicherung ist nur bei der «delegierten Psychotherapie» möglich. Eine solche Delegation hat aber Auflagen. Praktizierende Ärzte können ihre Patienten zwar an bei ihnen angestellte Psychologen und Psychotherapeuten zur Behandlung überweisen, jedoch muss diese Behandlung in den Räumen des delegierenden Arztes stattfinden. Zur Zeit müssen weder die delegierenden Ärzte, noch die autorisierten Personen irgendeine Psychotherapie-Ausbildung nachweisen. In Zukunft sollen nur Fachärzte für Psychiatrie und Psychotherapie delegieren dürfen.

In der stationären Psychiatrie wurden seit den 60er Jahren die ambulanten und teilstationären Institutionen ausgebaut und die psychiatrische Grundversorgung dezentralisiert. Die Kantone Waadt, Genf und Tessin waren diesbezüglich Vorreiter. In den Deutschschweizer Kantonen sind zwar auch entsprechende Reformen begonnen worden, die aber noch nicht abgeschlossen sind.

1998 wurden in der Schweiz 5,6 Personen pro tausend Einwohner in Psychiatrien eingewiesen. Im internationalen Vergleich ist diese Hospitalisationsrate sehr hoch. Starke Variationen gibt es auch zwischen den einzelnen Kantonen. Am tiefsten ist die Rate in den Innerschweizer Kantonen Uri, Nidwalden, Obwalden, Schwyz – hier gibt es allerdings auch keine psychiatrischen Kliniken (Meyer & Hell, 2001).

Ein Nachhol- und Ausbaubedarf besteht in der Kinder- und Jugendpsychiatrie, der Gerontopsychiatrie, in der forensischen Psychiatrie, in der Psychosomatik und in der Konsiliarpsychiatrie.

Einzig im Suchtbereich ist die Schweiz das europäische Pionierland. Seit Ende der 70er Jahre gibt es Methadonbehandlungen und seit Mitte der 90er Jahre Heroinabgabeprogramme. Leider sind dadurch die abstinenzorientierten Langzeitprogramme in den Hintergrund geraten (Meyer & Hell, 2001).

Natürlich kommen bei diesen Statistiken und Fakten Fragen auf: Wie kommt es, dass ein Land wie die Schweiz eine so hohe Rate an stationär einzuweisenden psychiatrischen Patienten aufweist? Warum ist der Drogenkonsum in der Schweiz so gestiegen, dass sich dieses Land veranlasst sah, durch kontrollierte Drogenabgaben eine Entkriminalisierung dieser Thematik herbeizuführen? Wo liegen die Wurzeln der Depressionen dieser Menschen, die zu solchen Erkrankungen und Süchten führen?

Eine Antwort wäre vielleicht die vor allem in der Deutschschweiz zu beobachtende Mentalität der Verschlossenheit, der Kontaktscheu, der Zurückhaltung, was die Äußerung von Emotionen betrifft, der stets nach Korrektheit bemühten Art und dem Nicht-verbalisieren-Können von Wut und Trauer. Es ist bekannt, dass Menschen in südlicheren Regionen, die ihren Emotionen freien Lauf lassen, die einfach eine lockerere Einstellung zum Leben haben, weitaus weniger gefährdet sind, psychisch krank zu werden.

19.8 Medizin rund um den Zahn

In der Schweiz hat das Interesse am Studium der Zahnmedizin in den letzten Jahren nachgelassen. Im Jahr 2000 wurden nur 85 Zahnärzte diplomiert. Zwischen 1985 und 1990 lag die Zahl der erteilten Diplome bei 140 bis 150 im Jahr.

Das Studium der Zahnmedizin dauert in der Schweiz fünf Jahre und wird an den Universitäten Basel, Bern, Genf und Zürich absolviert. Das Grundstudium gliedert sich in vier Semester und in ein klinisches Studium von sechs Semestern. In der Zahnmedizin kennt man drei offiziell anerkannte Spezialgebiete, die sich Zahnärzte in einer drei- oder vierjährigen Weiterbildung aneignen können:

- Kieferorthopädie
- Parodontologie
- Zahnärztliche Prothetik.

Nach Art. 31 des Krankenversicherungsgesetzes werden nur folgende zahnärztliche Behandlungen von den Krankenkassen in der Grundversicherung übernommen:

- Die obligatorische Krankenpflegeversicherung übernimmt die Kosten der zahnärztlichen Behandlung, wenn diese:
  a) durch eine schwere, nicht vermeidbare Erkrankung des Kausystems bedingt ist; oder
  b) durch eine schwere Allgemeinerkrankung oder ihrer Folgen bedingt ist; oder
  c) zur Behandlung einer schweren Allgemeinerkrankung oder ihrer Folgen notwendig ist.
- Sie übernimmt auch die Kosten der Behandlung von Schäden des Kausystems, die durch einen Unfall [soweit dafür keine Unfallversicherung aufkommt] verursacht worden sind.

(KVG, Art. 31, Absatz 1 und 2; zitiert nach www.admin.ch/ch/d/sr/8/832.102. de.pdf)

Die Prophylaxe wird in der Schweiz großgeschrieben und bildet die Basis der zahnmedizinischen Versorgung. In den letzten Jahren wurden große Erfolge in der Kariesprophylaxe erzielt, was der Rückgang von Gingivitis und Parodontitis in der Schweiz beweist.

Der Patient wird im Bereich der Gesundheitserziehung, der Gesundheitsförderung und präventiven Betreuung durch die Zahnärzteschaft unterstützt. Erklärtes

Ziel ist es auch, die Schulzahnpflege gesamtschweizerisch zu erhalten und zu fördern (Weber, 2001, S. 230).

19.9 Palliativmedizin, Sterbebegleitung und Sterbehilfe in der Schweiz

Mit zunehmender Lebenserwartung – sie liegt gegenwärtig bei 75 Jahren für Männer resp. 82 Jahren für Frauen – und den Fortschritten und Möglichkeiten der modernen Medizin sind auch die «letzten Fragen», Fragen nach der Verlängerung des Lebens beziehungsweise des Sterbens kranker Menschen vermehrt ins Zentrum des öffentlichen Interesses gerückt. Die Tatsachen, dass in der Schweiz inzwischen 15 Einrichtungen der Palliativbehandlung existieren (Stand 2001), eine aktive Schweizerische Gesellschaft für Palliative Medizin, Pflege und Begleitung sich für die Rechte und Interessen unheilbar Kranker einsetzt und die Medizinische Fakultät der Universität Lausanne dabei ist, einen Lehrstuhl für diesen Bereich einzurichten (Kocher, Oggier, 2001, S. 209), dürfen nicht darüber hinwegtäuschen, dass auf dem Gebiet der medizinischen Behandlungen und pflegerischen Interventionen, die Leiden lindern aber nicht heilen, noch viel zu tun ist. Eine nationale Bestandsaufnahme zur Versorgung mit Palliative Care[7] kam im Jahre 2000 zum Ergebnis, dass zwischen den einzelnen Kantonen bedeutende Unterschiede im Angebot bestehen, «der Zugang begrenzt ist oder keine spezialisierten Strukturen vorhanden sind, die gesundheitspolitische Verankerung noch nicht erreicht ist und allgemein nur ein geringer Bekanntheitsgrad besteht» (Eychmüller, Porchet, Stiefel, von Wyss, 2001). Ferner halten die Autoren fest, dass «derzeit vor allem Patienten mit fortgeschrittenen Krebserkrankungen in Palliative Care betreut werden, während Patienten mit anderen chronischen Erkrankungen sowie älteren Menschen und Kindern nur begrenzt Palliative Care angeboten wird» (Eychmüller et al., 2001). Auch im Bereich der Aus- und Weiterbildung besteht noch Nachholbedarf.

Gleichzeitig wird eine Debatte darüber geführt, ob die ärztliche Beihilfe zur Selbsttötung und die direkte aktive Sterbehilfe gesetzlich verankert und damit bis zu einem gewissen Grad legalisiert werden sollen. In der Praxis werden gegenwärtig folgende Formen der Sterbehilfe unterschieden:

- *Direkte aktive Sterbehilfe*: gezielte Tötung zur Verkürzung der Leiden eines anderen Menschen; strafbar nach Art. 111 (vorsätzliche Tötung), Art. 114 (Tötung auf Verlangen) oder Art. 113 (Totschlag) des Strafgesetzbuches StGB.
- *Indirekte aktive Sterbehilfe*: liegt vor, wenn zur Linderung von Leiden Mittel (zum Beispiel Schmerzmittel) eingesetzt werden, welche als Nebenwirkung die Lebensdauer verkürzen können. Die Schweizerische Akademie der Medizinischen Wis-

---

7 im Auftrag der Schweizerischen Krebsliga und der Schweizerischen Gesellschaft für Palliative Medizin, Pflege und Begleitung, November 2000; zit. nach Eychmüller et al. 2001

senschaften SAMW lässt diese Art der Sterbehilfe in ihren Richtlinien zu (SAMW, 1995). Sie ist im geltenden Strafgesetzbuch nicht ausdrücklich geregelt und gilt als erlaubt.

- Unter *passiver Sterbehilfe* versteht man den Verzicht auf oder den Abbruch von lebenserhaltenden Maßnahmen (insbesondere künstliche Wasser- und Nahrungszufuhr, Sauerstoffzufuhr, künstliche Beatmung, Medikation, Bluttransfusion und Dialyse), wenn das Grundleiden eines Patienten «einen unabwendbaren Verlauf zum Tode genommen hat, und bei zerebral schwerst Geschädigten. Hier lindert der Arzt die Beschwerden. […] Dabei […] soll [der Arzt] sein Vorgehen mit dem Pflegepersonal und mit den Angehörigen besprechen» (SAMW, 1995). Auch die passive Sterbehilfe ist im Gesetz nicht ausdrücklich geregelt, gilt aber als erlaubt.

- *Beihilfe zur Selbsttötung*: «Wer aus selbstsüchtigen Beweggründen jemanden zum Selbstmorde verleitet oder ihm dazu Hilfe leistet, wird, wenn der Selbstmord ausgeführt oder versucht wurde, mit Zuchthaus bis zu fünf Jahren oder mit Gefängnis bestraft.» (Art. 115 StGB) Obwohl die Strafgesetzgebung die Beihilfe zum Suizid, wenn sie denn nicht aus eigennützigen Motiven erfolgt, nicht unter Strafe stellt, sind gegen diese Form der Sterbehilfe «aus ärztlicher Sicht entschiedene Vorbehalte angebracht» (SAMW, 1995). Insbesondere betonen sowohl die Schweizerische Akademie der Medizinischen Wissenschaften als auch die Schweizerische Gesellschaft für Palliative Medizin, Pflege und Begleitung, SGPMP, dass die Beihilfe zum Suizid nicht Teil des medizinischen und pflegerischen Auftrages sei. Sie machen geltend, dass kompetent angewandte palliative und analgetische Maßnahmen in der Regel vor unnötigen Leiden bewahren und die Angst vieler Patienten vor schweren Schmerzzuständen am Lebensende mindern können. Die Sterbenswünsche bei Schwerkranken seien sehr oft Ausdruck einer physischen oder psychischen Belastung, ausgelöst durch Schmerzen, Atemnot, depressive Verstimmungen oder familiäre Konflikte; klinische Erfahrungen und wissenschaftliche Untersuchungen würden zeigen, «dass bei einer fachgerechten Behandlung die Wünsche nach direkter aktiver Sterbehilfe oder ärztlicher Beihilfe zur Selbsttötung in der Regel nur vorübergehend bestehen» (SGPMP, o. J.).

Die SGPMP fordert denn auch in ihrem Grundsatzpapier, eine gesetzliche Verankerung der ärztlichen Beihilfe zur Selbsttötung und der direkten aktiven Sterbehilfe in der Schweiz sei – entgegen anders lautenden, politischen Vorstößen – nicht anzustreben. Die Große Kammer des Parlaments, der Nationalrat, beschloss am 11. Dezember 2001, die Rechtmäßigkeit der passiven und der indirekten aktiven Sterbehilfe im Gesetz explizit zu verankern, auf eine Lockerung der Regelung für die Beihilfe zur Selbsttötung und die direkte aktive Sterbehilfe jedoch zu verzichten. Die Art der Regulierung dieser bisher unkontrollierten Bereiche der Sterbehilfe lässt der Vorstoß jedoch offen. Damit nahm der Nationalrat die Position der Minderheit einer Expertengruppe auf, die bereits 1999 zum gleichen Ergebnis gekommen war. Auch diese Expertengruppe hatte in ihrem Bericht festgehalten, eine Lockerung der Regelung (der direkten aktiven Sterbehilfe) sei «überflüssig, da mit der richtig eingesetzten modernen Palliativmedizin auch schwere Leiden auf ein erträgliches Maß reduziert werden könnten. Sie [die Minderheit der Arbeitsgruppe; Anm. d. Bearb.] beruft sich im weiteren auf die psychiatrische Suizidforschung, aus welcher die Labilität der Todeswünsche Sterbenskranker hervorgeht» (Sterbehilfe. Bericht der Arbeitsgruppe an das Eidgenössische Justiz- und Polizeidepartement, März 1999, Zit. nach SGPMP, o. J.).

Die Diskussion um Sterbehilfe und Palliativmedizin in der Schweiz geht also weiter. Für die Beschäftigten im Gesundheitswesen und deren Kunden, die Patienten, ist neben den juristischen Regelungen vor allem die Frage von Bedeutung, wie die *Sterbebegleitung* in Zukunft optimiert werden soll und kann.

Die Schweizerische Gesellschaft für Palliative Medizin, Pflege und Begleitung SGPMP definiert Palliative Care folgendermaßen:

> Die palliative Medizin, Pflege und Begleitung umfasst alle medizinischen Behandlungen, die pflegerischen Interventionen sowie die psychische, soziale und geistige Unterstützung kranker Menschen, die an einer progredienten, unheilbaren Erkrankung leiden. Ihr Ziel besteht darin, Leiden zu lindern und die bestmögliche Lebensqualität des Kranken und seiner Angehörigen zu sichern. Palliative Care wird von einem interdisziplinären Team angeboten, mit dem Ziel, körperliches Wohlbefinden der Patienten zu erhalten, ihr psychisches Leiden zu lindern, ihre sozialen Beziehungen zu unterstützen und sie ihren persönlichen Glauben leben zu lassen. Die Behandlungen von Palliative Care werden nie in der Absicht gegeben, den Tod herbeizuführen; es werden aber auch keine Maßnahmen getroffen, um das Leben um jeden Preis zu verlängern. (SGPMP, o. J.)

Die Leistungen der Palliative Care schließen aber auch die Einbeziehung und Begleitung der Angehörigen während der Krankheit und nach dem Tod des Patienten und die Hilfe zur Selbsthilfe («patient empowerment») mit ein.

Mit dem «Freiburger Manifest» forderten 550 im Gesundheitswesen tätige Personen am 1. Februar 2001 verschiedene Maßnahmen zur Entwicklung und Förderung von Palliative Care innerhalb der nächsten fünf Jahre (Eychmüller et al., 2001):

1. Zugang zu Palliative Care für alle Patienten mit chronischen, unheilbaren Erkrankungen ohne finanzielle Zusatzleistungen, insbesondere bei der Betreuung zu Hause. Leider schreibt die Initiantengruppe nicht, mit welchen Mitteln dieses Ziel konkret zu erreichen sei; sie beschränkt sich auf die etwas unverbindliche Formulierung: «Um dieses Ziel zu erreichen, braucht es Anstrengungen im Gesundheitswesen, bei den Anbietern, in der Öffentlichkeitsarbeit, in der Aus- und Weiterbildung und in der Forschung.» (Eychmüller et al., 2001)
2. Auf Bundesebene sollen die spezifischen Leistungen von Palliative Care, vor allem im ambulanten Sektor, in den Leistungskatalog des Krankenversicherungsgesetzes integriert werden, mithin der obligatorischen Krankenversicherung – eine Forderung, die sicher noch für viele Diskussionen sorgen wird, angesichts der Tatsache, dass die Kosten für das schweizerische Gesundheitswesen heute schon kaum mehr bezahlbar sind.

Die Kantone sollen eine Standortbestimmung und Bedarfsabklärung durchführen, bestehende Strukturen in Versorgungseinheiten für Palliative Care umwandeln und Palliative Care in der Pflege zu Hause fördern; ferner sollen Kantone mit bereits vorhandenem Angebot kantonale Geschäftsstellen für den Aufbau von vernetzten Strukturen eröffnen; und schließlich werden die Kantone dazu aufgefordert, Palliative Care in ihren kantonalen Gesundheitsausgaben zu veranschlagen.

3. Eine nationale Lenkungsgruppe soll die nationale Strategie für Entwicklung von Palliative Care kontinuierlich evaluieren. Die Anbieter sollen ihr Angebot und ihre Kompetenz der nationalen Lenkungsgruppe jährlich mitteilen, die Empfehlungen der SGPMP zur Aus- und Weiterbildung in Palliative Care umsetzen und lokale Ansprechpersonen für die Öffentlichkeit, die Gesundheitsdepartemente, Versicherungen, Berufsverbände und die nationale Lenkungsgruppe bestimmen.

4. Medizinische Fakultäten und Berufsschulen für Pflege, einschließlich Höhere Fachschulen, sollen Palliative Care als obligatorisches Fach integrieren.

5. Anhand der Zahlen der Palliative-Care-Einrichtungen mit einer 24-Stunden-Betreuung, der Betten mit Palliative Care und der mobilen Dienste soll der Zugang zu Palliative Care regelmäßig evaluiert werden. Weitere Indikatoren für eventuelle Verbesserungen im Bereich der Palliativpflege sind die Ausgaben für die Palliative Care in den kantonalen Haushalten und die Zahl der Fachleute in Palliative Care gemäß den Qualitätsstandards der SGPMP sowie der Absolventinnen der von der SGPMP anerkannten Aus- und Weiterbildungsprogramme.

Die Angehörigen der Heil- und Pflegeberufe scheinen in ihrer Mehrzahl zu verstehen, dass eine Verlängerung des Lebens um jeden Preis nicht der Weisheit letzter Schluss sein kann. Unbestritten ist heute in der Schweiz auch, dass unheilbar Kranke ein Recht auf Selbstbestimmung haben, dazu gehört auch das Recht darauf, medizinische Leistungen abzulehnen.

Wenn man davon ausgeht, dass beispielsweise auch alte Menschen mit einer fortgeschrittenen, unheilbaren Demenz und ihre Angehörigen dieses Recht haben, wird der Bedarf an Einrichtungen der palliativen Versorgung in den kommenden Jahren und Jahrzehnten zunehmen. Es wird schätzungsweise ein Palliativbehandlungsbett auf 100 Spitalbetten erforderlich sein. Deshalb kann die Bedeutung der Ausbildung im Bereich der palliativen Behandlungen und des Zugangs zu palliativ medizinischen Versorgungseinrichtungen für *alle* schwer kranken Menschen nicht genug betont werden.

20 Medizinisch-pflegerisches Vokabular auf Schweizerdeutsch

Im Umgang mit Patienten und Heimbewohnern ist es von Vorteil, wenn man sich mit den schweizerdeutschen Dialekten auseinander setzt.

Menschen, die krank und oft so geschwächt sind, dass sie ihre Umgebung nur verschleiert wahrnehmen, hören manchmal tatsächlich nur auf Personen, die ihre eigene vertraute Sprache sprechen. Umgekehrt ist es genauso: Pflegepersonen, die versuchen, bei flüsternden Patienten von den Lippen abzulesen, Worte zu erraten, die manchmal nur bruchstückhaft ausgesprochen werden, können deren Anliegen meist nur mit Dialektkenntnissen entschlüsseln. Für Ausländer ist dies am Anfang eine sehr schwierige Aufgabe. Wer sich aber jeden Tag mit Dialekt sprechenden Menschen umgibt, wächst in die Mundart hinein.

Dennoch ist es angesichts der Mundart-Vielfalt auf engstem Raum gerade im medizinischen Bereich nicht einfach, eine Vokabelliste zusammenzustellen: Dem einen tut der *Buggel* weh, dem anderen der *Rugge*. Will man etwas nicht machen, hört man hier: «*Das mach i nit*», und andernorts «*Das mach i nööd*».

Sollten Sie im Krankenhausalltag ein Wort nicht verstehen, trauen Sie sich bitte unbedingt nachzufragen – nur so kann man die zu verrichtende Arbeit effizient erledigen und Missverständnisse vermeiden.

Von A wie *aagnäit* bis Z wie *Zvieri* finden Sie nachfolgend eine Auswahl von Begriffen rund um den Alltag in Krankenhaus, Pflege und Medizin (siehe **Tab. 20-1**; um eine möglichst breite Verständlichkeit zu erzielen, wurde die Schreibweise hier vereinfacht und auf ein «Einheitsschweizerdeutsch» vereinheitlicht). Mit kleineren oder größeren lautlichen Abweichungen und Variationen gelten diese «Vokabeln» in allen Mundarten der deutschsprachigen Schweiz. Einige Begriffe stammen aus dem Französischen, wie zum Beispiel *Duvet* und sind genauso etabliert im alltäglichen Gebrauch, wie das englische *week-end* bei den Italienern und den Franzosen.

Einige Wörter werden Verwirrung stiften: «Bauch» heißt *Buuch*, ein «Buch» wiederum ist *e(s) Buech*. Wenn eine Patientin oder ein Patient in Ihrer Obhut über «*mi Buuch!*» klagt, sollten Sie also nicht sein Buch suchen, sondern sich erst einmal seinen Bauch ansehen. Sehr gewagt erscheint die Bezeichnung für den Mund *Muul* – es gibt einige Ausländer, die es auch nach langjähriger Tätigkeit in der Schweiz nicht übers Herz bringen, zu einem Patienten zu sagen: «*Machet Si bitte 's Muul uff*».

Ausländische Pflegepersonen und Ärzte werden häufig von Patienten gefragt, wie lange sie schon in der Schweiz leben. Kann man ein volles Jahr verbuchen, so folgt sofort die nächste Frage: «*Jaaa, und dänn redet Si no kei Schwyzerdütsch?!*» Die

Gründe für diese Frage sind recht komplex: Einerseits geht es um ganz praktische Verständigungsprobleme (Schriftsprache als Fremdsprache, gerade bei älteren Menschen); möglicherweise besteht zusätzlich eine Beeinträchtigung des Gehörs, so dass die betroffenen Menschen auch rein akustisch Schwierigkeiten haben, alles zu erfassen. Andererseits vermittelt aber der Gebrauch der Umgangssprache, in diesem Fall also der Mundart, auch ein Stück Heimat – ein Aspekt, der besonders wichtig ist bei der Betreuung von Patientinnen und Patienten in Wohn- und Pflegeheimen: Ihre Welt ist in der Regel auf ein Zimmer mit einem Bett und nur ganz wenigen persönlichen Gegenständen reduziert. Sie sind häufig auch bei den einfachsten Verrichtungen auf Unterstützung angewiesen, von fremder Hilfe abhängig. In dieser Situation kann das Gefühl, zu verstehen und verstanden zu werden, einen nicht zu unterschätzenden Einfluss auf das Wohlbefinden der Heimbewohnerinnen und -bewohner haben.

Tabelle 20-1: Schweizerdeutsch auf Station*

aagnäit	angenäht
aagä	angeben/nennen *auch:* prahlen
aagschlage	angeschlagen; (Kopf, Knie, kl. Zehe etc.) gestoßen
aahänke	anhängen
aalegge	anziehen *auch:* (Verband) anlegen
aalüüte	anrufen
Aaschpanig	Anspannung
aateschte	testen
AB (Aabee)	Toilette (*vor allem bei älteren Leuten gebräuchlich*)
abchlopfe	abklopfen
abe	hinunter, herunter
abegheit	heruntergefallen
abhänke	abhängen
abligge	hinlegen
abloose	abhorchen
abnää	abnehmen
Abteilig	Abteilung/Normalstation
Äderli	kleine Ader(n)
allewiil	immer
Bächer	Becher
Beatmigsschlüüch	Beatmungsschläuche
Bebe	Baby
Bei	Bein
Beschprächig	Besprechung
bisse	beißen
Bipackzättel	Beipackzettel
Blöterliwasser	kohlensäurehaltiger Sprudel
Bsuech	Besuch
Bueb	Junge

Buech.	Buch
Bütel	Beutel
Buggel (*umgangssprachlich; sonst:* Rugge)	Rücken
Buschi	Baby
Buuch.	Bauch
Buuchlag	Bauchlage
Chämmerli	Kammer/Pflegearbeitsraum
Chappe.	Mütze
Chetteli.	kleine Kette
Chindli	Kind/Baby
Choscht.	Kost
chotze (*vulgär; sonst:* (er)bräche)	übergeben
Gompfi, Gonfi (*von frz.* Confiture)	Marmelade
Dienscht	Dienst
dräie	drehen
(drin)ineluege	hineinschauen
drus cho	verstehen
drülle.	drehen
drümlig.	schwindelig
Duech	Tuch
durchlüüchte	röntgen
durenand.	durcheinander
Duvet.	Bettdecke; *auch:* Bezug der Bettdecke
entloo	entlassen
exgüsseh (*von frz.* excusez)	Entschuldigung
Fäde	Fäden
Fänschter, Feischter.	Fenster
Fiiroobe, Fiiraabe, Füüroobig	Dienstschluss («Feierabend»)
Finkche.	Hausschuhe
Fläsche.	Flasche
fliege, flüüge	fliegen
Funk (*umgangssprachlich; sonst:* Delifon)	Telefon
Furtbildig.	Fortbildung
Friise (*umgangssprachlich; sonst:* Frisuur)	Frisur
Föteli, Fotene.	Foto(s)
Füdli (*vulgär*) .	Gesäß
Gallestäi	Gallensteine
Ghör	Gehör
Gipfeli	Croissant, Hörnchen
Glänkch	Gelenk
Gluscht.	Verlangen
gluschtig	Appetit anregend
Götti/Gotte/Göttichind/Gottechind	Pate/Patin/Patenkind
Grint (*vulgär*).	Kopf

Groosi (*Kindersprache und abschätzig; sonst:*
Groosmueter, Groosmamme, Oma, Omi) . . . . Großmutter

Güsel *(umgangssprachlich)* . . . . Müll

Händsche . . . . Handschuhe

Hänsli . . . . kleines Kopfkissen

Härzpoppere. . . . . Herzklopfen

hebe. . . . . heben

hei go . . . . heim gehen

Hotellerie . . . . Service

Huusdienscht . . . . Hausdienst

Hüüsli . . . . Toilette

Hut . . . . Haut

id Hose stiige . . . . Hose anziehen; *meist bildhaft:* zupacken

iigfriere . . . . einfrieren

iigriife . . . . eingreifen

iigschlafe . . . . eingeschlafen

iikapslet . . . . eingekapselt

iinedrükche . . . . hineindrücken

iineschprüze. . . . . hineinspritzen

iineschtäche. . . . . hineinstechen

iineschuufle . . . . hineinschaufeln (*bildhaft für:* mit großem Appetit essen)

iiriibe . . . . einreiben

Iisatz. . . . . Einsatz

iischnuufe . . . . einatmen

iischtelle. einstellen

IPS. . . . . Intensivpflegestation

Jus *(vom Frz. und auch so ausgespr.: schüü)* . . Saft

Kchächeli . . . . Schale, Behältnis

Kchader . . . . bestimmte Gruppe von Fachkräften, Führungskräfte («Kader»)

Kchafi. . . . . Kaffee

kchippe . . . . kippen

Knüü. . . . . Knie

Knüü mache. . . . . Beine anwinkeln

Lavabo. . . . . Waschbecken

Lift. . . . . Aufzug

Lingerie *(frz.)* . . . . Wäscherei

logger lo; lugg loo. . . . . locker lassen

lo(o)se . . . . zuhören

lüpfe. . . . . heben

lüüte. . . . . klingeln

Maa . . . . Mann

Manggo, (e)s . . . . etwas, das fehlt («Manko»)

Massaasch. . . . . Massage

Medi. . . . . Medikamente

Meitli	Mädchen
mitenand	gemeinsam, miteinander
müed	müde
müend: si (Si), mir müend	(sie (Sie), wir) müssen
müesam	mühsam
Muul	Mund
Mutschli	weiche Semmel
Nachtgwand, Nachthemmeli	Nachthemd/Schlafanzug
Näscht (*umgangssprachlich*)	Bett
Nastuech	Taschentuch
Natel	Mobiltelefon
Nécessaire *(frz., auch so gesprochen)*	Toilettenetui
Nierestei	Nierensteine
Nuggi(zapfe)	Schnuller
nümme schnufe	Luft anhalten; nicht mehr atmen
Ops	Operationssaal
Pediküür *(frz.: pédicure)*	Fußpflege
Pfanne	Bettschüssel
Pflaschter, Pfläschterli	(kleines) Pflaster
pfuse *(umgangsspachlich)*	schlafen
Physio (-terapii)	Krankengymnastik
Pikett	Bereitschaftsdienst
Platz nää *(zuvokommend):* Nämed Si Platz! . .	hinsetzen («Platz nehmen»): Nehmen Sie Platz!
Portmonee	Portemonnaie (Geldbörse)
Proobezit	Probezeit
Ranzepfife *(umgangssprachlich)*	Bauchweh
Rapport.	Übergabe
rapportiere	Informationen übergeben
Rasierzüüg	Rasierzeug
rekrutiere.	anwerben; einstellen
Reschpi.	Beatmungsgerät
Rettig.	Rettung
's Root Chrüüz	Rotes Kreuz
Ruggelaag	Rückenlage
Ruumpflägeri	Raumpflegerin
Säftli	flüssige Arznei (*wörtl.:* kl.Saft)
Schächteli	kleine Schachtel
schiints	es scheint
Schluuch	Schlauch
schmökche	riechen
schniide	schneiden
schnorre, schnuure	(zu) viel reden
schnuufe	atmen
Schnuuf ahalte, - ahebe	Atem anhalten
Schoppe	Flasche (für Säuglinge)

Schpital	Spital
Schtägehuus	Treppenhaus
schtiifle *(umgangssprachlich)*	gehen
Schtore	Jalousie («Store»)
schträäle	kämmen
Schüpp *(frz.: jupe)*	Rock
schuumig	schaumig
Securitas	Sicherheitsdienst
Siite	Seite
Siitelag	Seitenlage
Suuger	Sauger
Suurschtoff	Sauerstoff
Tablette	Tablette
Tablettli	kleine Tablette
Tiimsizig	Teamsitzung
töne	herumreden; klingen
tröschde	trösten
truurig	traurig
Tüüre	Türe
tupfegliich	genau gleich
übercho	bekommen
überlegge	überlegen
überläit	überlegt
überwiise	überweisen
ufs Hüüsli ga	zur Toilette gehen
ufbüte	aufbieten; bereitstellen
uflupfe	hoch heben
ufruume	aufräumen
ufschriibe	aufschreiben
ufsto	aufstehen
uftaue	auftauen
Ufwachruum	Aufwachraum
umme dräie, umme drülle	herumdrehen
ummepröble	herumprobieren
Underliibli	Unterhemd
undertags	während des Tages
usflüge	ausfliegen
usschnuufe	ausatmen
usschtecke	ausstecken («Stecker aus der Dose ziehen»)
usschtrekche	ausstrecken
ustrokchne, ustrokchnet	austrocknen, ausgetrocknet
Verbändli	kleiner Verband
Verbrennig	Verbrennung
verlääge	verlegen *(im Sinne von* «beschämt»)
verlegge	(auf eine andere Stat./Abt.) verlegen

verleit.	verlegt
verrukcht	verrückt (auch i. S. v.: «wütend»)
verschnuufe	verschnaufen, Atem holen
verschtuuche	verstauchen
verschtuucht	verstaucht
vertraue	vertrauen
verwache	erwachen
verwach(e)t.	erwacht
Verwaltig	Verwaltung
Wägeli	kleine Wagen
wäsche	waschen
Wäschzüüg (auch: Wösch-).	Waschzeug (Toilettensachen)
Wasser löse.	Wasser lassen, urinieren
Weggli	Brötchen
Wie sind Si zwääg?(umgangssprachlich, sonst: Wie gots Ine?)	Wie geht es Ihnen?
wiiterleite.	weiterleiten
wiiterschnuufe	weiteratmen
Zään, Zäänd, Zeen	Zähne
zämechlappe (umgangssprachlich).	zusammenbrechen
Zeeche	Zehen
Zitig	Zeitung
Zmittag.	Mittagessen
Zmorge.	Frühstück
Znacht	Abendessen
Znüüni	Zwischenmahlzeit ca. um 9 Uhr
Zoobe.	Zwischenmahlzeit ca. um 16 Uhr
zrugg cho.	zurückkommen
zrugg dräie	zurückdrehen
zügle	umziehen (im Sinne von Wohnung oder Zimmer wechseln)
Zvieri	Zwischenmahlzeit zirka um 16 Uhr

* zur Aussprache einzelner Laute siehe Kapitel 7.1.2, S. 53

21 Schlussbetrachtung

Faust: Sehr klug! Wir werden erst die Reise machen müssen!

Fausts Feststellung spricht mir aus dem Herzen.

Nach meinem ersten Fachartikel über die Arbeitsbedingungen in der Schweiz erreichten mich viele Zuschriften und Telefonanrufe. «Würden Sie es wieder tun – sich für die Schweiz entscheiden?», wurde ich von den meisten Personen gefragt. Natürlich hätte ich die Leute enttäuscht, wenn ich mit den oben stehenden Worten geantwortet hätte. Doch erst der private und berufliche Alltag in der Schweiz wird jedem Einzelnen aufzeigen, ob er für dieses Land ein Faible entwickelt oder nicht.

Bevor ich in die Schweiz zog, war ich fünf Jahre lang «Grenzgängerin». Mit diesem Arbeitsmodell lebte ich sozusagen ein «Semi-Migrantentum»: Tagsüber arbeitete ich in der interessant und andersartig anmutenden fahnenbestückten Schweiz, und abends kehrte ich wieder in das vertraute Württemberg zu Spätzle und Flädlesuppe heim.

Bei dieser Variante wird man nicht zur Schweizkennerin sondern bleibt «Swiss-Hopper», der das Positive von beiden Ländern konsumiert. Negative Dinge werden mit einem Schritt über die jeweilige Grenze verdrängt und mühelos beseitigt.

Nur wer sich ins Innere dieses Landes wagt, etwas weiter entfernt von den Grenztoren, der lernt das wahre «Swiss life» kennen.

Nach längerer Wartezeit eine Aufenthaltsgenehmigung zu erhalten, ist schon ein freudiges Ereignis. Die erste «Amtshandlung» in meinem neuen Status führte mich in einen der zahlreichen Souvenirläden Luzerns. Dort kaufte ich eine Schweizer Fahne am tragbaren Stiel. Natürlich denkt man kurz darüber nach, was zu Hause passieren würde, wenn man eine Schwarz-Rot-Goldene Fahne mit sich herumtragen und in den Geranien auf dem Balkon parken würde. Denn während die meisten Schweizer ein unverkrampftes Verhältnis zum Schweizer Kreuz haben und die Landesfahne hier lediglich Ausdruck eines gesunden nationalen Selbstbewusstseins ist, werden Deutsche, die Flagge zeigen, in der Heimat gern in die «rechte Ecke» gestellt oder mindestens seltsam angesehen.

Herrlich erfrischend und unkompliziert können hingegen die Schweizer während des Nationalfeiertages mit Laternen, Fahnen und Kerzen aus rotem und weißbekreuztem Wachs jonglieren. Am Tag des Rütlischwures zieren oft so viele Fähnchen und Laternen die Balkone, dass man sich an diesem Tag nicht unter einen solchen stellen, legen oder setzen sollte. Ich lag als neu zugereiste Person jedoch unbedachterweise unter einem gut bestückten Fahnen-Laternen-Balkon. Während ich schlief, wurde ich getroffen. «Tell hat anstatt meines Apfels meinen Kopf getroffen», dachte ich, während ich aus meinen Schiller'schen Träumen hochfuhr. Nur langsam realisierte ich, dass auf meinem Bauch eine Laterne gelandet war. Darüber musste ich wirklich herzlich lachen. Ich finde es herrlich, dass die Herrschaften über mir die Freude über ihr Land mit einer solchen Vielzahl von rot-weißen Utensilien zum Ausdruck bringen, dass auch für die ausländischen Nachbarn etwas «abfällt».

Meine persönliche Entscheidung für die Schweiz fiel nicht nur wegen der eindeutig besseren beruflichen Konditionen, sondern auch, weil mich die Freundlichkeit der Menschen und die beeindruckende Bergwelt mit ihren zahlreichen Freizeitmöglichkeiten anzog. Die Möglichkeit, innerhalb einer halben Stunde dem tristen Nebelmeer zu entfliehen und über den Wolken zu stehen, ist wunderbar.

Wer vom Ausland in die Schweiz zieht, der «wandert» quasi aus. Diese Auswanderung hat auch etwas mit Entwurzelung zu tun, darüber muss man sich bei einem solchen Schritt im Klaren sein. Familie und Freunde werden zurückgelassen, und die gegenseitigen Besuche können oft wegen der großen Entfernungen nur sporadisch erfolgen. Auch die schönste Umgebung kann nicht über die anfängliche Isolation und über die dadurch bedingte Einsamkeit hinweghelfen. Wer die Geduld mitbringt, diese erste Zeit zu überstehen, der kann mit Sicherheit im Kursangebot von Freizeitzentren erste Kontakte knüpfen oder kommt über die Kinder mit anderen Eltern ins Gespräch. Die Deutschschweizer Mentalität ist sehr angenehm, aber anfänglich eher abwartend und distanziert.

Während ich in einem Andenkenladen ein dort gekauftes Schweizer Messer mit einem Namen versehen ließ, fragte mich der Graveur, ob das Messer ein Souvenir sei. Ich erzählte ihm dann, dass ich hier lebe und bei Heimatbesuchen immer typisch schweizerische Geschenke mitbringe. «Ach ja, die Heimat», seufzte er dann, «meine Heimat ist sehr weit weg, und ich habe lange gebraucht mich hier einzuleben.» Gefreut habe er sich über die Sauberkeit in diesem Land, und dass es alles zu kaufen gibt, was man so täglich braucht, doch gefehlt hat ihm die Spontaneität der Menschen, aufeinander zuzugehen. Vielleicht sollte man es einfach so halten wie mein neu hinzugezogener deutscher Nachbar, der freudestrahlend berichtete, dass er schon den Hafenmeister unten am See angesprochen habe (einfach so), worauf dieser zwar verdutzt, aber wohl angenehm überrascht war.

Für mich ist es ein Anliegen, mit diesem Buch den Einstieg in ein Leben in der Schweiz zu erleichtern. Den Lesern, die noch am Überlegen sind, ob sie den Schritt ins Nachbarland wagen sollen oder nicht, hoffe ich, ein paar Einblicke vermittelt zu haben, die bei der Entscheidungsfindung hilfreich sein können.

Vielleicht Uuffwiderluege?

Christine Rudolph

Anhang

Adressenverzeichnis

Alle Angaben ohne Gewähr!

Die Schweizer Telefon- und Faxnummern sind einheitlich mit der internationalen Landesvorwahl (0041) für Anrufe aus dem Ausland erfasst. Wenn Sie innerhalb der Schweiz telefonieren, ersetzen Sie bitte die 0041 durch eine 0 (Null).

Achtung: Seit dem 29. März 2002 muss in der Schweiz auch für Gespräche innerhalb der gleichen Vorwahlzone die – in der Regel dreistellige (Ausnahme: Zürich = 01) – lokale Vorwahl gewählt werden!

Telefonnummern in Deutschland resp. Österreich (Vertretungen der Schweiz in Deutschland resp. Österreich) sind nur mit der örtlichen Vorwahl versehen. Für Gespräche aus der Schweiz nach Deutschland verwenden Sie die Landesvorwahl 0049 statt der 0 vor der örtlichen Vorwahl; von der Schweiz nach Österreich gilt entsprechend die Landesvorwahl 0043.

Die Buchstaben «CH» vor der Postleitzahl stehen für die Landeskennzeichnung «Confoederatio Helvetica» und können im Postverkehr *innerhalb* der Schweiz weggelassen werden.

Vertretungen Deutschlands in der Schweiz

Botschaft der Bundesrepublik Deutschland

Willadingweg 83
CH-3006 Bern
Postadresse: Postfach 250, CH-3000 Bern 16
Tel.: 0041 31 359 41 11
Internet: http://www.deutsche-botschaft.ch/de/botschaft/adresse/index.html

Generalkonsulat der Bundesrepublik Deutschland

Chemin du Petit-Saconnex 28 C
CH-1209 Genf
Postadresse: case postale, CH-1211 Genf 19
Tel.: 0041 22 730 11 11
Fax: 0041 22 734 30 43
Internet: http://www.deutsche-botschaft.ch/de/botschaft/adresse/index.html

Vertretung Österreichs in der Schweiz

Botschaft der Republik Österreich
Kirchenfeldstraße 77–79
CH-3005 Bern
Postadresse: Postfach, CH-3000 Bern 6
Tel.: 0041 31 356 52 52; 0041 31 356 52 65
Fax: 0041 31 351 56 64

Schweizer Vertretungen in Deutschland

Botschaft Berlin
Konsularbezirk: Berlin, die Länder Brandenburg und Mecklenburg-Vorpommern
Adresse:
Schweizerische Botschaft
Otto-von-Bismarck-Allee 4A
10557 Berlin
Tel.: 030 390 40 00
Fax: 030 391 10 30
E-Mail: Vertretung@ber.rep.admin.ch

Generalkonsulat Dresden
Konsularbezirk: die Freistaaten Sachsen und Thüringen, das Land Sachsen-Anhalt
Adresse:
Schweizerisches Generalkonsulat
Leipziger Straße 116
01127 Dresden
Tel.: 0351 894 440
Fax: 0351 894 44 20
E-Mail: Vertretung@dre.rep.admin.ch

Generalkonsulat Düsseldorf
Konsularbezirk: das Land Nordrhein-Westfalen
Adresse:
Ernst-Gnoss-Straße 25
40219 Düsseldorf
Tel.: 0211 458 87 00
Fax: 0211 438 09 15
E-Mail: Vertretung@dus.rep.admin.ch

Generalkonsulat Frankfurt am Main

Konsularbezirk: die Länder Hessen, Rheinland-Pfalz und das Saarland
Adresse:
Schweizerisches Generalkonsulat
Zeil 5, 5. OG
60313 Frankfurt am Main
Tel.: 069 170 02 80
Fax: 069 173 389; 0049 69 21 93 55 48
E-Mail: Vertretung@fra.rep.admin.ch

Konsulat Freiburg im Breisgau

Konsularbezirk: der Regierungsbezirk Freiburg des Landes Baden-Württemberg
Adresse:
Schweizerisches Konsulat
Theodor-Ludwig-Straße 26
79312 Emmendingen
Tel.: 07641 924 112
Fax: 07641 924 120
E-Mail: lochmann-anwaltskanzlei@t-online.de

Generalkonsulat Hamburg

Konsularbezirk: die Länder Bremen, Hamburg, Niedersachsen und
Schleswig-Holstein
Adresse:
Schweizerisches Generalkonsulat
Rathausmarkt 5
20095 Hamburg
Tel.: 040 309 78 20
Fax: 040 30 97 82 60
E-Mail: Vertretung@ham.rep.admin.ch

Generalkonsulat München

Konsularbezirk: der Freistaat Bayern
Adresse:
Schweizerisches Generalkonsulat
Brienner Straße 14
80333 München
Tel.: 089 286 62 00
Fax: 089 28 05 79 61
E-Mail: Vertretung@mun.rep.admin.ch

Generalkonsulat Stuttgart

Konsularbezirk: das Land Baden-Württemberg
Adresse:
Schweizerisches Generalkonsulat
Hirschstraße 22, 70173 Stuttgart
Tel.: 0711 222 29 430
Fax: 0711 22 29 43 22
E-Mail: Vertretung@stu.rep.admin.ch

(Quelle: Homepage des Eidg. Departementes für Auswärtige Angelegenheiten,
http://www.eda.admin.ch/repadd/g/home/emb/land35.html; letzter Zugriff: 22.07.02)

Schweizer Vertretungen in Österreich

Botschaft Wien
Konsularbezirk: Österreich
Adresse:
Schweizerische Botschaft
Prinz-Eugen-Straße 7, 1030 Wien
Konsularabteilung:
Prinz-Eugen-Straße 10, 1040 Wien
Tel.: 01 795 05
Fax: 01 795 05 21; 01 795 05 20 (Konsularabteilung)

(Quelle: Homepage des Eidg. Departementes für Auswärtige Angelegenheiten,
http://www.eda.admin.ch/repadd/g/home/emb/land126.html; letzter Zugriff: 22.07.02)

Einwanderung, Einreise, Aufenthalt und Arbeitsmarkt

Linksammlung zu den Bundesbehörden der Schweizerischen Eidgenossenschaft

http://www.admin.ch

Bundesamt für Bauten und Logistik BBL

(vormals Eidgenössische Drucksachen- und Materialzentrale, EDMZ)
Vertrieb Publikationen
CH-3003 Bern
Tel.: 0041 31 325 50 50
Fax: 0041 31 325 50 58
Internet: http://www.bundespublikationen.ch

Hier können u. a. Informationen zu den bilateralen Verträgen zwischen der Schweiz und der EU, zur Europäischen Integration sowie Publikationen der Bundesverwaltung angefordert werden.

Eidgenössisches Departement für auswärtige Angelegenheiten

Bundeshaus West
CH-3003 Bern
Tel.: 0041 31 322 21 11
Fax: 0041 31 322 32 37
Internet: http://www.eda.admin.ch

Integrationsbüro EDA/EVD

Bundeshaus Ost
CH-3003 Bern
0041 31 322 22 22
0041 31 312 53 17
E-Mail: europa@seco.admin.ch
Internet: http://www.europa.admin.ch

Bundesamt für Ausländerfragen

Quellenweg 15
CH-3003 Bern-Wabern
Tel.: 0041 31 325 95 11
Fax: 0041 31 325 96 51
E-Mail: eu-immigration@bfa.admin.ch
Internet: http://www.bfa.admin.ch *resp.* http://www.auslaender.ch

«Das Bundesamt für Ausländerfragen (BFA) regelt zusammen mit den kantonalen Fremdenpolizeibehörden, den kantonalen Arbeitsämtern, den kantonalen Zivilstandsämtern, den Vertretungen der Schweiz im Ausland und dem Grenzwachtkorps die Zulassung, Anwesenheit, Erwerbstätigkeit, Ausreise, Auswanderung und Einbürgerung von Ausländerinnen und Ausländern in der Schweiz. Es erlässt Weisungen und Richtlinien, damit das Ausländerrecht möglichst einheitlich angewandt wird.»
(Bundesamt für Ausländerfragen, http://www.bfa.admin.ch/amt/portrait/ kurzportrait_d.asp)

Kantonale Fremdenpolizeibehörden

AG

Migrationsamt Kanton Aargau
Bahnhofstrasse 86/88
Postfach
CH-5001 Aarau
Tel.: 0041 62 835 18 60
Fax: 0041 62 835 18 38

AI

Amt für Ausländerfragen des Kantons Appenzell Innerrhoden
Marktgasse 2
CH-9050 Appenzell
Tel.: 0041 71 788 95 21
Fax: 0041 71 788 95 29

AR

Amt für Ausländerfragen Appenzell Ausserrhoden
Dorfplatz 5
CH-9043 Trogen
Tel.: 0041 71 343 63 33
Fax: 0041 71 343 63 39

BE

Migrationsdienste des Kantons Bern
Eigerstrasse 73
CH-3011 Bern
Tel.: 0041 31 633 53 15
Fax: 0041 31 633 47 39

BL

Amt für Migration
Basel-Landschaft
Parkstrasse 3
CH-4403 Frenkendorf
Tel.: 0041 61 925 58 93
Fax: 0041 61 921 04 24

BS

Einwohnerdienste Basel-Stadt
Internationale Kundschaft
Spiegelgasse 6
CH-4001 Basel
Tel.: 0041 61 267 71 71
Fax: 0041 61 267 70 80

FR

Service de la police des étrangers et des passeports du canton de Fribourg
Rte d' Englisberg 11
CH-1763 Granges-Paccot
Tel.: 0041 26 305 14 92
Fax: 0041 26 466 17 85

GE

Office cantonal de la population police des étrangers
rue David-Dufour 1–3
CH-1211 Genève 8
Tel.: 0041 22 327 41 02
Fax: 0041 22 327 51 11

GL

Kantonale Fremdenpolizei
Pass- und Patentbüro
Hauptstrasse 8
CH-8750 Glarus
Tel.: 0041 55 646 62 20
Fax: 0041 55 646 62 98

GR

Amt für Polizeiwesen
Fremdenpolizei GR
Karlihof 4
CH-7000 Chur
Tel.: 0041 81 257 25 25
Fax: 0041 81 257 21 46

JU

Service de l' état civil et des habitants
1, rue du 24-Septembre
CH-2800 Delémont
Tel.: 004132 420 56 80
Fax: 0041 32 420 56 81

LU

Amt für Migration des Kantons Luzern
Hallwilerweg 7
CH-6002 Luzern
Tel.: 0041 41 228 51 11
Fax: 0041 41 210 15 87

NE

Service des étrangers
Section séjour et établissement
28, rue de Tivoli
CH-2003 Neuchâtel
Tel.: 0041 32 889 98 20
Fax: 0041 32 889 98 23

NW

Fremdenpolizei Nidwalden
Kreuzstrasse 2
CH-6371 Stans
Tel.: 0041 41 618 44 90 /-91
Fax: 0041 41 618 44 87

OW

Amt für Arbeit Obwalden
Aufenthaltsregelungen
St. Antonistrasse 4
CH-6061 Sarnen
Tel.: 0041 41 666 66 70
Fax: 0041 41 666 66 75

SG

Ausländeramt des Kantons St. Gallen
Oberer Graben 32
CH-9001 St. Gallen
Tel.: 0041 71 229 31 11
Fax: 0041 71 229 46 08

SH

Kantonales Ausländeramt
Stadthausgasse 10
CH-8201 Schaffhausen
Tel.: 0041 52 632 74 76
Fax: 0041 52 632 78 23

SH

Amt für öffentliche Sicherheit
des Kantons Solothurn
Ausländerfragen
Ambassadorenhof
CH-4509 Solothurn
Tel.: 0041 32 627 28 37
Fax: 0041 32 627 22 67

SZ

Fremdenpolizei des Kantons Schwyz
Steistegstrasse 13
Postfach 454
CH-6431 Schwyz
Tel.: 0041 41 819 11 24
Fax: 0041 41 819 22 79

SZ

Ausländeramt des Kantons Thurgau
Schlossmühlestrasse 7
CH-8510 Frauenfeld
Tel.: 0041 52 724 15 55
Fax: 0041 52 724 15 56

TI

Sezione dei permessi e
dell' immigrazione
CH-6500 Bellinzona
Tel.: 0041 91 814 33 22
Fax: 0041 91 825 18 26

UR

Amt für Verwaltungspolizei
Abt. Fremdenpolizei
Tellsgasse 3
Postfach 257
CH-6460 Altdorf
Tel.: 0041 41 875 27 06
Fax: 0041 41 875 27 92

VD

Service de la population
Secteur Etrangers
Avenue de Beaulieu 19
CH-1014 Lausanne
Tel.: 0041 21 316 46 46
Fax: 0041 21 316 46 45

VS

Service cantonal de l' état civil et des
étrangers
Avenue de la Gare 39
CH-1950 Sion
Tel.: 0041 27 606 55 52
Fax: 0041 27 606 55 54

ZG

Kantonales Amt für Ausländerfragen
Verwaltungsgebäude 2
Aabachstrasse 1
CH-6301 Zug
Tel.: 0041 41 728 50 50
Fax: 0041 41 728 50 69

ZH

Migrationsamt der Stadt Zürich
City Bernina
Berninastrasse 45
CH-8090 Zürich
Tel.: 0041 43 259 88 00
Fax: 0041 43 259 88 10

Kantonale Arbeitsämter

AG

Migrationsamt Kanton Aargau
Sektion Arbeitsmarkt
Bahnhofstrasse 86/88
Postfach
CH-5001 Aarau
Tel.: 0041 62 835 18 60
Fax: 0041 62 835 18 38

AI

Kantonales Arbeitsamt Appenzell
Innerrhoden
Marktgasse 2
CH-9050 Appenzell
Tel.: 0041 71 788 96 21
Fax: 0041 71 788 94 59

AR

Kantonales Arbeitsamt Appenzell
Ausserrhoden
Regierungsgebäude
Postfach 247
CH-9102 Herisau
Tel.: 0041 71 353 61 11
Fax: 0041 71 353 63 69

BE

Kantonales Amt für Industrie, Gewerbe
und Arbeit
Laupenstrasse 22
CH-3011 Bern
Tel.: 0041 31 633 57 50
Fax: 0041 31 633 57 59

BL

Amt für Industrie, Gewerbe und Arbeit
Arbeitsvermittlung/Arbeits-
bewilligungen
Bahnhofstrasse 32
Postfach
CH-4133 Pratteln
Tel.: 0041 61 826 77 77
Fax: 0041 61 826 77 88

BS

Kantonales Arbeitsamt Basel-Stadt
Arbeitsbewilligungen
Utengasse 36
Postfach
CH-4005 Basel
Tel.: 0041 61 267 81 81
Fax: 0041 61 267 87 57

FR

Office cantonal du travail
rue Joseph Piller 13
CH-1700 Fribourg
Tel.: 0041 26 305 24 72
Fax: 0041 26 305 24 50

GE

Office cantonal de l' emploi
Main-d'oeuvre étrangère
case postale 3938
CH-1211 Genève 31
Tel.: 0041 22 787 69 00
Fax: 0041 22 700 26 70

GL

Kantonales Arbeitsamt Glarus
Zwinglistrasse 6
Postfach 533
CH-8750 Glarus
Tel.: 0041 55 646 68 60
Fax: 0041 55 646 68 97

GR

KIGA Graubünden

Kantonales Arbeitsamt

Grabenstrasse 8

CH-7001 Chur

Tel.: 0041 81 257 23 48

Fax: 0041 81 257 21 73

JU

Service des arts et métiers et du travail

Main-d'oeuvre étrangère

1, rue du 24-Septembre

CH-2800 Delémont

Tel.: 0041 32 420 52 30

Fax: 0041 32 420 52 31

LU

Kantonales Arbeitsamt Luzern

Abteilung Arbeitsmarkt und

Ausländerdienst

Hallwilerweg 5

CH-6002 Luzern

Tel.: 0041 41 228 68 88

Fax: 0041 41 228 69 35

NE

Office de la main-d'oeuvre étrangère

Section SEMO

2, rue des Tunnels

Case postale 108

CH-2000 Neuchâtel

Tel.: 0041 32 919 68 12

Fax: 0041 32 919 60 81

NW

Industrie-, Gewerbe- und Arbeitsamt

Nidwalden

Arbeitsamt

Dorfplatz 7a

CH-6370 Stans

Tel.: 0041 41 618 76 52

Fax: 0041 41 618 76 58

OW

Kantonales Arbeitsamt Obwalden

St. Antonistrasse 4

Postfach 1264

CH-6061 Sarnen

Tel.: 0041 41 666 63 33

Fax: 0041 41 660 11 49

SG

KIGA St. Gallen

Ausländerabteilung

Davidstrasse 35

CH-9001 St. Gallen

Tel.: 0041 71 229 35 60

Fax: 0041 71 229 47 40

SH

KIGA Schaffhausen

Mühlentalstrasse 105

Postfach 687

CH-8201 Schaffhausen

Tel.: 0041 52 632 72 62

Fax: 0041 52 624 77 23

SO

Amt für Wirtschaft und Arbeit

Untere Sternengasse 2

Postfach 16

CH-4504 Solothurn

Tel.: 0041 32 627 94 11

Fax: 0041 32 627 95 00

SZ

KIGA Schwyz

Abteilung Arbeitsmarkt

Bahnhofstrasse 15

Postfach 321

CH-6431 Schwyz

Tel.: 0041 41 819 11 24

Fax: 0041 41 819 16 29

TG
KIGA Thurgau
Abteilung Rechtsdienst und Entscheide
Verwaltungsgebäude
Promenade
CH-8510 Frauenfeld
Tel.: 0041 52 724 23 82
Fax: 0041 52 724 27 09

TI
Ufficio della manodopera estera
Residenza Governativa
CH-6501 Bellinzona
Tel.: 0041 91 814 30 93
Fax: 0041 91 814 44 32

UR
Amt für Industrie, Gewerbe und Arbeit
Klausenstrasse 4
CH-6460 Altdorf
Tel.: 0041 41 875 24 18
Fax: 0041 41 875 28 76

VD
Sevice de l' emploi
Office cantonal de la main-d' oeuvre et
du placement
11, rue Caroline
CH-1014 Lausanne
Tel.: 0041 21 316 61 04
Fax: 0041 21 316 60 36

VS
Office cantonal du travail
Main-d' oeuvre étrangère
7, avenue du Midi
CH-1951 Sion
Tel.: 0041 27 606 73 07
Fax: 0041 27 606 73 04

ZG
Kantonales Amt für Wirtschaft und Arbeit Zug
Abachstrasse 5
Postfach
CH-6300 Zug
Tel.: 0041 41 728 55 20
Fax: 0041 41 728 55 29

ZH
Amt für Wirtschaft und Arbeit
Abteilung Ausländerbeschäftigung
Kaspar-Escher-Haus
CH-8090 Zürich
Tel.: 0041 1 259 26 26
Fax: 0041 1 259 51 04
Fax: 01 259 49 88 (Abteilung Ausländerbeschäftigung)

Regionale Arbeitsvermittlungszentren (RAV)
(Im Falle von Arbeitslosigkeit)

Unter der Internet-Adresse http://www.treffpunkt-arbeit.ch finden Sie alle Adressen der landesweit 145 Regionalen Arbeitsvermittlungszentren.
Siehe auch unten: Versicherungen, ALV, S. 208)

Personalvermittlungsagenturen

Adecco Medical
Theaterstrasse 16
CH-8024 Zürich
Tel.: 0041 1 254 24 24
Internet: http://www.adecco.ch

Kelly Medical
Sechs Niederlassungen in der ganzen
Schweiz, und zwar an folgenden Stand-
orten:
Aarau, Igelweid 5
Tel.: 0041 62 835 70 70
E-Mail: aarau.medical@kellyservices.ch

Bern, Marktgasse 6/8
Tel.: 0041 31 313 26 10
E-Mail: bern@kellyservices.ch

Delémont, place de la Gare 10
Tel.: 0041 32 422 66 05
E-Mail: delemont.medical@
kellyservices.ch

Genève, rue du Marché 28
Tel.: 0041 22 818 58 00
E-Mail: geneve.medical@
kellyservices.ch

Lausanne, rue St-Martin 22
Tel.: 0041 21 321 10 40
E-Mail: lausanne.medical@
kellyservices.ch

Zug, Alpenstrasse 14
Tel.: 0041 41 726 20 70
E-Mail: zug.medical@kellyservices.ch

Zürich, Löwenstrasse 29
Tel.: 0041 1 225 40 38
E-Mail: zuerich.medical@
kellyservices.ch

Locher Consulting GmbH
Blümlisalpstrasse 3
Postfach
CH-8033 Zürich
Tel.: 0041 1 363 51 80
Fax: 0041 1 363 51 81
E-Mail: locher@locherconsulting.ch
Internet:
http://www.locherconsulting.ch

Allgemeine Stellenvermittlungen
http://www.jobscout24.ch
http://www.jobpilot.ch
http://www.jobs.ch
http://www.topjobs.ch
http://www.stepstone.ch
http://job.search.ch

EURES-Netz
http://europa.eu.int/comm/
employment_social/elm/eures/
index.htm

*Offene Stellen in Gesundheitsberufen
sind auch in Pflege-Fachzeitschriften
ausgeschrieben.*

Schweizer Pflegezeitschriften

Pflege
Verlag Hans Huber
Länggass-Str. 76
CH-3000 Bern 9
Tel.: 00 41 31 / 300 45 00
Fax: 00 41 31 / 300 45 91
Internet: http://verlag.hanshuber.com/
E-Mail: zeitschriften@hanshuber.com
20 Prozent Schülerrabatt

NOVA
Schweizer Berufs- und Fachverband
Geriatrie-, Rehabilitations- und Lang-
zeitpflege SBGRL/ASGRMC/ASGRL
Obergrundstrasse 44
CH-6004 Luzern
Tel.: 00 41 41 / 240 78 22
Fax: 00 41 41 / 240 78 20
Internet: http://www.sbgrl.ch
E-Mail: info@sbgrl.ch

PR-InterNet
HpS – Medienverlag
Hanspeter Stettler
Usterstrasse 25
CH-8617 Mönchaltdorf
Tel.: 00 41 19 / 48 02 20
Fax: 00 41 19 / 48 02 77
Internet:
http://www.pr-internet.com/pflege/
E-Mail: service@pr-internet.com
35 Prozent Schülerrabatt

Krankenpflege/Soins infirmiers
Abonnemente:
SBK-Geschäftsstelle
Choisystrasse 1
Postfach
3001 Bern
Tel. 031 388 36 36
Fax: 031 388 36 35
E-Mail: administration@sbk-asi.ch

Anerkennung von Diplomen

Registrierung des medizinisch-therapeutischen und medizinisch-technischen Personals
Schweizerisches Rotes Kreuz
Berufsbildung
Werkstrasse 18
CH-3084 Wabern
Postadresse: Postfach, CH-3084 Wabern
Tel.: 0041 31 960 75 75
E-Mail: info@berufsbildung-srk.ch
Internet: http://www.redcross.ch
(Menu «Gesundheitsberufe»)

Registrierung anderer Berufe
Schweizerische Kontaktstelle für Berufs-
diplome aus der EU/EFTA
Bundesamt für Berufsbildung und
Technologie
Effingerstrasse 27
CH-3003 Bern
Tel.: 0041 31 322 21 29
Fax: 0041 31 324 96 15
E-Mail: info@bbt.admin.ch
Internet: http://www.bbt.admin.ch

Berufsverbände

Schweizer Berufsverband der Krankenschwestern und Krankenpfleger (SBK)
Association suisse des infirmières et infirmiers (ASI)
Associazione svizzera infermiere e infermieri (ASI)
Geschäftsstelle/Secretariat Central
Choisystrasse 1
Postfach 8124
CH-3001 Bern
Tel.: 0041 31 388 36 36
Fax: 0041 31 388 36 35
E-Mail: info@sbk-asi.ch
Internet: http://www.sbk-asi.ch

Schweizer Berufs- und Fachverband der Geriatrie-, Rehabilitations- und Langzeitpflege (SGBRL)
Obergrundstrasse 44
CH-6003 Luzern
Tel.: 0041 41 240 78 22
Fax: 0041 41 240 78 20
E-Mail: info@sgbrl.ch
Internet: http://www.sgbrl.ch

Schweizerischer Berufs- und Personalverband der Hauspflege/ Haushilfe SVH
Geschäftsstelle
Ausstellungsstrasse 21
CH-8031 Zürich
Tel.: 0041 1 272 09 71
Fax: 0041 1 272 30 90
E-Mail:svh@spitex.net
Internet:
http://www.spitex.net/indexneu.htm

International Council of Nurses (ICN)
3, Place Jean Marteau
CH-1201 Genève

Tel.: 0041 22 908 01 00
Fax: 0041 22 908 01 09
E-Mail: icn@icn.ch
Internet: http://www.icn.ch

Schweizerischer Verband diplomierter ErnährungsberaterInnen SVERB
Geschäftsstelle
Oberstadt 8
CH-6204 Sempach-Stadt
Tel.: 0041 41 462 70 66
Fax: 0041 41 462 70 61
E-Mail: service@sverb.asdd.ch
Internet: http://www.sverb-asdd.ch/

Verbindung der Schweizer Ärztinnen und Ärzte (FMH)
Elfenstrasse 18
CH-3000 Bern 16
Tel.: 0041 31 359 11 11
E-Mail: fmhinfo@hin,ch
Internet: http://www.fmh.ch

Verband Schweizerischer Assistenz- und Oberärztinnen und -ärzte (VSAO)
Dählhölzliweg 3
Postfach 229
CH-3000 Bern 6
Tel.: 0041 31 350 44 88
E-Mail: sekretariat@vsao.ch
Internet: http://www.vsao.ch

Marburger Bund
Auslandabteilung
Riehler Straße 6
50668 Köln
0221 97 31 68 0
[größter Ärzteverband in Europa]

Weitere Organisationen

Schweizerisches Rotes Kreuz
Geschäftsstelle
Rainmattstrasse 10
Postfach
CH-3001 Bern
Tel.: 0041 31 387 71 11
Fax: 0041 31 387 71 22
E-Mail: info@redcross.ch
Internet: http://www.redcross.ch

Versicherungen

Bundesamt für Sozialversicherung

Effingerstrasse 20
CH-3003 Bern
Tel.: 0041 31 322 90 11
Fax: 0041 31 322 78 80
E-Mail: info@bsv.admin.ch
Internet: http://www.bsv-admin.ch

AHV/IV/EL

Ausgleichskassen

Die Adressen der kantonalen Ausgleichskassen sowie der Ausgleichskassen von Berufsverbänden finden Sie auf den letzten Seiten jedes Schweizer Telefonbuches.
Die Adresse der lokal zuständigen IV-Stelle finden Sie im Telefonbuch.
Homepage der AHV-IV-Institution (Adressen, Merkblätter, Formulare, etc.):
http://www.ahv-iv.info

Zentrale Ausgleichsstelle ZAS

Av. Edmond-Vaucher 18
case postale
CH-1211 Genève 2
Tel.: 0041 22 795 91 11
Fax: 0041 22 797 15 01
E-Mail: postmaster@zas.admin.ch
Internet: http://www.avs-ai.ch/
Home-D/allgemeines/ZAS-Info/
zas-info.html

Erteilt Auskünfte im Zusammenhang mit zwischenstaatlichen Abkommen über die soziale Sicherheit:

AHV/IV-Rekurs-Behörde für Personen im Ausland

Rekurskommissionen
Route de Chavannes 35
CH-1007 Lausanne
Tel.: 0041 21 626 13 00

BVG

Sicherheitsfonds BVG
Geschäftsstelle
Belpstrasse 23
CH-3007 Bern
Postanschrift: Postfach 5032, 3001 Bern
Tel.: 0041 31 320 61 71
Fax: 0041 31 320 68 43
Internet: http://www.sfbvg.ch/

UV

Schweizerische Unfallversicherungsanstalt SUVA
Fluhmattstrasse 1
CH-6004 Luzern
Tel.: 0041 848 830 830
(12 Rappen/Minute)
Fax: 0041 848 830 831
(12 Rappen/Minute)
Internet: http://www.suva.ch

ALV

Staatssekretariat für Wirtschaft
(seco, Direktion für Arbeit)
Arbeitsmarkt und Arbeitslosenversicherung
Bundesgasse 8
CH-3003 Bern
Tel.: 0041 31 322 28 35

Fax: 0041 31 323 56 78
E-Mail: info@seco.admin.ch
Internet: http://www.seco.admin.ch

Aktuelle Informationen im Zusammen-
hang mit Arbeitslosigkeit, finanziellen
Leistungen der Arbeitslosenversicherung,
offenen Stellen, Links für Stellen-
suchende und Arbeitgeber sowie zu den
Regionalen Arbeitsvermittlungszentren
(RAV) sowie zu Fragen der Per-
sonenfreizügigkeit finden Sie auf der
Homepage Treffpunkt-Arbeit.ch, http://
www.treffpunkt-arbeit.ch.

Krankenversicherung

santésuisse
(Branchenverband der schweizerischen
Krankenversicherer)
Römerstrasse 20
CH-4500 Solothurn
Tel.: 0041 32 625 41 41
Fax: 0041 32 625 41 51
E-Mail: ifo@santesuisse.ch
Internet: http//www.santesuisse.ch

Kantonale Stellen für Gesuche um
Befreiung von der Versicherungspflicht
und kantonale Stellen zur Prämienver-
billigung s. Internet, http://
www.ahv-iv.info, Merkblatt Nr. 6.07.

Unter der Internetadresse www.kranken-
kassen.ch wird ein zweisprachiger
Prämienvergleich mit verschiedenen
Franchisen für die ganze Schweiz
angeboten. (AHV-IV-Merkblatt 6.07,
Stand: 1. Januar 2002)

Die «Ombudsstelle der sozialen Kranken-
versicherung» bietet Beratung und Ver-
mittlung in Streitfällen mit der
Krankenkasse an:
Ombudsstelle der sozialen Kranken-
versicherung
Morgartenstrasse 9
CH-6003 Luzern
Tel.: 0041 41 226 10 10 jeweils
Mo bis Fr von 9.00 bis 11.30 Uhr

Schweizerische Patientenorganisation
(SPO)
Zähringerstrasse 32
Postfach
CH-8025 Zürich
Beratung nur nach telefonischer
Vereinbarung
Sekretariat: Montag bis Donnerstag
9.00 bis 16.30, Freitag 9.00 bis 12.00
und 13.30 bis 16.30 (0041 1 252 54 22)
Tel.: Hotline für Nicht-Mitglieder
(aus der Schweiz): 0900 56 70 47
(Fr. 2.13/Minute)
Fax: 0041 1 252 54 43
E-Mail: spo@spo.ch
(keine Beratung über E-Mail)
Internet: http://www.spo.ch/deutsch/
deutsch.htm

Setzt sich für «die Patientenrechte im
Gesundheitswesen und in der Kranken-
versicherung ein, fördert Patienten-
information und -beratung und
ermöglicht den Patienten eine aktive,
verantwortungsvolle Mitwirkung.»
(SPO-Homepage)

Dachverband Schweizerischer
Patientenstellen
Hofwiesenstrasse 3
Postfach
CH-8042 Zürich
Tel.: 0041 1 361 92 56
Fax: 0041 1 361 94 34

Versicherungen allgemein

Schweiz. Versicherungsverband SVV
C. F. Meyer-Strasse 14
Postfach 4288
CH-8002 Zürich
Tel.: 0041 1 208 28 28
Fax: 0041 1 208 28 00
E-Mail: info@svv.ch
Internet: http://www.svv.ch

Mieterverbände MV (Auswahl)

Dachverband für die deutsche Schweiz

Schweizerischer Mieterinnen- und Mieterverband
Postfach
CH-8026 Zürich
Tel.: 0041 1 291 09 37
Fax: 0041 1 291 09 68
E-Mail: info@mieterverband.ch
Internet: http://www.mieterverband.ch
Unter dieser Internet-Adresse finden Sie auch die aktuellen Anschriften aller kantonalen Mieterinnen- und Mieterverbände.

Die Hotline-Nr. 0900 900 800 (aus der Schweiz; CHF 3.40/Minute) erteilt telefonische Auskünfte rund ums Mietrecht.

Kantonale Mieterinnen- und Mieterverbände

Kanton Aargau

MV Aargau
Postfach
CH-5600 Lenzburg 2
Tel.: 0041 62 888 10 38
Fax: 0041 62 888 10 31
E-Mail: mvag@mvag.ch
Internet: http://www.mvag.ch/main.htm

Kantone Appenzell Innerrhoden und Ausserrhoden

MV beider Appenzell
c/o Hansjörg Lampert (Präsident)
Bahnhofplatz 5
Postfach 55
CH-9100 Herisau

Tel./Fax: (für kurze Auskünfte) 0041 71 351 64 38
E-Mail: mv-ai-ar@bluewin.ch

Kanton Baselland

Mieterinnen- und Mieterverband Baselland und Dorneck-Thierstein
Rebgasse 1
CH-4058 Basel
Postadresse:
Postfach 266
CH-4005 Basel
Tel.: 0041 61 681 93 02
Fax: 0041 61 681 96 73
E-Mail: mvbl@magnet.ch

Kanton Basel-Stadt

Mieterinnen- und Mieterverband Basel
Rebgasse 1, 4. Stock links
CH-4058 Basel
Postadresse:
Postfach 266
4005 Basel
Tel.: 0041 61 683 88 88
Fax: 0041 61 681 96 73
E-Mail: miet.verband.basel@bluewin.ch

Kanton Bern

Mieterinnen- und Mieterverband Kanton Bern
Sprechstunde für Rechtsberatung nach telefonischer Voranmeldung
Monbijoustr. 61
3007 Bern
Postadresse:
Postfach
CH-3000 Bern 23
Tel.: 0848 844 844
E-Mail: mv@mvbern.ch

Region Deutschfreiburg

Mieterinnen- und Mieterverband
Deutschfreiburg
Postfach 41
CH-3185 Schmitten
Tel.: 0041 26 496 46 88
(keine tel. Rechtsauskünfte)
E-Mail: mieterverband.
deutschfreiburg@gmx.ch

Kanton Glarus

Mieterinnen- und Mieterverband
Kanton Glarus
Administration
Postfach 28
CH-8753 Mollis
Tel.: 0041 55 612 44 89

Kanton Graubünden

Mieterinnen- und Mieterverband
Kanton Graubünden
Quaderstrasse 16
CH-7000 Chur
Tel.: 0041 81 253 60 62

Kanton Luzern

Mieterinnen- und Mieterverband
Luzern
Mythenstrasse 2
CH-6003 Luzern
Tel.: Nichtmitglieder:
Band für Anmeldung Mitgliedschaft:
0041 41 210 54 81
Mitglieder:
Kurzauskunft: 0041 41 220 10 22
Fax: 0041 41 220 10 21

Kanton Nidwalden

s. Kanton Luzern

Kanton Obwalden

s. Kanton Luzern

Kanton St. Gallen

Mieterinnen- und Mieterverband
Kanton St. Gallen
Webergasse 21
CH-9000 St.Gallen
Tel.: 0041 71 222 50 29
E-Mail: mv-st.gallen@bluewin.ch

Kanton Schaffhausen

Mieterinnen- und Mieterverband
Schaffhausen und Umgebung
Platz 7
Postfach 2128
CH-8201 Schaffhausen
Tel.: 0041 52 630 09 01

Kanton Schwyz

Mieterinnen- und Mieterverband
Kanton Schwyz
Sekretariat
Postfach
CH-8854 Siebnen
Tel.: 0041 55 440 84 64
E-Mail: h.dahm@bluewin.ch

Kanton Solothurn

Mieterinnen- und Mieterverband
Kanton Solothurn
Bielstr. 8
Postfach 701
CH-4502 Solothurn
Tel.: 0041 32 623 88 34

Kanton Thurgau

Mieterinnen- und Mieterverband
Kanton Thurgau
Sekretariat
Hauptstrasse 78
Postfach
CH-8280 Kreuzlingen 1
Tel.: 0041 71 672 39 34
Fax: 0041 71 672 39 24

Kanton Uri

Mieterinnen- und Mieterverband
Kanton Uri
CH-6460 Altdorf
Tel.: 0041 41 871 06 70

Region Oberwallis

ASLOCA
Schweizerischer Mieterinnen- und
Mieterverband
Sektion Wallis
Rue des Mayennetes 27
Postfach 15
CH-1951 Sion/Sitten
Tel.: 0041 27 322 92 49

Kanton Zug

Mieterinnen- und Mieterverband
Kanton Zug
Postfach 732
CH-6300 Zug
Tel.: 0041 41 710 00 88
Fax: 0041 41 710 00 89
E-Mail: mvzug@bluewin.ch

Kanton Zürich

Mieterinnen- und Mieterverband Zürich
Tellstrasse 31
8004 Zürich
Postadresse:
Postfach
CH-8026 Zürich
Tel.: 0041 1 241 91 44
Fax: 0041 1 242 29 93

Steuern

Allgemein

Informationsstelle für Steuerfragen
Eigerstrasse 65
CH-3003 Bern
Tel.: 0041 31 322 71 48
Fax: 0041 31 322 73 48
E-Mail: ist@estv.admin.ch
Internet: http://www.estv.admin.ch

Eidgenossenschaft

Eidgenössische Steuerverwaltung

Abteilung für internationales Steuer-
recht und Doppelbesteuerungssachen
Eigerstrasse 65
CH-3003 Bern
Tel.: 0041 31 322 71 29
Fax: 0041 31 324 83 71
E-Mail: dba@estv.admin.ch
Internet: http://www.estv.admin.ch

Kantonale Steuerbehörden

Kanton Aargau (AG)

Steueramt des Kantons Aargau
Telli-Hochhaus
CH-5004 Aarau
Tel.: 0041 62 835 25 30
Fax: 0041 62 835 25 39
Internet: http://www.steuern.ag.ch

Kanton Appenzell Außerrhoden (AR)

Kantonale Steuerverwaltung
Gutenberg-Zentrum
CH-9102 Herisau
Tel.: 0041 71 353 62 90
Fax: 0041 71 353 63 11
E-Mail: kstv@kstv.ar.ch
Internet: http://www.appenzeller-
land.ch/Verwaltung/

Kanton Appenzell Innerrhoden (AI)

Kantonale Steuerverwaltung Appenzell
Innerrhoden
Marktgasse 2
CH-9050 Appenzell
Tel.: 0041 71 788 94 01
Fax: 0041 71 788 94 19
E-Mail:steuern@ai.ch
Internet: http://www.steuern.ai.ch

Kanton Baselland (BL)

Kantonale Steuerverwaltung
Rheinstrasse 33
CH-4410 Liestal
Tel.: 0041 61 925 51 11
Fax: 0041 61 925 69 94
Internet: http://www.baselland.ch/
index.htm

Kanton Basel-Stadt (BS)

Steuerverwaltung des Kantons
Basel-Stadt
Fischmarkt 10
CH-4001 Basel
Tel.: 0041 61 267 81 81
Fax: 0041 61 267 96 25
E-Mail: steuerverwaltung@bs.ch
Internet: http://www.steuer.bs.ch

Kanton Bern (BE)

Kantonale Steuerverwaltung
Münstergasse 3
CH-3011 Bern
Tel.: 0848 844 411 (nur aus der Schweiz;
12 Rappen/Minute; Swisscom Normal-
tarif)
Fax: 0041 31 633 40 10
E-Mail: info.sv@fin.be.ch
Internet: http://www.sv.fin.be.ch

Kanton Freiburg/Canton de Fribourg (FR)
Kantonale Steuerverwaltung
rue Joseph Piller 13
CH-1701 Fribourg
Tel.: 0041 26 305 11 11
Fax: 0041 26 305 32 77

Kanton de Genève/Kanton Genf (GE)
Administration Fiscale Cantonale
rue du Stand 26
CH-1211 Genève/Genf 3
Tel.: 0041 22 327 70 00
Fax: 0041 22 327 55 97
Internet: http://www.geneve.ch/df/
html/vos_impots.html

Kanton Glarus (GL)
Steuerverwaltung des Kantons Glarus
Hauptstrasse 11/17
CH-8750 Glarus
Tel.: 0041 55 646 61 50
Fax: 0041 55 646 61 98
E-Mail: steuerverwaltung@gl.ch
Internet: http://www.gl.ch/
finanzdirektion/index.htm

Kanton Graubünden (GR)
Kantonale Steuerverwaltung Graubünden
Steinbruchstrasse 18/20
CH-7000 Chur
Tel.: 0041 81 257 33 32
Fax: 0041 81 257 21 55
E-Mail: info@stv.gr.ch
Internet: http://www.stv.gr.ch

Canton du Jura/Kanton Jura (JU)
Service cantonal des contributions
rue de la Justice 2
CH-2800 Delémont/Delsberg
Tel.: 0041 32 420 55 66
Fax: 0041 32 420 55 61

E-Mail: secr.ctr.@jura.ch
Internet: http://www.ju.ch/
index_etat.html

Kanton Luzern (LU)
Steuerverwaltung des Kantons Luzern
Buobenmatt 1
CH-6002 Luzern
Tel.: 0041 41 228 56 43
Fax: 0041 41 228 66 37
E-Mail: stv@lu.ch
Internet: http://www.steuernluzern.ch

Canton de Neuchâtel/Kanton Neuenburg (NE)
Services des contributions
rue du Docteur-Coullery 5
CH-2300 La Chaux-de-Fonds
Tel.: 0041 32 889 64 20
Fax: 0041 32 889 60 85
E-Mail: ServicesContributions@ne.ch
Internet: http://www.ne.ch/neat/site/
index.html

Kanton Nidwalden (NW)
Kantonales Steueramt
Bahnhofplatz 3
CH-6371 Stans
Tel.: 0041 41 618 71 27
Fax: 0041 41 618 71 39
E-Mail: steueramt@nw.ch
Internet: http://www.nw.ch/
index_regierung_d.html

Kanton Obwalden (OW)
Kantonale Steuerverwaltung
St. Antonistrasse 4
CH-6061 Stans
Tel.: 0041 41 666 62 94
Fax: 0041 41 666 63 13
E-Mail: steuerverwaltung@ow.ch
Internet: http://www.ow.ch/
index_regierung_d.html

Kanton St. Gallen (SG)

Kantonales Steueramt
Davidstrasse 41
CH-9002 St. Gallen
Tel.: 0041 71 229 41 21
Fax: 0041 71 229 41 02
E-Mail: dienste@ksta.sg.ch
Internet: http://www.steuern.sg.ch

Kanton Schaffhausen (SH)

Kantonale Steuerverwaltung
Mühlentalstrasse 105
CH-8201 Schaffhausen
Tel.: 0041 52 632 72 40
Fax: 0041 52 632 72 98
Internet: http://www.sh.ch/kanton/

Kanton Solothurn (SO)

Steueramt Kanton Solothurn
Schanzmühle
Werkhofstrasse 29c
CH-4509 Solothurn
Tel.: 0041 32 627 87 87
Fax: 0041 32 627 87 00
E-Mail: steueramt.so@fd.so.ch
Internet: http://www.so.ch/de/pub/
regierung_departemente/fd/
steueramt.htm

Kanton Schwyz (SZ)

Kantonale Steuerverwaltung
Bahnhofstrasse 15
Postfach
CH-6431 Schwyz
Tel.: 0041 41 819 11 24
Fax: 0041 41 819 23 49
E-Mail: stv.fd@sz.ch
Internet: http://www.schwyz.ch/rv/
index.html

Kanton Thurgau (TG)

Kantonale Steuerverwaltung
Schlossmühlestrasse 15
CH-8510 Frauenfeld
Tel.: 0041 52 724 11
Fax: 0041 52 724 14 00
Internet: www.tg.ch/steuern

Repubblica e Cantone Ticino (TI)

Divisione delle contribuzioni
viale S. Franscini 6
CH-6500 Bellinzona
Tel.: 0041 91 814 39 58; -59
Fax: 0041 91 814 39 88
Internet: http://www.ti.ch/DFE/DC/

Kanton Uri (UR)

Amt für Steuern
(= kantonale Steuerverwaltung)
Haus Winterberg
CH-6460 Altdorf
Tel.: 0041 41 875 22 44
Fax: 0041 41 875 21 40
Internet: http://www.ur.ch/
start.asp?level=10

Canton de Vaud/Kanton Waadt (VD)

Administration cantonale des impôts
route de Chavannes 37
CH-1014 Lausanne
Tel.: 0041 21 316 21 21
Fax: 0041 316 21 40
Internet: aci.vd.ch

Canton de Valais/Kanton Wallis (VS)
Administration cantonale des
contributions
Avenue de la Gare 35
CH-1951 Sion/Sitten
Tel.: 0041 27 606 24 51
Fax: 0041 27 606 24 53
E-Mail: scc@admin.vs.ch
Internet: http://www.vs.ch/navig2/
FinanceEconomie/de/Frame129.htm

Kanton Zug (ZG)
Kantonale Steuerverwaltung
Bahnhofstrasse 26
CH-6301 Zug
Tel.: 0041 41 728 26 11
Fax: 0041 41 728 26 95
Internet: http://www.zug.ch/tax/

Kanton Zürich (ZH)
Kantonales Steueramt
Neumühle
CH-8090 Zürich
Tel.: 0041 1 259 40 50
Fax: 0041 1 259 41 08
Internet: http://www.steueramt.zh.ch

Verbraucherrecht und -schutz, Fragen zum Verbraucheralltag

Stiftung für Konsumentenschutz (SKS)
Monbijoustrasse 61
Postfach
CH-3000 Bern 23
Tel.: 0041 31 370 24 24
Fax: 0041 31 372 00 27
E-Mail: admin@konsumentenschutz.ch
Internet: http://www.konsumenten-schutz.ch

Konsumentenforum kf
Grossmannstrasse 29
CH-8049 Zürich
Postadresse: Postfach 294, 8037 Zürich
Tel.: 0041 1 344 50 60
Fax: 0041 1 344 50 66
E-Mail: forum@konsum.ch
Internet: http://www.konsum.ch

Der schweizerische Beobachter
Förrlibuckstrasse 70
Postfach
CH-8021 Zürich
Tel.: 0041 43 444 52 52
Fax: 0041 43 444 53 53
E-Mail: redaktion@beobachter.ch
Internet: www.beobachter.ch

Diese Zeitschrift informiert nicht nur kompetent über politisch, rechtlich und gesellschaftlich aktuelle Themen, sie bietet ihren Abonnentinnen und Abonnenten mit ihrem Beratungszentrum auch kostenlos Rat zu verschiedenen Themen des Alltags (Arbeit, Wohnen, Konsum, Familie, Sozialversicherungen, Staat, Geld, Sozialfragen). Der Beobachter-Buchverlag veröffentlicht ferner Ratgeberbücher zu Verbraucher-, Rechts- und Gesellschaftsfragen im weitesten Sinn (vgl. auch Literaturverzeichnis, S. 225).

Einen ähnlichen Service bietet der K-Tipp:
Herausgeberin: KI Konsumenteninfo AG
Wolfbachstrasse 15
Postfach 431
CH-8024 Zürich
Tel. 0041 1 266 17 17
Fax 0041 1 266 17 00
http://www.ktipp.ch/ktip/body.shtml

Beide Zeitschriften sind auch an Zeitschriften-Kiosken in der Schweiz erhältlich.

Literaturverzeichnis

Verwendete Literatur

Bücher und Einzelbeiträge aus Zeitschriften

Baedeker: Schweiz, Allianz Reiseführer. Marco-Polo, Ostfilden 1998.

Bickel, H.; Schläpfer, R. (Hrsg.): Die viersprachige Schweiz. Verlag Sauerländer, Aarau/Frankfurt a. M./Salzburg [2]2000.

Biedermann, A.: Motorrad-Touren durch die Schweiz. Motorbuchverlag, Stuttgart 1995.

Bischoff, C.: Frauen in der Krankenpflege. Zur Entwicklung von Frauenrolle und Frauenberufstätigkeit im 19. und 20. Jahrhundert. Campus Verlag, Frankfurt/Main, New York 1994.

Brandner, M.; Künzi, M.: Komplementärmedizin. In: Kocher, G.; Oggier, W. (Hrsg.): Gesundheitswesen Schweiz 2001/2002. Konkordat der Schweizerischen Krankenversicherer, Solothurn 2001, S. 87–89.

Bräunlich Keller, I.; Bohny, R.; Schmidt, H.: Arbeitsrecht. Beobachter-Buchverlag, Zürich [6]2000.

Brügger, U.; Bamert, U.; Maeder, C.: LEP. Beschreibung der Methode. LEP, Sankt Gallen 2000.

Buddeberg-Fischer, B.: Karriereentwicklung von Frauen und Männern in der Medizin. Schweizerische Ärztezeitung, 82(2001) 35: 139–147.

Eidgenössische Zollverwaltung: Zollbehandlung von Übersiedlungsgut (Informationsbroschüre). Basel 1998.

Haas, W.: Die deutschsprachige Schweiz. In: Bickel, H.& Schläpfer, R.: Die viersprachige Schweiz. Verlag Sauerländer, Aarau/Frankfurt a. M./Salzburg [2]2000.

Hänggeli, C.; Jau, J.; Eicher, E.; Bradke, S.: Freipraktizierende Ärztinnen und Ärzte. In: Kocher, G.; Oggier, W. (Hrsg.): Gesundheitswesen Schweiz 2001/2002. Konkordat der Schweizerischen Krankenversicherer, Solothurn 2001, S. 39–46.

Heimverband Schweiz (Hrsg.): Grundlagen für verantwortliches Handeln in Alters- und Pflegeheimen. Zürich, 1997. zit. nach Mösle, H., 2001.

Heineck, R.: Job Fit. Band 6. Studenten Verlag, St. Gallen, 1994.

Heuer, W.; Flückiger, M.; Gallmann, P.: Richtiges Deutsch. Verlag Neue Zürcher Zeitung, Zürich [25]2001.

Hotzenköcherle, R. (Hrsg.): Sprachatlas der deutschen Schweiz. Bd. 7: Wortgeographie 4.: Haus und Hof, A. Francke Verlag, Tübingen, 1993.

Imhof, I.: Schwiizertüütsch. Das Deutsch der Eidgenossen. Reise Know-How, Bielefeld 2001.

Juchli, L: Krankenpflege, Praxis und Theorie der Gesundheitsförderung und Pflege Kranker. Thieme, Stuttgart, 1991.

Kocher, G.; Oggier, W. (Hrsg.): Gesundheitswesen Schweiz 2001/2002. Konkordat der Schweizerischen Krankenversicherer, Solothurn 2001.

Küng, T.: Gebrauchsanweisung für die Schweiz. Piper, München 2001.

Latzel, G.: Soziale Sicherheit. Pflegebedürftigkeit, Pflege- und Betreuungsleistungen – Annäherung an den Bedarf. Hrsg.: Bundesamt für Sozialversicherung BSV, Bern 5/1997, S. 250.

Marti, E.: Schweizer Jass-Führer. Kümmerly und Frey, Bern 1997.

Martin, J.: Sterben und Tod. In: Kocher, G.; Oggier, W. (Hrsg.): Gesundheitswesen Schweiz 2001/2002. Konkordat der Schweizerischen Krankenversicherer, Solothurn 2001.

Mazenauer, B. Spitex. In: Kocher, G.; Oggier, W. (Hrsg.): Gesundheitswesen Schweiz 2001/2002. Konkordat der Schweizerischen Krankenversicherer, Solothurn 2001. S. 205–208.

Meierhofer, E.: Krankenkasse und Unfallversicherung. Das Wichtigste im Überblick. Mit praktischen Tipps und Prämientabellen. (=K-Dossier). Konsumenteninfo AG, Zürich [2]1998.

Meyer, P.; Hell, D.: Psychiatrie, Psychotherapie, Psychologie. In: Kocher, G.; Oggier, W. (Hrsg.): Gesundheitswesen Schweiz 2001/2002. Konkordat der Schweizerischen Krankenversicherer, Solothurn 2001, S. 187–191.

Mösle, H.: Pflegeheime und Pflegeabteilungen. In: Kocher, G.; Oggier, W. (Hrsg.): Gesundheitswesen Schweiz 2001/2002. Konkordat der Schweizerischen Krankenversicherer, Solothurn 2001, S. 172–180.

Nager F.: Gesundheit, Krankheit, Heilung, Tod. Stiftung Akademie 91, Luzern, 1997.

Rossow, R.: Das Vorstellungsgespräch. In: Heineck, R.: Job Fit. Band 6. Studenten Verlag, St. Gallen, 1994, S. 157.

SBK Informationsbroschüre – Intensivpflege, 2000.

Schneider, W; Knüsel, O: Rehabilitation. In: Kocher, G.; Oggier, W. (Hrsg.): Gesundheitswesen Schweiz 2001/2002. Konkordat der Schweizerischen Krankenversicherer, Solothurn 2001, S. 193–199.

Scholz, C.: Schweizer Wörter. Mundart und Mentalität. Ein Brevier. Nimbus Verlag, Zürich 1998.

Schuhmacher, E.: Vierwaldstättersee und Zentralschweiz. Dumont, Köln 1999.

Schweingruber, R.: Qualitätslabel als echter Wettbewerbsvorteil. Die Schwester/Der Pfleger 39 (2000) 12, S. 1037–1038.

Schweizer Brevier. Kümmerly und Frey AG, Zollikofen 2001.

Weber, A.: Zahnmedizin. In: Kocher, G.; Oggier, W. (Hrsg.): Gesundheitswesen Schweiz 2001/2002. Konkordat der Schweizerischen Krankenversicherer, Solothurn 2001, S. 230–235.

Weischedel, W.: Die philosophische Hintertreppe. dtv, München 1995.

Weyermann, U.; Brechbühler, M.: Pflege. In: Kocher, G.; Oggier, W. (Hrsg.): Gesundheitswesen Schweiz 2001/2002. Konkordat der Schweizerischen Krankenversicherer, Solothurn 2001, S. 164–171.

Wiederkehr, R.: Schweiz – Suisse – Switzerland. Kümmerly+Frey, Bern/Zollikofen, 1996.

Williams, C.: Geschlechtspezifische Unterschiede – entwicklungspsychologische Erklärung. Campus Verlag, Frankfurt/Main, New York 1989.

Internetquellen

Allensbacher Berufsprestige-Skala 2001. Allensbacher Bericht Nr. 16, 2001. http://www.ifd-allensbach.de/news/prd_0116.html; letzter Zugriff: 23.09.2002.

Bachmann, B.: Alphorn. In: Historisches Lexikon der Schweiz [elektronische Publikation HLS] Version vom 12.06.2002; zitiert nach http://www.snl.ch/dhs/externe/index.html; letzter Zugriff: 26.07.2002.

Bessard, J., Integrationsbüro EDA/EVD; Ressort Information (Hrsg.): EU-Diplome in der Schweiz: EU-Bürgerinnen und -Bürger in der Schweiz. http://www.bbt.admin.ch/dossiers/anerkenn/eu/d/eu_ch_d.pdf; letzter Zugriff: 31.03.2003. Als Drucksache (in den Sprachen Deutsch, Französisch, Italienisch und Englisch zu beziehen bei: BBL, Vertrieb Publikationen, CH-3003 Bern; http://www.bbl.admin.ch/bundespublikationen.

Bruzek R.: Wie finde ich valide Testverfahren und Beurteilungskriterien in der Physiotherapie? Vorgehensweise erläutert am Beispiel der Schmerzmessung. Badenweiler 1999. http://www.physioweb.de/iqpt/qm-fachart4.htm; letzter Zugriff: 16.11.2001.

Bundesamt für Ausländerfragen: Information zum Schweizer Bürgerrecht, Fassung vom 01.03.2001; zitiert nach der Homepage des Bundesamtes für Ausländerfragen, http://www.bfa.admin.ch/einbuergerung/informationen/uebersicht_d.asp#1; letzter Zugriff: 26.07.02.

Bundesbehörden der Schweizerischen Eidgenossenschaft: Systematische Sammlung des Bundesrechts (SR), Homepage http://www.admin.ch/ch/index.de.html; letzter Zugriff 29.07.02. Schweizerische Bundeskanzlei, Bern.

Bundesbehörden der Schweizerischen Eidgenossenschaft: Bundesgesetz vom 13. März 1964 über die Arbeit in Industrie, Gewerbe und Handel (Arbeitsgesetz). Systematische Sammlung des Bundesrechts (SR) 822.11; zitiert nach der Homepage der Bundesbehörden der Schweizerischen Eidgenossenschaft, http://www.admin.ch/ch/d/sr/8/822.11.de.pdf; letzter Zugriff: 26.07.02. Schweizerische Bundeskanzlei, Bern.

Bundesbehörden der Schweizerischen Eidgenossenschaft: Bundesgesetz über die obligatorische Arbeitslosenversicherung und die Insolvenzentschädigung (Arbeitslosenversicherungsgesetz, AVIG) vom 25. Juni 1982, Art. 4, Stand 7. Mai 2002. Systematische Sammlung des Bundesrechts (SR)

837.0; zitiert nach der Homepage der Bundesbehörden der Schweizerischen Eidgenossenschaft, http://www.admin.ch/ch/d/sr/8/837.0.de.pdf; letzter Zugriff: 29.07.02. Schweizerische Bundeskanzlei, Bern.

Bundesbehörden der Schweizerischen Eidgenossenschaft: Bundesgesetz über die Krankenversicherung (KVG) vom 18. März 1994 (Stand am 17. November 2001). Systematische Sammlung des Bundesrechts (SR) 832.10; zitiert nach der Homepage der Bundesbehörden der Schweizerischen Eidgenossenschaft, http://www.admin.ch/ch/d/sr/8/832.10.de.pdf; letzter Zugriff: 18.06.02.

Bundesbehörden der Schweizerischen Eidgenossenschaft: Verordnung des EVD über gefährliche und beschwerliche Arbeiten bei Schwangerschaft und Mutterschaft (Mutterschutzverordnung) vom 20. März 2001. Systematische Sammlung des Bundesrechts (SR) 822.111.52; zitiert nach der Homepage der Bundesbehörden der Schweizerischen Eidgenossenschaft, http://www.admin.ch/ch/d/sr/8/822.111.52.de.pdf; letzter Zugriff: 27.07.02. Schweizerische Bundeskanzlei, Bern.

Bundesbehörden der Schweizerischen Eidgenossenschaft: Verordnung über die Krankenversicherung (KVV) vom 27. Juni 1995 (Stand am 28. Dezember 2001). Systematische Sammlung des Bundesrechts (SR) 832.102; zitiert nach der Homepage der Bundesbehörden der Schweizerischen Eidgenossenschaft, http://www.admin.ch/ch/d/sr/8/832.102.de.pdf; letzter Zugriff: 18.06.02.

Bundesbehörden der Schweizerischen Eidgenossenschaft: Verordnung über Leistungen in obligatorischen Krankenpflegeversicherung (Krankenpflege-Leistungsverordnung, KLV) vom 29. September 1995 (Stand am 28. Dezember 2001). Systematische Sammlung des Bundesrechts (SR) 832.112.31; zitiert nach der Homepage der Bundesbehörden der Schweizerischen Eidgenossenschaft, http://www.admin.ch/ch/d/sr/8/832.112.31.de.pdf; letzter Zugriff: 18.06.02.

Bundesbehörden der Schweizerischen Eidgenossenschaft: Verordnung zum Zollgesetz (ZV) vom 10. Juli 1926 (Stand am 12. März 2002). Systematische Sammlung des Bundesrechts (SR) 631.01; zitiert nach http://www.admin.ch/ch/d/sr/6/631.01.de.pdf; letzter Zugriff: 30.07.02.

Curriculum Medizinische Informatik: Homepage: http://www.sgmi-ssim.ch/bulletin/B41_nursing_ data.htm; letzter Zugriff: 02.11.2001.

Eidgenössischer Hornusserverband, 2002: Homepage: http://www.ehv.ch; letzter Zugriff: 26.07.02.

Eidgenössisches Justiz- und Polizeidepartement, Bundesamt für Justiz: Bericht Sterbehilfe – die wichtigsten Neuerungen. 29. April 1999. http://www.ofj.admin.ch/d/index.html [Zusammenfassung des Berichts der Arbeitsgruppe «Sterbehilfe»]

Eidgenössisches Volkswirtschaftsdepartement: Verordnung über gefährliche und beschwerliche Arbeiten bei Schwangerschaft: http://www.evd.admin.ch/de/message-f.asp; letzter Zugriff: 22.09.01.

Exchaquet, N. F.; Züblin, L.: Wegleitung zur Berechnung des Pflegepersonalbedarfs für Krankenstationen in Allgemeinspitälern. Hrsg.: Studie über das Pflegewesen in der Schweiz, Choisystr. 1, CH-3008 Bern. (zit. nach: Huber, B.: Stellenplanberechnungs-Instrument für den Pflegedienst auf der Basis von LEP®. [Semesterarbeit an der FHS Hochschule für Technik, Wirtschaft und Soziale Arbeit St. Gallen, Weiterbildung Wirtschaft, Nachdiplomstudium Integrales Spitalmanagement (ISM 14). http://www.lep.ch/Pdf/Semesterarbeit_Huber.PDF; letzter Zugriff: 23.09.02.

Eychmüller, S.; Porchet, F.; Stiefel, F.; von Wyss, M.: Das Freiburger Manifest. Eine nationale Strategie für die Entwicklung von Palliative Care in der Schweiz. Schweizerische Gesellschaft für Palliative Medizin, Pflege und Begleitung und Schweizerische Krebsliga (Hrsg.), 2001. http://www.med-pal. ch/pdf/manifest_d.pdf; letzter Zugriff: 24.09.02.

Fahnenschwingen Schweiz: http://mypage.bluewin.ch/edwin.sieber/page2.html, 19.10.01.

Foodnews – Traditionelle Schweizer Rezepte: http://www.foodnews.ch/news/rezepte/CH_Rezepte. html. Version vom 22.12.01; letzter Zugriff: 29.07.02.

Geser, H.: Wissensstrukturen und Berufsstrukturen im gesellschaftlichen Wandel. Der funktional-morphologische Ansatz als neuer Zugang zur Soziologie der Arbeitswelt. Soziologisches Institut der Universität Zürich 1998. http://www.socio.ch/arbeit/t_hgeser3.htm; letzter Zugriff: 23.09.02.

Günter, P.: Communiqué zur Umfrage «Erwartungen der Patienten und Patientinnen von Spitalbetrieben», zitiert nach der Homepage von Paul Günter: http://www.popnet.ch/Guenter.Zbinden/ Gesundheit.htm; letzter Zugriff: 26.07.02.

Hain P.: http://www.humor.ch/phain/phkompetenz.htm, 21.10.01.

Hornusser Epsach, 2001: Homepage «Willkommen bei den Hornussern Epsach» Homepage: http://www.hgepsach.ch/; letzter Zugriff: 26.07.02.

Informationsstelle AHV-IV in Zusammenarbeit mit dem Bundesamt für Sozialversicherung (Hrsg.): Angehörige von Staaten, mit welchen die Schweiz ein Sozialversicherungsabkommen abgeschlossen hat. Merkblatt 10.03. Ausgabe Juli 2002; zitiert nach: http://www.ahv.ch/Commun/10.03-D-F-I-A.pdf; letzter Zugriff: 30.07.02.

Informationsstelle AHV-IV in Zusammenarbeit mit dem Bundesamt für Sozialversicherung (Hrsg.): Leistungen der Invalidenversicherung (IV). Merkblatt 4.01. Bern 2001, Stand am 1. Januar 2002; zitiert nach: AHV-IV http://www.ahv.ch/Home-D/allgemeines/MEMENTOS/4.01-D.pdf; letzter Zugriff: 30.07.02.

Informationsstelle AHV-IV in Zusammenarbeit mit dem Bundesamt für Sozialversicherung (Hrsg.): Invalidenrenten und Hilflosenentschädigung der IV. Merkblatt 4.04. Bern, 2001 (Nachdruck Februar 2002), Stand am 1. Januar 2002; zitiert nach: AHV-IV http://www.ahv.ch/Home-D/allgemeines/MEMENTOS/4.04-D.pdf; letzter Zugriff: 30.07.02.

Informationsstelle AHV-IV in Zusammenarbeit mit dem Bundesamt für Sozialversicherung (Hrsg.): Obligatorische Unfallversicherung UVG. Merkblatt 6.05. Bern, 2000 (Nachdruck 2001), Stand am 1. Januar 2000; zitiert nach der Homepage der AHV-IV http://www.ahv.ch/Home-D/allgemeines/MEMENTOS/6.05-D.pdf; letzter Zugriff: 30.07.02.

Informationsstelle AHV-IV in Zusammenarbeit mit dem Bundesamt für Sozialversicherung (Hrsg.): Die bilateralen Abkommen bringen Neuerungen im Sozialversicherungsbereich. Bern, Ausgabe September 2001; zitiert nach der Homepage der AHV-IV http://www.ahv.ch/Home-D/allgemeines/Bilaterale/Bilaterales-D.pdf; letzter Zugriff: 30.07.02.
Diese Merkblätter können auch bei den Ausgleichskassen und deren Zweigstellen (Adressen s. S.208) sowie bei den IV-Stellen bezogen werden. Bestellnummer: 10.03.

Informationsstelle für Steuerfragen: Die Besteuerung an der Quelle. Steuerinformationen der Interkantonalen Kommission für Steueraufklärung. Bern, 2000; zitiert nach der Homepage der Eidgenössischen Steuerverwaltung, http://www.estv.admin.ch/data/ist/d/dossier/quelle.pdf; letzter Zugriff: 29.07.02.

Integrationsbüro EDA/EVD, 2001: Fact Sheet Arbeitslosenversicherung; zitiert nach der Homepage des Integrationsbüros EDA/EVD http://www.europa.admin.ch; Version vom 21.06.02; letzter Zugriff 29.07.02.

Integrationsbüro EDA/EVD, Bundesamt für Ausländerfragen, Direktion für Arbeit/seco, 2002: EU-Bürgerinnen und -Bürger in der Schweiz. Was ändert sich mit dem bilateralen Abkommen zur Personenfreizügigkeit? zitiert nach www.europa.admin.ch/pub/best/d/eu_in_ch.pdf; letzter Zugriff: 29.07.02

Kinderkrippen und Tageselternvermittlungsstellen: Das Schweizer Krippen-Portal. Kinderkrippen, Horte, Tagesmütter, Spielgruppen, Babysitter. Website: http://www.kinderkrippen-online.ch; letzter Zugriff: 06.06.02.

N.N., 1995: Jubiläumsschrift «100 Jahre Eidgenössischer Schwingerverband»; zitiert nach www.swissbudo.ch; letzter Zugriff: 19.06.02.

Naterop A.: Komplementärmedizin (insbes. Akupunktur – TCM) in der Grundversicherung. Eine Information und Stellungnahme. Website: http://194.209.107.19/open/papers/komplementaermedizin.htm; letzter Zugriff 24.09.2002.

Originalrezepte aus der Schweizer Küche: Website: http://www.schweizer-kochrezepte.ch/rezepte/schweiz.html. Version vom 2.12.01; letzter Zugriff: 29.07.02.

SAMW Schweizerische Akademie der Medizinischen Wissenschaften: Medizinisch-ethische Richtlinien für die ärztliche Betreuung sterbender und zerebral schwerst geschädigter Patienten. 1995. http://www.smav.ch/content/Richtlinien/d_Sterbehilfe.pdf; letzter Zugriff: 24.09.2002.

SGPMP Schweizerische Gesellschaft für Palliative Medizin, Pflege und Begleitung: Euthanasie. Der Standpunkt der Schweizerischen Gesellschaft für Palliative Medizin, Pflege und Begleitung. [o. J.] http://www.med-pal.ch/pdf/Position%20Paper%20deutsch.pdf; letzter Zugriff: 24.09.02.

SGPMP Schweizerische Gesellschaft für Palliative Medizin, Pflege und Begleitung (Hrsg.): Palliative Betreuung – aus Verantwortung für schwerkranke Menschen. 2001 (zit. nach SGPMP o. J.).

Swiss Resuscitation Council, 2001: Richtlinien und Empfehlungen zur Ausbildung und Anwendung der Defibrillation mit automatischen und halbautomatischen externen Defibrillatoren (AED). www.resusciation.ch; letzter Zugriff: 24.09.02.

Universität Basel, Institut für Pflegewissenschaft: Weiterführende Informationen zum Pflegestudium. Homepage: http://www.zuv.unibas.ch/pflegewissenschaft/site_de.html; letzter Zugriff: 23.09.02.

Zeitschriften

Audimax. Die Hochschulzeitschrift. 15 (2002) 2: S. 26.

GEO Special SCHWEIZ. (2002) 2, April/Mai.

Via. Unterwegs mit Bahn, Bus und Schiff. Hrsg. von den Schweizerischen Bundesbahnen (SBB), Abt. Kommunikation, in Zusammenarbeit mit Postauto Schweiz und dem Verband öffentlicher Verkehr (VöV). (2002) 2.
Diese Zeitschrift für Bahnreisende liegt in allen großen Schweizer Bahnhöfen gratis auf.

Weiterführende Literatur

Bücher allgemein

Alt-Martin, A.; Ilg, W.; Kieser, U.; Senn, J.: Gut vorgesorgt. Alles Wichtige über AHV, Pensionskasse und 3. Säule. Ein Ratgeber aus der Beobachter-Praxis. Beobachter-Buchverlag, Zürich 2000.

Baur, A.: Was ist eigentlich Schweizerdeutsch? Gemsberg Verlag, Winterthur 1983.

Bischofberger, I. (Hrsg.): «Das kann ja heiter werden!» Humor und Lachen in der Pflege. Verlag Hans Huber, Bern 2002.

Bilton, P.: Die Schweizer pauschal. Aus dem Englischen von Oliver Koch. Fischer, Frankfurt/Main ²1998. (Die englische Originalausgabe erschien 1995 unter dem Titel «The Xenophobe's Guide to the Swiss» bei Ravette Books Ltd. Horsham.)

Bolz, A.: Gesundheit im Internet. Gesundheitsinformationen gezielt finden und beurteilen. Beobachter-Buchverlag, Zürich 2000.

Brunner, M.; Nideröst, P.: Das Mietrecht im Überblick. Vom Mietantritt bis zur Kündigung. Conu-Print, Zürich 2000.

Bürkli, B.; Muster, H. P.: Baselbieter Wörterbuch. Christoph Merian Verlag, Basel 2001.

Darcorogna, M.: Stellensuche mit Erfolg. Ein Ratgeber aus der Beobachter-Praxis. Beobachter-Buchverlag, Zürich ⁸2001.

Diem, R.: Meine erste Wohnung. Ein Ratgeber aus der Beobachter-Praxis. Beobachter-Buchverlag, Zürich 2000.

Dörig, Urs: Schweizerdeutsch für alle. Die 1000 wichtigsten Wörter plus Redensarten – Kommentare – Witze. Sidus Verlag, Buchs/SG ⁴2001.

Fabrikverkauf in der Schweiz 2002/2003. Der große Einkaufsführer. Zeppelin Verlag, Stuttgart.

Gabathuler, T. et al.: Arbeitsrecht: Was Angestellte wissen müssen. Von der Bewerbung bis zum Arbeitszeugnis. (= Saldo-Ratgeber). Consu-Print, Zürich 2. aktual. Auflage 2001/02.

Hotzenköcherle, R. (Hrsg.): Sprachatlas der deutschen Schweiz. Bd. 1–8, plus Einführungsband. Francke Verlag, Basel/Tübingen 1962–1997.

Hotzenköcherle, R.: Die Sprachlandschaften der deutschen Schweiz. (Hrsg. v. N. Bigler u. R. Schläpfer unter Mitarb. v. Rolf Börlin). Verlag Sauerländer, Aarau/Frankfurt a. M./Salzburg 1984.

Informationsstelle AHV/IV, Bundesamt für Sozialversicherung und Staatssekretariat für Wirtschaft (Hrsg.): Soziale Sicherheit in der Schweiz. Informationen für Staatsangehörige der Schweiz oder der EG in der Schweiz. 2002.

Kieser, U.; Senn, J.: Krankenversicherung. Ein Ratgeber aus der Beobachter-Praxis. Beobachter-Buchverlag, Zürich 1998.

Koller, W.: Deutsche in der Deutschschweiz. Eine sprachsoziologische Untersuchung. Mit einem Beitrag v. Heinrich Hänger. Verlag Sauerländer, Aarau/Frankfurt a. M./Salzburg 1992.

Löffler, H. (Hrsg.): Das Deutsch der Schweizer: Zur Sprach- und Literatursituation in der Schweiz. Verlag Sauerländer, Aarau/Frankfurt a. M./Salzburg 1989 (=Reihe Sprachlandschaft, Bd. 4)

Lötscher, A.: Schweizerdeutsch. Geschichte, Dialekte, Gebrauch. Verlag Huber, Frauenfeld 1983.

Meierhofer, E.; Thurnherr, St.; Waldmeier, N.: So sind Sie richtig versichert. Die wichtigsten privaten Versicherungen im Überblick. (=K-Dossier) Verlag K-Tipp, Zürich ²2002.

Meyer, Kurt. Duden – Wie sagt man in der Schweiz? Wörterbuch der schweizerischen Besonderheiten. Bibliograph. Institut, Mannheim 1989 (=Duden-Taschenbücher, Band 22) [vergriffen].

Ramer, P.; Rennhard, J.: Patientenrecht. Ein Ratgeber aus der Beobachter-Praxis. Beobachter-Buchverlag, Zürich ²1998.

Reich, R.: Ovoland. Nachrichten aus einer untergehenden Schweiz. Kein & Aber, Zürich 2001.

Ruedin, P.; Christen, U.: Schweizerisches Obligationenrecht für den Alltag. Mit vollständigem Gesetzestext und Stichwortverzeichnis. Beobachter-Buchverlag, Zürich ³2002.

Scholz, Christian: Neue Schweizer Wörter. Mundart und Alltag. Verlag Huber, Frauenfeld 2001.

Schwarzenbach, R.: Die Stellung der Mundart in der deutschen Schweiz. Verlag Huber Frauenfeld 1969 (=Beiträge der Schweizerdeutschen Mundartforschung, Band 17).

Stalder, F. J.: Schweizerisches Idiotikon. Wörterbuch der schweizerdeutschen Sprache. (Bd. 1–15; Alphabet. Wörterverzeichnis zu den Bänden 1–11; Quellenverzeichnis). Verlag Huber, Frauenfeld 1881–1999.

Stauffer, H.-U.: Pensionskasse: Das müssen Sie wissen. Tipps für den richtigen Umgang mit der 2. Säule. (=K-Dossier). Verlag K-Tipp, Zürich 10. aktual. Auflage 2001.

Stauffer, H.-U.: Die drei Säulen: Gut vorsorgen. Was Sie über Pensionskasse, AHV und dritte Säule wissen müssen. (=Saldo-Ratgeber). Consu-Print, Zürich 2001.

Suter, R.: Baseldeutsch-Grammatik. Christoph Merian Verlag, Basel 1992.

Suter, R.: Baseldeutsch-Wörterbuch. Christoph Merian Verlag, Basel ²1995.

Thür, H.: Wer bezahlt bei Krankheit und Unfall? Das Wichtigste zu den Krankenkassen, Unfall- und Haftpflichtversicherungen. (=Saldo-Ratgeber). Consu-Print, Zürich 2000.

Ursenbacher, R.: Richtig versichert. Ein Ratgeber aus der Beobachter-Praxis. Beobachter-Buchverlag, Zürich 1999.

von Arens, P.: Des Schweizers Deutsch. Beiträge zum Thema Mundart und Hochsprache. Hallwag, Bern 1985 [vergriffen].

Weiss, R.: Die Brünig-Napf-Reuß-Linie als Kulturgrenze zwischen Ost- und Westschweiz auf volkskundlichen Karten. In: Schweizerisches Archiv für Volkskunde 58 (1962), S. 201–231.

Winistörfer, N.: Ab ins Ausland – Im Ausland leben, reisen, studieren, arbeiten. Beobachter-Buchverlag, Zürich ⁴2000.

Winistörfer, N.: Ich mache mich selbständig. Ein Ratgeber aus der Beobachter-Praxis. Beobachter-Buchverlag, Zürich ⁷2001.

Wörterbuch Schweizerdeutsch – Deutsch. Anleitung zur Überwindung von Kommunikationspannen. Mit einem Vorw. von Josef Estermann und einem Nachw. von Fritz Senn. Zus. gest. von den Raben im Seefeld. Haffmans Verlag, Zürich 1999.

Zihlmann, P.; Jakob, M.: Mietrecht. Ein Ratgeber aus der Beobachter-Praxis. Beobachter-Buchverlag, Zürich ³1999.

Internetquellen

AHV-IV in Zusammenarbeit mit dem Bundesamt für Sozialversicherung (Hrsg.): http://www.ahv.ch/Home-D/home-d.html; letzter Zugriff: 30.07.02.
  Hier können u. a. auch Merkblätter zu verschiedenen Fragen der schweizerischen Sozialversicherungen herunter geladen werden: http://www.ahv.ch/Home-D/allgemeines/MEMENTOS/mementos.html; letzter Zugriff: 30.07.02

Arbeitsgruppe «Sterbehilfe»: Sterbehilfe. Bericht an das Eidgenössische Justiz- und Polizeidepartement. März 1999. http://www.ofj.admin.ch/d/index.html; letzter Zugriff: 09.10.02.

Bundesamt für Bildung und Technologie BBT (Hrsg.): Internationale Diplomanerkennung. Bericht über die Anerkennung ausländischer Diplome in der Schweiz und die Anerkennung schweizerischer Diplome im Ausland: Regelungen, bestehende Praktiken und Handlungsbedarf. Bern, 2001. Website: http://www.bbt.admin.ch/d/index.htm.

Integrationsbüro EDA/EVD: EU-Diplome in der Schweiz. Bern, 2002. Website des Integrationsbüros EDA/EVD http://www.europa.admin.ch/pub/best/d/index.htm.

Informationsstelle für Steuerfragen, Eidg. Steuerverwaltung: Die geltenden Steuern von Bund, Kantonen und Gemeinden. Steuerinformationen hrsg. von der Schweiz. Steuerkonferenz SSK (Vereinigung der schweizerischen Steuerbehörden). Bern, 2002. Website: http://www.estv.admin.ch

«Pflege und Behandlung in der Endphase des Lebens. Eine gemeinsame Erklärung des Schweizer Berufsverbandes der Krankenschwestern und Krankenpfleger (SBK) und der Verbindung der Schweizer Ärztinnen und Ärzte (FMH)». In: Schweizerische Ärztezeitung 82(2001): 255–259. zit. nach: http://www.saez.ch/pdf/2001/2001-06/2001-06-080.PDF; letzter Zugriff: 24.09.02.

«Ringen um die Enttabuisierung des Sterbens. Bundesrat mit Gesetzesänderung beauftragt». Artikel in der Neuen Zürcher Zeitung (NZZ) vom 12. Dezember 2001. Fundstelle: NZZ Online, http://www.nzz.ch/servlets/ch.nzz.newzz.DruckformatServlet?url=/2001/12/12/il/article7UIZ1.nzzoml ; letzter Zugriff: 09.10.02.

Schweizerische Steuerkonferenz (Vereinigung der Schweizerischen Steuerbehörden): Die Vorzüge des schweizerischen Steuersystems. Bern, 2002. Website: http://www.steuerkonferenz.ch

Soziale Sicherheit Schweiz-EG. Ein Beratungsangebot des Bundesamtes für Sozialversicherung. http://www.soziale-sicherheit-ch-eu.ch/ Letzter Zugriff: 30.07.02.

Swiss Resuscitation Council: BLS-AED Algorithmus bei Kreislaufstillstand. 2002. Website: http://www.resuscitation.ch/docs/dt/BLS-AED-Algo_dt.pdf; letzter Zugriff: 19.06.02.

Swiss Resuscitation Council: BLS-AED Vorgehen bei Kreislaufstillstand. 2002. Website: http://www.resuscitation.ch/docs/dt/BLS-AED-Poster_dt.pdf; letzter Zugriff: 19.06.02.

Zeitschriften

Der schweizerische Beobachter
    Postfach
    CH-8021 Zürich
    E-Mail: aboservice@beobachter.ch
    Internet: www.beobachter.ch
    Tel. (Abonnemente): 0041 43 444 53 33
    Fax (Abonnemente): 0041 43 444 50 91
    erscheint alle zwei Wochen; auch im Zeitschriftenhandel
K-Tipp
    Herausgeberin: KI Konsumenteninfo AG
    Abonnemente: K-Tipp
    Postfach 431
    CH-8024 Zürich
    Tel. 0041 1 253 90 90
    Fax 0041 1 253 90 91
    E-Mail: abo@ktipp.ch
    Internet: http://www.konsuminfo.ch
    erscheint alle zwei Wochen; auch im Zeitschriftenhandel
NZZ-Folio. Die Zeitschrift der Neuen Zürcher Zeitung
    Verlag NZZ-Folio
    Falkenstrasse 12
    Postfach
    CH-8021 Zürich
    Tel. 0041 1 258 12 60
    Fax 0041 1 258 12 68
    E-Mail: folioverlag@nzz.ch
    Internet: http://www-x.nzz.ch/folio/curr/welcome.html
    erscheint monatlich
Saldo. Das unabhängige Magazin für Konsum, Recht und Gesundheit.
    Abonnemente: Postfach 723, 8024 Zürich
    Tel. 01 253 90 50
    Fax 01 253 90 51
    Internet: http://www.saldo.ch

Einzelbeiträge in Fachzeitschriften

Baumann-Hölzle, R.: Rationierung im Gesundheitswesen. Competence, 64 (2000) 5: 35.

Baumann, H. J.; Yates, P.: Managed Care: Die Spitäler sind gefordert. Schweizer Spital, 63 (1999) 3: 21–23.

Bernhard, C.: Von der Krankenschwester zur Gesundheitsexpertin – Wandel in den Gesundheitsberufen. Krankenpflege Soins Infirmiers, 92 (1999) 10: 8–11.

Berthou, A.: Nursing Data – Pflegedaten in der Schweizerischen Gesundheitsstatistik. Schweizer Spital, 63 (1999) 1: 27.

Böhringer, P.: Was bringt die Revision des Arbeitsgesetzes? Fachzeitschrift Heim, 71 (2000) 3: 141–142.

Brenner, H.: Positionspapier zur aktuellen Lage und zukünftigen Entwicklung der Psychiatrie und Psychotherapie in der Schweiz. SM Soziale Medizin, 27 (2000) 5: 28–31.

Clemens, A.: Neue Spielregeln im Gesundheitswesen. PR – InterNet, 1 (1999) 6: 167–169.

Dieter, M.; Theinissen, G.: Zur Enthospitalisierung von Menschen mit geistiger Behinderung in der Schweiz – Aus der Psychiatrie in die Gemeinde, Teil 1. Fachzeitschrift Heim, 70 (1999) 4: 239–242.

Geser, G.: Tarifpolitik zwischen Krankenversicherern und Spitälern. Schweizer Spital, 62 (1998) 6: 27–29.

Halder, R.: Die Selbstbestimmung im Pflegeheim und ihre Grenzen. Fachzeitschrift Heim, 70 (1999) 6: 375–377.

Halder, R.: Wie wird die Pflege im Heim rationiert?. Fachzeitschrift Heim, 71 (2000) 3: 166–168.

Kesselring. A.: Die Pflege ist ein Studium wert. Krankenpflege Soins Infirmiers, 92 (1999) 10: 12–15.

Lüthi, U.: Gesundheitsschwester und Krankenversicherung. SM Soziale Medizin, 27 (2000) 3: 9.

Lüthi, U.: Spitaldirektoren verteilen Noten. Krankenpflege Soins Infirmiers, 92 (1999) 8: 24–25.

Mayrhofer-Küffer, M.: Qualitätsmanagement in Schweizer Spitälern. Schweizer Spital, 62 (1998) 9: 15–16.

Meyer, E.; Widmer, R.; Berthou, A.; Junger, A.: Nursing Data: Erhebung von Pflegedaten für die Schweizerische Gesundheitsstatistik. PR-InterNet, 1 (1999) 7/8: 176–183.

Müller, R.: Klinische Forschung an Schweizer Spitälern – Eine Herausforderung für die Zukunft. Schweizer Spital, 62 (1998) 1: 26–27.

Nigg, W.: Das Gesundheitswesen der Stadt Zürich. Schweizer Spital, 62 (1998) 6: 22–25.

Plattner, J.: Die Strukturreform der Berufsbildung im Gesundheitswesen. PflegePädagogik, 9 (1999) 3: 22–26.

Redaktion: 50 Jahre WE'G Weiterbildungszentrum Aarau, ehem. «Kaderschule für die Krankenpflege». PR-InterNet, 2 (2000) 6: 173–175.

Redaktion: Gesundheitsstatistische Daten der Pflege, Projekt «Nursing Data». Nova 29 (1998) 12: 31.

Ruflin, R.: Übersetzen im Gesundheitswesen – Verständigung mit fremdsprachigen PatientInnen. SM Soziale Medizin, 27 (2000) 1: 28–30.

Rufli, U.: Wer soll künftig noch in stationären Einrichtungen arbeiten? Fachzeitschrift Heim, 71 (2000) 3: 148–149.

Schaefer, M.; Böer, B.: Erfahrungen mit Pflegediagnostik im Ausbildungsalltag. PflegePädagogik, 9 (1999) 2: 25–28.

Scherrer, A.: Revision der Berufsbildung im Gesundheitswesen. PR-InterNet, 1 (1999) 11: 300–302.

Torcasso, R.: Therapieberaterin an der Schnittstelle zwischen Kranken und Heilenden. Competence, 64 (2000) 4: 40–41.

Wagner, C.: Revision der Berufsbildung im Gesundheitswesen. PR-InterNet, 1 (1999) 7/8: 208–210.

Wismer, G.: Bewegung in der Berufsausbildung im Gesundheitswesen. Nova, 31 (2000) 1: 34–35.

Fachbücher

Abderhalden, Ch.; De Cambio, U.; Kuster, B.; Mahrer, R.; De Micheli-Schweizer, E.; Saxer, S.; Zeller-Forster, F.: Thesen zur Zukunft der Pflege. Weiterbildungszentrum für Gesundheitsberufe SRK (WE'G), Aarau ²2000.

Baartmans, P.; Geng, V.: Qualität nach Mass. Huber, Bern 2000.

Baehler, A.-R.: Orthopädietechnische Indikationen. Huber, Bern 1996.

Bauer F.: Geschichte der Krankenpflege. Handbuch der Entstehung und Entwicklung der Kranken- pflege von der Frühzeit bis zur Gegenwart (= Schriftenreihe zur Theorie und Praxis der Kranken- pflege, Bd. 1). Kulmbach 1965.

Baumann, P. C. et al. (Hrsg): Anästhesiologie und Intensivmedizin Band 2. Huber, Bern 1999.

Bischofberger, I.: «Das kann ja heiter werden». Humor und Lachen in der Pflege. Huber, Bern, 2002.

Blunier, E.: Lehrbuch Pflegeassistenz. Huber, Bern 2001.

Frey, P. et all. (Hrsg): Anästhesiologie und Intensivmedizin Band 1. Huber, Bern 1998.

Friedemann, M. L.: Familien- und umweltbezogene Pflege. Huber, Bern 1996.

Gebert, A. J.; Kneubühler, H.-U.: Qualitätsbeurteilung und Evaluation der Qualitätssicherung in Pflegeheimen. Huber, Bern 2001.

Guignard, E.; Meerwein, P.: Krankheitslehre für die medizinische Praxisassistenz. Huber, Bern 2000.

Domenig, D. (Hrsg.): Professionelle Transkulturelle Pflege. Huber, Bern 2001.

Hafner, M.; Meier, A.: Geriatrische Krankheitslehre Teil 1. Huber, Bern 1998.

Hafner, M.; Meier, A.: Geriatrische Krankheitslehre Teil 2. Huber, Bern 1999.

Käppeli, S. (Hrsg.): Pflegekonzepte. Huber, Bern 1996.

Käppeli, S. (Hrsg.): Pflegekonzepte 1. Huber, Bern 1998.

Käppeli, S. (Hrsg.): Pflegekonzepte 2. Huber, Bern 1999.

Käppeli, S. (Hrsg.): Pflegekonzepte 3. Huber, Bern 2000.

Kesselring, A.: Die Lebenswelt der Patienten. Huber, Bern 1996.

Kesselring, A.; Panchaud, C.: Gesellschaft und Pflege, SBK-ASI, Bern 1999.

Leuzinger, A.; Luterbacher, Th.: Mitarbeiterführung im Krankenhaus. Huber, Bern 2000.

Muijsers, P.: Wir verstehen uns… oder? Huber, Bern 2001.

Schärli, A. F.: Kinderchirurgisches Lehrbuch für Krankenschwestern. Huber, Bern 1998.

Schnyder, U.; Sauvant, J.-D. (Hrsg): Krisenintervention in der Psychiatrie. Huber, Bern 2000.

Schweizer Berufsverband der Krankenschwestern und Krankenpfleger (SBK): Strategische Ausrich- tung des SBK. SBK, Bern 1998.

Sachwortverzeichnis